Couvertures supérieure et inférieure manquantes

LE SIÈCLE

DU MÊME AUTEUR :

L'Homme. *La Vie, la Science, l'Art.* 3ᵉ édition. Un volume in-18. Librairie académique Perrin et Cie. 3 fr. 50.

Paroles de Dieu. Un volume in-18 jésus.

Physionomie des Saints. Un vol. in-18 jésus.

Plateaux de la Balance (Les).

Contes extraordinaires. Un vol. in-18 jésus.

Philosophie et athéisme.

Rusbrock l'Admirable (*Œuvres choisies*). Un vol. in-18 jésus.

Livre des visions (Le) et instructions de la Bienheureuse Angèle de Foligno, traduit du latin. 2ᵉ édition, in-18.

Jeanne de Matel (*Œuvres choisies*). Un vol. in-12.

ERNEST HELLO

LE SIÈCLE

LES HOMMES ET LES IDÉES

Avec une lettre-préface de M. Henri Lasserre

PARIS
LIBRAIRIE ACADÉMIQUE DIDIER
PERRIN ET Cie, LIBRAIRES-ÉDITEURS
35, QUAI DES GRANDS-AUGUSTINS, 35
1896
Tous droits réservés

A MADAME ERNEST HELLO

Madame,

Il y a près d'un quart de siècle, qu'il m'advint un grand honneur. Ce fut celui d'écrire l'*Introduction* de *l'Homme* par Ernest Hello, alors inconnu des uns, méconnu des autres, jalousé de plusieurs et apprécié seulement par un groupe intellectuel très ardent, qui rendait justice à son génie.

Il est mort sans avoir vu sa gloire. Elle s'est levée sur son tombeau.

Si les contemporains ont laissé s'éteindre Ernest Hello dans le découragement, la postérité, en revanche, semble pour lui commencer vite, et être plus prompte encore qu'elle ne le fut pour de Maistre. À peine a-t-il quitté ce monde que déjà il prend sa place dans la pléïade de profonds penseurs et de beaux génies dont s'honore l'Humanité.

La presse a salué comme un évènement la réimpression posthume de l'*Homme* chez l'éditeur Perrin. La réapparition de ces pages magistrales a eu un tout autre retentissement que l'édition première de cette œuvre superbe. Un écrivain de haute valeur, M. Joseph Serre, a écrit un fort remarquable livre d'un constant intérêt sur les ouvrages, les doctrines, la philosophie d'Hello et sur sa vie.

C'est dans ces circonstances, Madame, qu'après avoir recueilli avec un soin pieux, dans les journaux et les Revues, de nombreux fragments du Maître, hélas! disparu, vous me les communiquez, réunis en volume, me demandant de vous dire mon sentiment sur cette publication d'outre-tombe que vous intitulez : LE SIÈCLE. *Les Hommes et les Idées.*

Je viens de lire avec un puissant intérêt ces pages si vivantes, si profondes, si prophétiques. Elles sont, dans une forme splendide, comme l'incarnation d'Hello lui-même, et nombre d'entre elles pourraient justement porter ce titre : *Paroles d'un Voyant.* Elles seraient une admirable contre-partie à cet autre ouvrage illustre : *Paroles d'un Croyant,* écrit jadis par un génie égaré, qui avait cessé de croire.

Mettant à part un ou deux chapitres dans lesquels notre ami a été pour moi un juge trop partial, je considère que ce volume est la pleine justification de mes appréciations dans l'*Introduction de l'Homme.* Et si j'abordais ici une étude sur Hello, je ne pourrais que me répéter, à moins, ce qui serait mieux, de copier quelques beaux extraits de M. Joseph Serre.

Le livre qui va paraître donne sur les sujets les plus variés, sur la religion, sur la philosophie, sur la politique, sur les lettres, sur les arts, sur la science, sur les hommes, la pensée d'Hello. Il sera lu avec charme, et médité avec fruit, par toute intelligence élevée.

Dirais-je même qu'il me semble plus facilement accessible que l'*Homme* à un grand nombre d'esprits.

Ces sujets divers, qui passent sous le regard d'Hello, y sont généralement traités avec la brièveté que nécessite un article de journal. Le Maître a dû, pour tout exprimer, condenser à tout instant sa pensée et s'interdire toute digression. De là, dans chacune de ses thèses, une unité, non point plus réelle mais plus apparente, une allure plus vive et une clarté plus grande pour la généralité des lecteurs.

Voilà pourquoi, Madame, j'applaudis avec enthousiasme à la publication du volume : « *LE SIÈCLE. Les Hommes et les Idées* ». Voilà pourquoi j'en suis heureux.

Avec moi se réjouiront l'élite des esprits de notre temps. Dans ce livre, ils retrouveront Hello tout entier, tel qu'il fut toujours, depuis sa jeunesse jusqu'à son dernier jour ici-bas. Il est parti nous laissant des trésors. Merci à vous, Madame, de les répandre, de les mettre à la disposition de tous ceux qui dans cette triste époque d'iniquité, de mensonge, de haine et de vulgarité basse, ont faim et soif de justice et de vérité, de charité et de splendeur.

Veuillez agréer, Madame, avec mes remerciements, l'expression de mon respect tout dévoué.

In. X° et B. M. V. I.

Henri Lasserre.

Les Bretoux, août 1895.

LE SIÈCLE

LES HOMMES ET LES IDÉES

PREMIÈRE PARTIE

Les Idées et les Choses.

I

L'ACTUALITÉ

I

Chercher des nouvelles est devenu une profession. Cette profession a ses fatigues. Elle a aussi sa morte-saison. Plusieurs, qui ont consacré leur vie à saisir au vol sur les boulevards les commérages du jour, prêtant l'oreille à tous les bruits, pourvu qu'ils fussent insignifiants, plusieurs sont devenus vieux avant l'âge.

Ils faisaient tous les matins la récolte des RIENS qui courent par milliers, pour servir cette pâture à cinquante mille affamés.

Mais les principaux d'entre eux sont fourbus maintenant, et le métier lui-même est devenu vieux.

Pourtant l'actualité n'est pas morte. Il y en a plusieurs.

Voici l'une d'elles :

Deux mille deux cent quatre ans avant Jésus-Christ, les hommes résolurent de bâtir une cité, et dans cette cité une tour, dont la hauteur irait jusqu'au ciel. Ils voulaient élever un monument éternel, et rendre leur mémoire éternelle comme lui. Le terrain était favorable; la terre y était excellente pour faire des briques, et le bitume devait leur tenir lieu de ciment.

Il paraît que l'industrie existait déjà et aidait les hommes dans l'entreprise d'être fiers d'eux-mêmes, entreprise étrange, monstrueuse, impossible, si les hommes avaient l'habitude de se regarder, entreprise facile puisqu'ils n'ont pas le temps de se voir.

Quand les hommes ont entrepris d'être fiers, rien ne les arrête et tout les favorise; mais, par-dessus tout, l'industrie.

Ils avaient des briques, ils avaient du bitume; ils avaient très probablement les débris d'une science énorme; ils avaient le faisceau gigantesque et à peine brisé des connaissances anté-diluviennes. « Les hommes, disait Joseph de Maistre, n'en savent heureusement plus assez pour devenir coupables à ce point. » — Ils avaient encore quelques reflets de ces lumières mystérieuses et saintes, si grandes que l'abus qu'on fit d'elles fut un crime capable d'enfanter les races sauvages.

Ils avaient des traditions pleines de secrets assez élevés pour devenir, entre les mains d'un malfaiteur, des trésors de scélératesse. Ils avaient des souvenirs profonds, immenses et récents. Ils avaient le voisinage de Noë, celui de Sem, de Japhet et de Cham; ils avaient presque celui d'Adam, car la longueur de la vie humaine et la rareté des générations ôtaient leur prestige aux siècles; la Genèse du monde était chose récente, et dont on causait encore comme d'un évènement de famille.

Il devait y avoir des ressources nombreuses dans le sentiment de tous ces voisinages. L'homme n'était encore ni fatigué, ni découragé : la jeunesse était l'état des choses et les personnes s'en ressentaient. Tous les ingrédients de la Force étaient entre les mains des fils d'Adam.

Mais ils cessèrent de parler la même langue et il fallut renoncer à bâtir.

On s'en alla parce qu'on ne s'entendait plus.

C'est en vain que les hommes faisaient obéir leurs instruments à leur science : ils ne s'obéissaient plus à eux-mêmes : les maçons ne savaient que faire de leurs forces, parce que leur intelligence n'entendait plus la parole humaine. Chaque individu, parce qu'il était en proie à l'esprit propre, fut livré à un langage propre. La conspiration des intelligences étant devenue impossible, parce que l'unanimité des cœurs était morte, la matière se révolta et l'étymologie apparut dans sa réalité : les hommes ne pouvaient plus bâtir parce qu'ils avaient cessé d'être ÉDIFIANTS.

Or, cette histoire ne date ni d'avant-hier, ni d'hier, elle date d'aujourd'hui. Elle est la seule réalité absolument actuelle.

II

Parmi ceux qui courent après les nouvelles et les primeurs, pourquoi personne ne pense-t-il à celle-là? Comment ceux qui ont la passion fréquente et contagieuse de raconter et d'informer peuvent-ils traverser l'an de grâce où nous vivons, et ne pas se servir de la tour de Babel pour amuser au moins leur auditoire?

Depuis trois cents ans, qu'est-ce que l'histoire de la philosophie? qu'est-ce que l'histoire de la littérature? qu'est-ce, — en dehors de LA Religion, — qu'est-ce que l'histoire DES religions?

On ne peut jeter les yeux sur aucun point de l'horizon intellectuel, sans rencontrer la tour de Babel ; quiconque veut marcher se heurte aux instruments de toutes sortes, abandonnés sur le champ de bataille par les ouvriers de la tour impossible. Les hommes de Babel, ne sachant même pas que ce mot veut dire confusion, subissent toutes les conséquences les plus instructives de leur échec éternel et nécessaire, — excepté l'enseignement qu'il en faudrait tirer.

Plus cependant cette science dont ils sont fiers a amassé de matériaux, plus ils devraient s'étonner de l'impossibilité où ils sont de construire quelque part, malgré l'abondance des matériaux et des outils, un monument quelconque. Plus ils sont riches en moyens, plus ils devraient réfléchir sur les impuissances du résultat.

A l'instant de conclure, toutes les connaissances humaines sont dans une déroute totale : on analyse l'âme ; mais on ne sait plus si elle existe. On subtilise à propos des accidents, mais quand on approche des substances, la raison se trouble, affaiblie par l'habitude du doute, — et les objets branlent autour de nous, — et le monde vacille, comme dans le rêve ou dans le vertige.

On nous dit que le mal a toujours habité la terre : et cela est vrai, depuis la chute. Mais voici la différence capitale entre les maladies ordinaires de l'homme et son actuelle agonie.

Autrefois le bien s'appelait bien et le mal s'appelait mal. Cette distinction était un bienfait de la lumière naturelle, prolongée et agrandie, sauvegardée et augmentée par un souvenir de la Pentecôte. Aujourd'hui, sur la carte du monde moral, les frontières tremblent. L'empire du bien, l'empire du mal ne sont pas nettement dessinés;

la confusion a effacé les limites sacrées qui protégeaient la conscience contre la perversité du jugement. La raison et la folie tendent aussi à ne plus bien savoir quel est leur domaine respectif. Le père ne parle plus la même langue que le fils; l'épouse ne parle plus la même langue que l'époux. Les frères parlent et ne se comprennent pas. Le système métrique, qui régit le monde des corps, n'étant pas applicable au monde des âmes, celui-ci, parce qu'il a rejeté l'unité doctrinale, n'a plus la commune mesure. La discussion est nécessairement stérile, puisqu'il n'y a pas d'idiome commun. Les quantités qui n'ont pas de commune mesure se nomment incommensurables entre elles. A force de confusion, nous sommes devenus sur la terre incommensurables entre nous.

III

Parmi les bizarreries que présente Babel, en voici une qui vaut la peine d'être remarquée.

Tous ceux qui ont rejeté l'autorité de l'Église lui reprochent sa tyrannie. Et, par une contradiction instructive, ils lui reprochent d'être morte.

En général, quand un tyran est mort, il n'est plus gênant. Mais on fait à l'Église ce double et contradictoire reproche, d'être morte depuis plusieurs siècles et d'entraver le XIXe siècle.

Il faudrait s'entendre.

Si elle est morte, elle ne vous gêne pas. Et si elle vous gêne, elle n'est pas morte.

On s'est beaucoup moqué de ceux qui croient que la société moderne va se déranger de ses travaux pour écouter la voix du Saint-Père. Et pourtant cette société moderne, si dédaigneuse et si occupée, se vante quand elle prétend ne pas écouter. Quand saint Pierre parle, on peut bien insulter; mais on ne peut pas ne pas écouter. Ce serait plus fier pourtant; mais personne n'est assez riche pour se payer ce luxe.

Philosophes! philosophes! pourquoi donc vous fâcher? Pourquoi l'universel frémissement des hommes quand Rome dit un mot? — La Rome de la Louve régna matériellement; elle est morte. Si quelqu'un commandait en son nom, celui-là ferait rire, parcequ'elle est morte. Vous prétendez que la Rome de la Croix est morte à son tour. Pourquoi, quand elle parle, n'avez-vous pas assez de logique pour rire?

Le monde est bien vieux, et il a enterré bien des choses. Institutions, royaumes, doctrines, il est habitué à voir mourir. Et, quand il a vu mourir, généralement il pardonne. Quand le paganisme expirait, Virgile constatait sa mort, et la constatait sans colère. Aucun penseur détrompé ne lui a fait l'honneur d'une longue haine. Quand une croyance périt, elle passe subitement à l'état de curiosité. On ne la regarde plus que comme un animal mort, et la fureur est aussi étrangère au savant qui l'étudie historiquement, qu'au naturaliste qui dissèque le cadavre d'un chien.

Il y a même un phénomène profond et révélateur dans cet immense mépris de l'esprit humain, qui méprise une doctrine morte au point de n'avoir pas de rancune contre elle, il semblerait naturel à ce noble outragé de poursuivre d'une haine éternelle quiconque l'a séduit. Mais un certain dédain plus haut que l'horreur et plus fort qu'elle, transportant sa colère dans le calme du souvenir, apaise l'humanité.

L'humanité, quand elle sort de la nuit, se pardonne les chutes faites dans l'ombre. Et le souvenir de l'obscurité, au lieu d'éclater en imprécations stériles, produit l'amertume féconde du repentir, avec les douceurs de l'action de grâces.

Comment donc les révolutionnaires, comment les libres-penseurs, comment tous ceux qui acclament la mort du catholicisme, ne trouvent-ils pas vis-à-vis de lui, dans leur fierté ou dans leur croyance nouvelle, un peu d'oubli?

C'est que leur fierté est feinte et que leur croyance nouvelle n'existe pas. Ils rendent un hommage singulier à cette foi dont ils ne veulent plus, hommage d'autant plus authentique qu'il est inconscient et involontaire. Cet hommage consiste dans l'impossibilité de vivre en paix sans elle.

Nul ne sait combien les colères dont l'Église est l'objet contiennent de Foi.

Pourquoi des cris de rage, quand il est facile de désobéir? C'est qu'il n'est pas facile de désobéir et d'être content. Par une exigence profonde et secrète, le révolté ne se satisfait pas de sa révolte.

Il voudrait imposer silence à la voix souveraine. Parce qu'elle est souveraine, cette voix le gêne : elle le poursuit, elle le tracasse et trouble son sommeil.

L'homme qui a rejeté l'Église ne peut pas dire d'une voix calme : l'Église est morte. Il le dit d'une voix agitée, pour ajouter un instant après : l'Église me persécute.

Ce qui le persécute, ce n'est pas l'Église, c'est le besoin qu'il a d'elle. Il la rend responsable des cris par lesquels son esprit la redemande.

Témoin à charge contre lui-même, il dirige contre le christianisme une colère mouvante, qui change à chaque instant de terrain, parce que le sol manque, à chaque instant, sous ses pas.

L'Église le gêne comme le souvenir d'une grande abandonnée. Qu'elle parle ou qu'elle se taise, on lui reproche alternativement sa parole et son silence, parce que sa parole et son silence sont la même accusation, la plus éloquente, la plus terrible, la plus déchirante des accusations, l'accusation de l'amour trahi.

L'homme peut s'enivrer de lui-même, mais il ne peut pas s'en nourrir. Il est si petit qu'il ne se complaît qu'en lui; mais il est si grand, qu'il ne se satisfait qu'en Dieu.

Si le révolté osait descendre au fond de lui-même, il verrait qu'il cherche, dans son délire, la plus étrange et la plus impossible des consolations, à savoir l'approbation de l'Église trahie. S'il osait, il lui dirait :

— Pourquoi ne veux-tu pas abjurer ta sagesse, ressembler à ma folie, et la consacrer par ta ressemblance? O vérité douce et inflexible, que je hais de toutes mes forces, parce que tu es douce et inflexible, quand donc deviendras-tu, pour me calmer, discordante et furieuse, comme l'erreur et comme moi?

II

LA VILLE OÙ L'ON N'A PAS LE TEMPS !

Je n'ai pas le temps !
Il n'a pas le temps !
Nous n'avons pas le temps !
Vous n'avez pas le temps !
Voilà le cri de Paris !
Il conjugue le verbe :
N'avoir pas le temps ! C'est un petit mot bien court et vite prononcé. Mais que de choses ce petit mot suppose ! Et que de choses il empêche !

Paris est le centre du monde. Il faut en parler. Pour en parler, il faut le connaître. Mais, pour le bien connaître, il faut le voir à distance.

Tantôt je le vois de près.
Tantôt je le vois de loin.
Je ne le vois bien que quand je le vois de loin.

O vérité du paradoxe ! Vérité méconnue comme toutes les vérités !

Quand j'étais tout jeune homme, la discussion littéraire, la discussion intellectuelle échauffait et exaltait les esprits. Nos pensées étaient ardentes et nos paroles nous brûlaient.

On m'engage beaucoup à jeter sur le papier mes souvenirs, et je ne résisterai probablement pas toujours à ce conseil dangereux. Que d'idées ! que de sentiments ! que de regards ! que de passions ! Quelle intensité de travail j'ai vue et j'ai sentie !

Où est allé l'enthousiasme ? Maintenant les hommes sont devenus, pour la plupart, des hommes d'affaires.

Or, qu'est-ce que l'homme d'affaires ? L'homme d'affaires, c'est celui qui n'a pas le temps.

Avant de condamner cette définition épouvantable, veuillez y réfléchir un instant.

Autrefois, le Parisien était « le travailleur de l'esprit, l'homme de lettres ». Maintenant, il est quelquefois, il est souvent « l'homme d'affaires. » Je ne dis pas : *toujours*. Je ne veux rien exagérer, car je ne veux pas mentir, et l'exagération, d'après Joseph de Maistre, est le mensonge des honnêtes gens. D'avance, j'excepte tous ceux qui réclament, car leur réclamation mérite, à elle seule, qu'on y fasse droit à l'instant même. Mais enfin, le Parisien est souvent un homme d'affaires, et l'homme d'affaires est celui qui n'a pas le temps.

Paris présente l'aspect d'une fourmillière, où chaque fourmi porte son fardeau. On se rudoye, on se heurte, on parle, on ne se voit pas.

On est empêtré dans la multitude des relations, dans la multitude des personnes, dans la multitude des choses, dans la multitude des contradictions, des chocs, des difficultés, des mécontentements, dans la multitude aussi des ménagements ; c'est l'entrecroisement, c'est la complication. La multitude change à chaque instant de costume et de forme. Mais c'est toujours la multitude, multipliée par la multitude !

Vous abordez un homme, un ami, un frère : confrère vient de frère apparemment.

Vous êtes rempli d'idées, et de sentiments qu'il faudrait lui communiquer, dans l'intérêt de l'œuvre commune.

Il a besoin de vos idées : vous avez besoin des siennes, et l'échange serait nécessaire.

Mais il n'a pas le temps.

Les affaires sont là qui le réclament, qui le guettent, qui se jettent sur lui, qui l'enchaînent, qui le traînent, pieds et poings liés, dans le cachot où elles engloutissent leurs victimes.

Et vous sentez mourir en vous toutes les paroles qui allaient naître ; elles ne meurent pas seulement sur vos lèvres, elles meurent dans votre âme. Car le Parisien, qui a besoin de vous entendre, que vous avez besoin d'entendre, n'a pas le temps de vous écouter.

Il n'a pas le temps ! mot terrible !

Mot qu'il faudrait sonder dans ses cruelles profondeurs !

Il n'a pas le temps de travailler. Il n'a pas le

temps d'aimer. Si quelque important inconnu, qu'il serait urgent de découvrir, passe à côté de lui, il n'a pas le temps de s'en apercevoir. Il n'a pas le temps d'agir! Car agir et courir ne sont pas deux verbes synonymes. Il court, il court, il court. Il distribue, à droite et à gauche, un mot, une poignée de main, et son regard distrait par l'empressement, ne se porte sur personne.

Eh bien! savez-vous ce qui lui échappe? Savez-vous ce qu'il ignore? Savez-vous ce qu'il méconnaît? Savez-vous ce qu'il oublie? Entre autres choses et par dessus tout, c'est Paris.

Paris, dans son essence, Paris, dans sa réalité, lui échappe absolument.

Il voit les pavés du boulevard.

Il ne voit pas Paris.

Pour voir, ne croyez pas que l'œil suffise. Pour voir, il faut l'attention. Et l'attention exige du temps! Quiconque n'a pas beaucoup de temps ne voit rien. L'œil ne voit pas ce qui le touche. Quand je touche quelque temps de suite Paris, je cesse de le voir.

De loin je le vois parfaitement. Il est vrai que j'ai sous la main ses journaux, ses livres, ses correspondances particulières et publiques, tous les échos de ses conversations.

Je l'évoque et il vient. J'ai sous les yeux Paris et son apparition.

De près, je l'oublie. Je vois les fragments qui

le composent ; mais lui-même je ne le vois pas.

N'avez-vous jamais constaté en vous-même le phénomène que voici ;

Vous songez à une personne quelconque.

Vous l'étudiez, vous l'examinez; vous la contemplez. Avec la plume ou avec le pinceau, vous allez faire son portrait. Si le portrait est déjà fait par vous ou par quelqu'autre, s'il est là, sous vos yeux, vous le complétez par les regards que vous jetez sur lui.

Vous regardez, vous possédez ; vous venez de parler ou vous allez prendre la parole, l'éloquence frémit sur vos lèvres.

Il entre une personne, c'est celle-là même dont le portrait est sous vos yeux.

Oui, oui ! c'est celle-là même, celle que vous connaissiez si bien tout à l'heure, celle qui était l'objet de votre regard intérieur et extérieur, l'objet de votre contemplation !

Elle entre, mais *elle n'a pas le temps?* Elle vit en affaires, elle est poussée, elle a la brusquerie de la personne occupée qu'un accident importune et dérange. Elle écrit ou elle reçoit un télégramme. Elle est absorbée dans un détail.

Eh bien ! vous, que vous arrive-t-il ? Il vous arrive de la perdre de vue.

Son contact précipité et insignifiant vous a fait perdre la notion d'elle-même, que vous aviez tout à l'heure.

Elle était loin, vous l'avez vue. Elle vous touche, vous l'oubliez.

Eh bien! cette personne-là, c'est la ville de Paris.

Elle envoie dans le monde entier ses effluves, bonnes ou mauvaises. L'univers est rempli de ses parfums et de ses odeurs.

Elle est extrêmement loquace, et tous les jours ses chemins de fer transportent, par toute la terre habitée, ses paroles innombrables. Ce déluge de livres et de journaux couvre les vallées et les montagnes.

Et les vallées et les montagnes sont pénétrées, imprégnées par l'eau de ce déluge.

Cette eau, féconde pour la vie et féconde pour la mort, contient et répand partout où elle s'écoule toutes les vertus, toutes les énergies du nuage qui les verse.

Le monde entier est une plaque photographique qui reproduit les traits de Paris.

Et sur la plaque Paris se voit. Mais dans Paris même, Paris ne se voit pas. Il n'a pas le temps de se montrer. Il n'a pas le temps de se faire entendre. Sur le théâtre qu'il est, les acteurs parlent trop vite.

Enfin, Paris enlève à son spectateur le temps de le regarder.

III

LA SEULE CHOSE NÉCESSAIRE.

I

Il est des circonstances où l'homme se recueille, même malgré lui ; alors il sent fuir les utopies dans lesquelles il avait placé sa confiance. Il sent la réalité sévère ; elle est là.

Mais le bon sens est troublé à une telle profondeur que les choses ont perdu leur nom. Quelle est l'utopie ? Quelle est la réalité ? Quelles sont les choses du rêve ? Quelles sont celles du réveil ?

Un jour, une jeune fille préparait un repas pour l'hôte qui était venu se reposer chez elle. « — Maître, dit-elle, ma sœur ne m'aide pas. »

Et l'hôte répondit : « Une seule chose est nécessaire. »

Marthe comprit, au moins dans une certaine mesure, la parole infiniment profonde par laquelle Jésus-Christ établissait la supériorité de Marie, sur elle. Marthe comprit : mais les siècles, à qui Dieu parlait, n'ont pas compris jusqu'à ce jour.

Les siècles ont cru jusqu'à ce jour que le Christianisme était une spécialité, la spécialité de ceux qui pensent à l'autre vie, la spécialité des mystiques. Et le mysticisme a été considéré comme une des formes du rêve, respectable peut-être, inutile assurément.

C'est pourquoi les siècles, qui avaient des besoins réels, pratiques, urgents, ont mis leur confiance dans leur force et dans leur habileté.

II

Mais voici que les peuples ne savent plus comment faire face aux difficultés innombrables de leur situation.

Pourtant, ils ont eu ce qu'ils voulaient. Ils voulaient interroger la matière, la scruter, la dominer : ils l'ont fait.

En face des questions que pose la vie des nations, ils voient que la matière ne les résout point et les complique, au contraire. Leurs découvertes ne contiennent aucune réponse, leur industrie reste muette. Les armes donnent la mort; aucun instrument ne donne la vie. Les nations avancent, soulevant des problèmes, comme des armées en marche soulèvent la poussière, et, dans cette nuit qu'elles ont faite, elles ont perdu leur route.

Il était réservé au xixᵉ siècle d'étaler autour de l'homme les merveilles de l'industrie, d'installer le conquérant au milieu de ses conquêtes et de lui dire : « Tu as mis ta confiance dans tes inventions, tu vas mourir au milieu d'elles, mourir sur elles, mourir par elles. »

Dans les siècles précédents, l'humanité avait eu des embarras de détails. Maintenant elle a un embarras universel, elle s'agite dans un labyrinthe, sans pouvoir rien ordonner ; quelque soin qu'elle y prenne, elle n'aboutit jamais qu'au même résultat : elle dérange.

Jusqu'à ce siècle, l'homme avait été travaillé de certaines passions, comme l'amour, la haine, la jalousie, l'avarice. Maintenant il nous est né une société et une littérature qui constatent que le trouble a gagné les racines de l'âme et altéré jusqu'à l'ancien désordre. Derrière les passions connues et nommées, nous voyons revenir cette passion, qui n'avait ni nom ni existence dans les siècles chrétiens, et que les païens nommaient *tædium vitæ*.

Or, le dégoût de la vie n'est autre chose qu'un immense besoin de Dieu.

Pendant que cette littérature ne voyait dans les angoisses nouvelles de l'âme humaine qu'un moyen de produire des effets nouveaux, la société attestait, par la réalité de ses crises, la gravité du mal.

Notre siècle a été jusqu'ici le siècle des tremblements de terre.

Chaque chose est devenue impuissante à se conduire elle-même par ses propres lumières. La science s'écroule dans le matérialisme, l'art dans le réalisme. Arrivé là, il prend ses plaies pour des ornements, et la conquête d'un cercueil pour la conquête d'un trône.

La maladie qui a frappé l'art est la même maladie qui a frappé la société. La société a cru qu'elle devenait plus réelle, parce qu'elle mettait sa confiance dans les choses de la matière.

Le réalisme ayant atteint la société, la civilisation est tombée dans une utopie niaise et épouvantable : le salut par l'industrie.

L'homme moderne, parce qu'il faisait servir la matière à des usages nouveaux, a cru que, prenant milles formes nouvelles, elle prendrait la forme d'un Sauveur.

Il a traité de rêveurs ceux qui parlaient de foi, d'espérance, de charité et d'adoration.

Il a cru que Celui-là n'était pas homme pratique, qui avait dit : « Cherchez d'abord le royaume de Dieu et sa justice, et le reste vous sera donné par surcroît. »

C'est pourquoi l'homme moderne est à bout.

Il a lâché la proie pour l'ombre. Ce sage « positif » ne sait pas encore qu'il a abandonné le terrain du positif. Il s'est servi de ses succès pour s'enfoncer dans son utopie. Son sommeil devenant de plus en plus profond, son rêve est devenu de plus en plus vraisemblable. Et de même que, par les habitudes de sa vie extérieure, l'homme a pris la nuit pour en faire le jour, le jour pour en faire la nuit; de même, par les habitudes de sa vie intérieure, l'homme a pris le rêve pour essayer d'en faire une réalité, et la réalité pour essayer d'en faire un rêve; mais la nature des choses a résisté, le rêve est resté rêve, la réalité est restée réalité.

Jésus-Christ est resté ce qu'il était, la Pierre angulaire du monde et des mondes.

Il est resté la nécessité universelle. On ne veut pas de lui, on dit qu'il est le rêve; mais il est la réalité, et rien ne peut s'arranger sans lui.

III

L'histoire nous a raconté les efforts de l'homme pour se sauver en dehors de Dieu. L'homme a toujours essayé d'inventer à ses maux un palliatif, au lieu d'un remède.

Il préfère le palliatif au remède, parce que le palliatif vient de lui, tandis que le remède vient de Dieu. Abandonnant les choses de l'esprit à ceux qu'il appelait des hallucinés, l'homme s'est retranché dans son domaine, croyant sa forteresse imprenable. Sa forteresse a un nom : c'est la tour de Babel. La division l'attaquait au centre de son retranchement. La société, divisée contre elle-même, périssait. Mais la vérité l'accablait, sans l'éclairer, et l'homme mourait sans comprendre. Il mourait, et ses fils, continuant son œuvre, abandonnaient Dieu aux femmes et demandaient le salut à leur habileté.

A force de générosité, ils excusaient quelquefois la faiblesse de ceux qui s'en allaient puiser la vie à sa source. Ils reconnaissaient aux *hallucinés* certaines qualités d'esprit et de cœur, que l'on peut étudier dans ses moments perdus ; mais, revenant bientôt à de sérieuses pensées, ils retournaient à leurs affaires. Après les avoir amusés quelque temps, leur entreprise craquait, comme celles de leurs pères ; comme leurs pères, ils mouraient sans comprendre, et leurs fils semblables à eux, tentaient un perfectionnement nouveau dans une machine quelconque, attribuant les échecs du passé à l'enfance de l'industrie, aux tâtonnements des premiers essais. Et ils allaient plus loin dans le mépris des *hallucinés*, parce qu'ils allaient aussi plus loin dans l'adoration des industriels.

Cependant, voilà que le dix-neuvième siècle, le plus savant des siècles et le plus fier de sa science, répète lui-même qu'il ne sait plus que devenir.

Du côté de l'habileté, du côté de l'industrie, du côté des affaires, il a fait tout ce qu'il a pu, et plus qu'il n'espérait. Il ne sait que devenir, et comme il a pris l'habitude de se parer de tout, il fait parade de son désespoir. Ce désespoir est fort lâche et fort inutile.

IV

Puisque la matière, mise au pied du mur, interrogée dans l'intime, avoue son impuissance, il n'y a plus qu'une prudence, c'est de se convertir.

La nécessité suprême de l'esprit, qui est la justice et la vérité, devient la nécessité suprême de la vie. La nécessité de Jésus-Christ est descendue du domaine de la contemplation dans le domaine des faits. Le Christianisme n'est plus seulement la nécessité morale du monde ; il est devenu la nécessité matérielle. Elle est si pressante, cette nécessité, qu'on oserait dire qu'elle est l'unique *expédient*. Les palliatifs sont épuisés, la vérité seule est praticable. Il n'y a plus, pour ce monde-ci, et pour l'autre deux Sauveurs différents ; il n'y en a plus qu'un : c'est celui qui parlait, il y a dix-huit cents ans, à Marthe et à Marie.

Quand il est à terre, le matelot blasphème et s'enivre. Mais un jour il s'embarque, et, au moment de l'adieu, une femme ou une sœur lui passe au cou la médaille de la sainte Vierge, et quand le vent s'élève, il se souvient. La tempête lui dit de sa voix terrible à quel point ne suffit point l'habileté du capitaine, et les fronts se découvrent, au milieu de la manœuvre.

Parmi les occupations les plus matérielles, le plus matériel de tous les dangers lui a rappelé la plus spirituelle, la plus mystique de toutes les nécessités, la nécessité de la prière. Le matelot, qui tout à l'heure buvait en jurant, se trouve d'accord avec une carmélite qui est en oraison à mille lieues de là.

Il est introduit dans le domaine de l'esprit par la violence matérielle des éléments déchaînés, et peut-être va-t-il très haut. Peut-être dépasse-t-il d'un bond ceux qui l'enseignaient autrefois; car il y a des instants qui valent des siècles. Les sifflements du vent sont terribles; le navire est bien léger, la mer est bien profonde, et l'éternité bien inconnue.

Cette nécessité spirituelle, que la tempête révèle aux matelots, tout la révèle à tout aujourd'hui.

Unum est necessarium. La seule chose nécessaire, la seule chose dont vous ne vouliez pas, la chose que vous déclarez abolie et risible, est celle que toutes choses demandent comme leur principe, comme leur lien, comme leur lumière ; ou tout croule, et vous mourez.

IV

LE LIBÉRALISME.

I

Il y a une classe d'hommes qui semblent croire que le mal est une chose dont il faut user, mais dont il ne faut pas abuser; que le bien complet serait monotone et exclusif; que le mal, pris à petite dose et mélangé au bien par une main discrète et délicate, a ses avantages et ses agréments.

Dans l'ordre de la religion, cette disposition d'esprit mène au protestantisme. Dans l'ordre de la politique, elle mène au libéralisme.

Le libéralisme pense que la Souveraineté et la Révolution sont deux forces également légitimes, et qu'il s'agit seulement, pour triompher de toutes les deux, de faire la part à toutes les deux.

Car le libéralisme n'aime ni la Souveraineté, ni la Révolution. Il aime le tempérament qu'il apporte à chacune d'elles. Il espère désarmer Dieu et Satan en leur proposant un compromis.

Le libéralisme croit que le mal possède son domaine, comme on possède un héritage; que, dans ce domaine, le mal a des droits réels; que lui enlever ce domaine, ce serait violer un droit; qu'il faut seulement marquer à ses propriétés certaines limites, afin qu'elles ne suppriment pas totalement les domaines du bien, ce qui serait aller un peu loin.

Toute erreur est fondée sur une vérité dont on abuse. Le libéralisme a faussé, dénaturé, corrompu la notion de l'équilibre.

Il y a deux manières de concevoir l'équilibre; l'une peut s'appeler l'organisation de la guerre; l'autre, l'organisation de la paix. Toutes les idées et tous les faits présentent, à qui les considère, un certain nombre d'éléments divers : si un des éléments dévore les autres, il y a ruine et mort, car l'équilibre a disparu absolument, et sans équilibre il n'y a rien. L'équilibre, bon ou mauvais, détermine une situation bonne ou mauvaise; mais un certain équilibre est nécessaire en tout cas. Sans équilibre, il n'y a pas de manière d'être.

Mais il y a deux équilibres, et voici comment je les conçois : voici d'abord comment je les nomme : l'équilibre de la paix, c'est-à-dire l'harmonie : l'équilibre de la guerre, c'est-à-dire la symétrie.

Un père de famille a trois fils qui s'envient et se détestent; l'un d'eux ruine ses frères ou les égorge; l'équilibre est complètement détruit; la famille tend à disparaître.

Un père de famille a trois fils, qui s'envient et

se détestent. Le père n'essaie pas de les réconcilier, mais il essaie de les calmer. Il ne prétend pas éteindre leur colère, mais il prétend la maintenir, lui assigner des limites qu'elle ne franchira pas. Il s'arrange de telle sorte que l'intérêt de ses enfants sera toujours de ne pas éclater. Chacun d'eux croira, par exemple, qu'il doit s'unir, ou plutôt se coaliser, dans une certaine mesure, avec l'un de ses deux frères, afin que tous deux trouvent dans ce rapprochement un secours contre le troisième. Ainsi chacun d'eux aura besoin de l'autre pour se garantir du troisième ; et la famille vivra, si cela s'appelle vivre, dans une précaution soutenue qui préviendra certains désordres, sans jamais donner l'ordre. Voilà l'équilibre de la guerre. Voilà ce qui souvent s'appelle ici-bas la sagesse. Cette sagesse, parodie de la sagesse, vit de calcul et se passe d'amour. Mais aussi elle ne vit pas : ce qu'elle appelle la vie, c'est un effort négatif pour retarder la mort. La sagesse, fondée sur l'habileté et non pas sur l'amour, qui veut établir non la paix, mais une division assez prudente pour rester longtemps calme, cette sagesse est l'idéal que se propose habituellement l'erreur : grâce à cette prudence, l'erreur, qui contrefait toujours, contrefait l'harmonie qui suppose toujours la force et l'intelligence. La force vraie dompte la chair et le sang sous l'obéissance glorieuse de l'esprit. *Elle les soumet à la liberté.* La force fausse ne dompte pas la chair et le sang ; mais elle les engage à dormir, dans les moments où le sommeil sera dans leurs intérêts. Elle les arrache à l'esclavage de la fureur, pour les assujettir à l'esclavage du calcul.

Voilà le libéralisme.

Un père de famille a trois fils qui s'envient et se détestent. Un jour, il leur montre, au nom du Dieu vivant, la splendeur de l'amour : il leur parle du mont Thabor. Il leur dit la vérité, et ses enfants se jettent dans ses bras. Voilà des hommes délivrés ; voilà l'équilibre de la paix ; voilà l'harmonie, et voilà la sagesse.

L'équilibre de la guerre était une concession : l'équilibre de la paix est une joie et une plénitude.

Le premier était un certain arrangement signé avec la mort.

Le second est une entrée dans la vie.

L'équilibre de la paix vit sur cette haute croyance que toutes choses sont solidaires ; il affirme l'unité de la race humaine ; il affirme que ce qui importe à chacun importe à tous, que celui qui blesse son frère, se blesse lui-même ; il affirme l'union et la solidarité des membres vivant les uns par les autres, en vue de l'organisation unique à laquelle ils concourent ; il affirme qu'il faut, pour s'aimer bien, aimer les autres comme soi-même, et tous en Dieu, puisqu'en *Lui omnia constant*, car l'équilibre de la paix, c'est le catéchisme.

L'équilibre de la guerre est fondé sur cette basse supposition que les membres vivent aux dépens les uns des autres, et que leur loi, c'est l'hostilité. Chacun doit donc tirer à soi la couverture (je me sers à dessein de mots ignobles pour cette chose ignoble) et sucer le sang de ses voisins, sans toutefois amener la mort immédiate, pour que les tribunaux compétents ne disent rien, et pour que le jeu puisse durer.

II

J'ai insisté sur la nature de ces deux équilibres ; car, dans la religion, dans la société, dans la science, dans l'art, dans la politique, cette division très simple détermine la vérité et détermine l'erreur.

L'athéisme, dont M. Proudhon est l'expression la plus vraie, croit que Dieu est l'ennemi de l'homme, et que voici le moment où l'homme tuera son ennemi.

Le panthéisme, dont l'Inde est l'expression la plus entière, croit que la création est l'ennemie nécessaire et irréconciliable de Dieu, et qu'il faut la nier au profit de Dieu : car, les deux termes étant absolument contraires, plus vous affirmerez l'un, et plus vous nierez l'autre.

Le christianisme établit et affirme, entre l'homme et Dieu, l'union. Il ne craint pas de diminuer l'infini par les grandes destinées qu'il fait au fini.

L'erreur pense toujours que les vérités doivent se contredire, comme elle-même, qui se contredit naturellement.

La vérité pose largement ses affirmations ; elle est elle-même leur harmonie et elle est sûre d'elle-même.

En philosophie, l'équilibre faux porte un nom charmant ; il s'appelle l'éclectisme. L'éclectisme est ce système qui tâche de faire à tous les systèmes assez de concessions pour qu'aucun de ses professeurs ne s'irrite contre lui.

En philosophie, l'équilibre vrai s'appelle la philosophie universelle, c'est-à-dire catholique.

Dans l'art, la vérité et l'erreur se sont présentées sous la même forme. N'avez-vous pas assisté à la querelle des classiques et des romantiques ? Les uns se passionnaient pour *le bon sens*, les autres pour l'imagination.

Ils croyaient tous que ces deux puissances sont ennemies. Il en coûte à l'homme pour accepter une chose entière, et il se réfugie dans la division, parce qu'elle ressemble au péché qu'il porte en lui. Le schisme est son abri contre les envahissements solennels de l'unité, qui élève incessamment la voix dans nos ténèbres :

Admonet et magna testatur voce per umbram.

Ici l'équilibre faux fut représenté par un homme admirablement bien choisi. Il se nommait

Casimir Delavigne. Il essaya de calmer les deux écoles par un certain nombre de concessions. Il croyait, comme tous les bourgeois de sa taille, que les demi-mesures calment quelqu'un. Il ne savait pas qu'elles irritent, à la fois, celui qui les obtient et celui qui les accorde : le premier les trouve insuffisantes, le second les trouve excessives. Personne ne les trouve justes. La demi-mesure est la parodie de l'accord : l'accord suppose l'union des âmes ; la demi-mesure suppose la division de deux âmes qui tâchent toutes deux de se contredire un peu elles-mêmes, afin de se rapprocher un peu l'une de l'autre *en apparence*. Car la demi-mesure reste dans le domaine extérieur des faits. Elle ne rapproche pas les cœurs ; de là son impuissance.

L'équilibre vrai affirme tous les éléments de la vérité, et les affirme tous dans leur plénitude ; puisqu'ils sont les éléments de la même vérité, ils se soutiendront au lieu de se contredire ; et chaque preuve particulière, en venant appuyer chaque pierre de l'édifice, appuiera tout l'édifice.

L'équilibre faux pense que tous les éléments d'une question (pour lui il n'y a pas de vérités, il n'y a que des questions) ; pense que tous les éléments d'une question sont jaloux les uns des autres, et que pour réussir à les amalgamer un peu, pour obtenir d'eux qu'ils consentent à être voisins, il faut nier *un peu* chacun d'eux dans l'intérêt des autres, qui diminueraient, si celui-là augmentait.

Saint Paul a posé la loi de l'équilibre vrai quand il a dit : *Omnia in ipso constant.* Il parlait du Pontife (*pontem faciens*). Mais l'équilibre faux prend les diversités pour des contradictions. Il oublie la loi de l'univers qui est d'être un et d'être *divers*, sans que les planètes éclairées nuisent au soleil qui les éclaire, ni le soleil aux planètes.

III

De quelque côté que je me tourne, vers la philosophie, vers la science, vers l'art, vers la politique, vers la vie, je me trouve en présence de cette erreur bizarre qui voudrait apaiser une vérité par le sacrifice d'une autre vérité. Certains hommes ne sont-ils pas persuadés que les hommes de génie n'ont pas de jugement? Ils sucent avec le lait cette idée très digne de leur intelligence, car le génie, qui n'est qu'une forme supérieure de l'harmonie, et qui, sous peine de mort, a pour base le bon sens, le génie leur apparaît comme un monstre capable de dévorer toutes les qualités qu'ils aiment. Si ces hommes ont des enfants auxquels ils supposent *trop d'imagination*, ils se hâtent de faire ce qu'ils appellent *la part du feu*; c'est une espèce de sacrifice qu'ils offrent aux dieux infernaux, et quand ils ont apaisé la divinité ennemie, ils espèrent que leur fils reviendra à la raison, qui leur apparaît comme une force morte, inconciliable avec la vie, mais préférable à elle, dans les calculs journaliers.

La sagesse de ces hommes consiste à *mettre de l'eau dans son vin*. Ils affectionnent ce mot, qui leur ressemble, et qui rend assez bien ce qu'il veut rendre.

Que signifie ce mot : *Il faut que jeunesse se passe ?*

Il signifie que la jeunesse obéit à certaines lois, lesquelles sont contradictoires avec les lois générales, et qu'il faut, pendant un temps plus ou moins long, se mettre en contradiction avec l'éternité, à cause de l'âge qu'on a dans le temps. Savez-vous ce que dit la vérité ? Elle dit : *Il faut que jeunesse dure.* Elle impose l'éternité à la jeunesse, la jeunesse à l'éternité ; elle met sur les lèvres d'un prêtre de quatre-vingts ans qui dit la messe le mot de jeunesse appliqué à lui. Par ordre de l'Église, le prêtre de quatre-vingts ans parle à Dieu de sa jeunesse, et de sa *jeunesse réjouie*.

En politique, l'équilibre faux s'appelle le libéralisme. Le libéralisme est une demi-mesure qui voudrait supprimer doucement la souveraineté, en diminuant quelque peu les inconvénients de cette suppression. Il cherche à pallier, et rien ici-bas ne peut se pallier. Le libéralisme est l'éclectisme politique : il déteste à la fois la jeunesse et l'éternité ; son caractère, c'est l'impuissance. Il n'attend rien de grand, ni de la part de ses amis, ni de la part de ses ennemis. Il dit comme Athalie :

> J'ai mon Dieu, que je sers ; vous servirez le vôtre ;

Mais elle ajoute :

> Ce sont deux puissants dieux...

Le libéralisme ferait cette variante :

> J'ai mon Dieu, que je sers ; vous servirez le vôtre ;
> Tous deux sont impuissants...

Le libéralisme n'a pas d'aspirations ; s'il en avait, il en aurait vers l'impuissance ; car il veut être sage et ne veut pas être divin. Or, l'impuissance est le dernier mot de toute sagesse qui n'est pas divine.

Tout ceci n'est pas une digression ; je n'ai pas quitté le libéralisme.

Le libéralisme est la forme que prend le faux équilibre, quand le faux équilibre parle politique.

Le libéralisme est l'éclectisme de la politique.

Il veut faire la part à la Révolution, comme le bourgeois, en face d'un jeune homme, veut faire la part au feu. Mais le feu est jaloux. Le feu qui éclaire et le feu qui incendie sont tous deux intolérants ; ils n'admettent, ni l'un ni l'autre, le partage de la proie.

Il n'y a ici-bas qu'un problème, et il a été

résolu sur le Mont-Sinaï ; c'est le problème de l'adoration.

La Religion adore Dieu, et la Révolution adore l'homme.

La Révolution adore la fureur de l'homme.

Le libéralisme adore la modération de l'homme.

Le jeune homme qui se dérègle s'adore lui-même dans ses passions.

Plus tard, s'il se range, sans se convertir, et s'adore dans ses habitudes égoïstes, qui sont les cadavres de ses passions pétrifiées.

Or, le libéralisme ressemble à la Révolution, comme les habitudes ressemblent aux passions.

Depuis bien des années, le problème social est posé devant le monde.

Les révolutionnaires essaient de le résoudre, *au moyen de l'homme*. Ils veulent sauver l'homme par l'homme. Il semble que Dieu leur laisse la parole et leur permette de faire une longue expérience. Elie disait aux prophètes de Baal : Invoquez le nom de vos dieux. Nous verrons si le feu du ciel descend sur votre holocauste ; je parlerai à mon tour, et j'invoquerai le nom de mon Dieu. Mais faites d'abord l'expérience. *Facite primi.*

Depuis cent ans, les adorateurs de l'homme font l'expérience des forces de leur Dieu. Depuis cent ans, ils crient vers lui ; depuis cent ans, Elie se moque d'eux, comme il se moquait des prophètes de Baal, et leur dit : *Clamate voce ma-*

jure : Deus enim est, et forsitan loquitur, aut in diversario est, aut in itinere, aut certe dormit, ut excitetur.

En effet, il dort, le dieu de la Révolution, il dort, ce dieu qui s'appelle l'homme, et pendant que la Révolution l'adore, il bavarde, il voyage, il dort. Il fait exactement tout ce que faisait le dieu des faux prophètes, et les paroles d'Élie s'appliquent à lui avec une merveilleuse exactitude. Cependant, ses adorateurs crient plus haut, comme pour obéir à l'ironie du prophète. Ils crient plus haut, ils voudraient réveiller ce dieu endormi et impuissant; ils ne peuvent pas.

L'expérience dure depuis longtemps; elle est faite, elle est consommée. Chacun des prophètes de la Révolution a eu la parole. Leurs voix sont mortes dans le vide; leur dieu ne s'est pas réveillé, le problème n'est pas résolu. Voici un fait historique qui résume toute l'histoire : *L'homme n'a pas pu se sauver lui-même.* L'expérience est faite.

Il est temps que Dieu se montre Dieu (*Ostende hodie quia tu es Deus*) et nous apprenne, en nous sauvant, de quel côté vient le salut.

V

LES TROIS SOCIÉTÉS

Il me semble que la société humaine peut se présenter sous trois formes :
L'état sauvage ;
L'état barbare ;
L'état civilisé.

Qu'est-ce que la société sauvage ? Ces deux mots semblent s'exclure. Cependant, l'état sauvage lui-même est une société. La société s'impose à l'homme. Elle n'est pas facultative, elle est obligatoire. Elle n'est pas une vertu, elle est une nécessité. Les sauvages ont forcément des rapports entre eux. Ils forment donc malgré eux une société monstrueuse ; les lois sociales sont violées, l'essence sociale est inviolable.

Qu'est-ce qui caractérise l'état sauvage ? c'est la fantaisie de l'individu, c'est la licence absolue donnée à cette fantaisie. Dans l'état sauvage, la société, réduite à la juxtaposition des individus, ne protège plus personne contre personne. Je dis qu'elle ne protège plus, car certainement elle a protégé. L'état sauvage, analysé par de Maistre, n'est pas un commencement, il est une fin. Il n'est pas une jeunesse, il est une vieillesse. Et dans cette vieillesse, la licence roule à pleins bords, comme la liqueur s'échappe d'un vase fêlé. La sauvagerie est la décrépitude de la Société, et cette population décrépite n'a plus la force de lutter contre les fantaisies de ses membres, et ses membres n'ont plus la volonté de lutter contre leurs propres fantaisies, et les fantaisies se multiplient les unes par les autres. Les bêtes font tout ce qu'elles veulent. Le sauvage fait tout ce qu'il veut. Sa fantaisie n'est combattue que par la fantaisie d'un autre. Et, entre ces deux fantaisies, qui jugera? Ce sera la force.

Le plus fort opprimera le plus faible, et la licence de l'un ne sera arrêtée que par la licence de l'autre, si cet autre est le plus fort.

Passons à la société barbare.

Qu'est-ce que la barbarie?

L'état barbare consiste, si je ne me trompe, dans le développement, arbitraire et injuste, des fantaisies de la communauté.

La sauvagerie est la licence donnée à l'individu contre la communauté.

La barbarie est la licence donnée à la communauté contre l'individu.

La sauvagerie et la barbarie présentent deux états, exécrables tous deux, mais absolument contradictoires.

La sauvagerie étouffe la société sous le poids de l'individu.

La barbarie étouffe l'individu sous le poids de la société.

La sauvagerie livre l'individu à sa fantaisie personnelle, et le dispense de tout envers la société.

La barbarie livre la société à sa fantaisie personnelle, et la dispense de tout envers l'individu.

Car, sachons-le bien, la société a des fantaisies, comme l'individu, et ses fantaisies sont plus redoutables, parce qu'elles sont plus armées.

La sauvagerie est spécialement caractérisée par la licence.

La barbarie est spécialement caractérisée par l'esclavage.

L'esclavage est la négation du droit individuel.

La licence est la négation du droit social.

La sauvagerie est l'assassinat de tous par chacun.

La barbarie est l'assassinat de chacun par tous.

Dans la sauvagerie, celui qui est le plus fort est un individu qui opprime un autre individu plus faible.

Dans la barbarie, celui qui est le plus fort, c'est la communauté; c'est la communauté qui écrase la personne.

La communauté des femmes est un des caractères de la barbarie. L'enlèvement des femmes est un des caractères de la sauvagerie.

L'ancienne Rome a passé par la sauvagerie avant d'arriver à la barbarie. A l'époque de l'enlèvement des Sabines, Rome était sauvage.

A l'époque où le Sénat romain jeta aux pieds de César la personne humaine et lui attribua particulièrement toutes les femmes, Rome fut barbare.

La barbarie révolte l'âme plus profondément que la sauvagerie, parce que la communauté, quand elle devient oppressive, est plus terrible que l'individu. Le sauvage, qui rencontre un sauvage plus fort que lui, est dans une situation dangereuse.

Mais l'honnête homme broyé par Tibère, nous émeut plus intimement.

La sauvagerie garde l'apparence du caprice. La barbarie donne au caprice les apparences de la loi.

Dans l'état barbare, le caprice de la communauté se cache sous la figure respectable de la loi.

La barbarie peut produire, comme accident, la sauvagerie.

Caligula nommant son cheval consul est à la fois barbare et sauvage.

En tant qu'empereur et représentant de la société romaine, il fait acte de barbarie.

En tant qu'individu qui a un caprice, il fait acte de sauvagerie.

Mais c'est la barbarie qui l'emporte, parce que Caligula était empereur et que sa fantaisie, appartenant au domaine public, s'exerçait dans l'ordre des lois.

Quand la fantaisie a force de loi, elle appartient à l'Histoire.

La barbarie a une histoire !

La sauvagerie n'en a pas.

La sauvagerie peut produire la barbarie, parce que les individus, cherchant une protection les uns contre les autres, établissent une force commune, pour l'invoquer contre la force privée et particulière.

La barbarie peut produire la sauvagerie, parce que les individus, opprimés par celui qui a en main la force commune, brisent cette communauté et cherchent la justice particulière, comme un refuge contre la volonté qui les écrase tous.

La lutte de chacun contre chacun est obscure. La lutte de chacun contre tous, et de tous contre chacun, est retentissante. Elle fait du bruit dans l'Histoire. Dès que la société parle, l'Histoire écrit.

Toutes ces luttes, quand elles aboutissent, aboutissent à l'Etat civilisé.

Qu'est-ce que la civilisation ?

La civilisation est l'exercice légitime des facultés de l'individu, protégé, sanctionné, consacré par la société intelligente.

L'état sauvage, c'est la fureur.

L'état barbare, c'est la ruine.

La civilisation, c'est l'équilibre.

Permettre, vouloir, favoriser, ordonner le développement de chaque individu sans préjudice de son voisin et sans préjudice de la communauté, tel est le problème social. Sans préjudice ! ce mot ne suffit pas. Le développement de chacun doit se faire au profit de tous.

A l'état sauvage correspond la jalousie.

A l'état barbare, la haine.

A la civilisation, la charité. Dans l'état de civilisation, le bien de chacun est le bien de tous ; les faveurs particulières sont elles-mêmes des grâces générales, parce que c'est la justice qui les distribue.

Dans l'état sauvage, chacun accepte la place qu'il a prise par force.

Dans la société civilisée, chacun occupe la place qu'il est capable de remplir, celle qui lui est désignée et à laquelle il est désigné lui-même par ses aptitudes intérieures.

Cette honteuse pensée :

On ne peut contenter tout le monde et son père,

est digne de l'état sauvage. Dans l'état sauvage, ce qui se fait pour l'un se fait au détriment de l'autre. Ce qu'on donne à Pierre, on le vole à Jacques.

Dans l'état civilisé, ce qu'on fait pour l'un plaît à l'autre et plaît à tous. Les hommes se sont reconnus membres d'un même corps. Les soins donnés au pied droit n'ont jamais excité la jalousie du pied gauche. Ils n'excitent pas davantage la jalousie du corps entier, qui a besoin de l'un et besoin de l'autre.

Si un membre est blessé, tout le corps se porte

au secours de ce membre-là. L'intérêt du corps entier l'avertit d'être charitable envers le membre blessé. Si les vérités étaient aussi palpables dans le monde moral que dans le monde matériel, les hommes se porteraient au secours de l'homme qui a besoin, avec la même ardeur et la même rapidité. Si tous les hommes se sentaient membres d'un même corps, l'égoïsme bien entendu leur ordonnerait la charité. L'inimitié est un sentiment sauvage, également fatal à qui l'éprouve et à qui l'inspire.

L'humanité est un corps. Elle est une grande unité, et la civilisation donne l'intelligence de cette unité.

Dans l'état sauvage, le pouvoir social est nul. Dans l'état barbare, il est oppresseur.

Dans l'état civilisé, le pouvoir est la consécration et la garantie de la société. L'Autorité est la main de la Force suspendue sur l'Intelligence pour la protéger contre ses ennemis.

La civilisation est la paix des forces combattant ensemble pour la justice.

VI

LES IRONIES DE DIEU.

Napoléon.

Qu'est-ce donc que le dix-neuvième siècle? Une certaine ironie semble avoir obtenu la présidence de ses destinées.

Habituellement, dans l'ordre de sa longue procession, l'histoire enregistre des faits préparés, arrangés, amenés et réalisés par des désirs, par des poésies, par des sentiments, par des actes préparatoires.

Mais, dans ce siècle-ci, le contraire arrive. Dès qu'il veut une chose, il en fait une autre, et celle-ci est le contraire de celle-là.

Dès qu'il annonce un fait, il en réalise un autre, et celui-ci est le contraire de celui-là.

Dès qu'il a un désir, il se précipite en sens inverse, et son action est absolument contraire à son attrait.

Dès qu'il a fait un projet, il réalise le projet contraire.

Depuis cent ans, l'humanité présente ce spectacle, et personne ne l'a remarqué autant qu'il est remarquable.

La philosophie du siècle dernier était sentimentale au dernier point. C'était une bergère de Wateau. Elle aimait les champs, les prés, la campagne, les rivières (les cours d'eau plutôt encore que les rivières). Le doux murmure des ruisseaux berçait agréablement sa jeune âme naïve. Elle n'avait à la bouche que des paroles d'amour. Elle bégayait aussi fort agréablement le doux nom de l'innocence. Elle rêvait la fraternité. Oh! comme elle aimait tous les peuples, cette douce philosophie! Elle n'eût jamais écrasé une mouche. Un insecte souffrant lui eût arraché des larmes. Elle n'eût pas contemplé la détresse d'un papillon sans verser des torrents de pleurs.

Toutes ces douceurs réunies n'empêchèrent pas 93 d'éclater.

Tout au contraire!

Toutes ces douceurs réunies firent éclore 93 comme le bouton fait éclore la rose.

Voyez la littérature, voyez la poésie, voyez la peinture d'il y a cent ans; c'est une vraie fête champêtre. Jean-Jacques Rousseau, les larmes aux yeux, conduisait la farandole. Rousseau s'attendrissait sur sa propre bonté. Il allait même quelquefois jusqu'à admirer son innocence. Il pleurait d'amour quand il pensait à lui-même, et comme il pensait toujours à lui-même, ses larmes ne tarissaient pas. Derrière lui, les bergères suivaient le cortège d'un air attendri. On dansait en pleurant.

Par malheur, ce nombreux essaim d'innocentes beautés allait au pied de l'échafaud, où l'attendait Robespierre.

Ce qu'il y a de plus curieux, c'est que dans les moments les plus horribles, les sentiments doucereux continuaient à inonder la littérature.

Marat a écrit un livre. Devinez le titre de cette production charmante. Vous vous attendez à quelque chose de sanglant. La couverture du volume devrait contenir quelque menace affreuse.

Eh bien! voici le fait. Le monument littéraire que nous a laissé Marat porte sur son frontispice ces quatre mots : *Un Roman de cœur.*

Plus de Dieu! plus de maître! l'homme est affranchi. Il ne relève que de lui-même. Les peuples sont frères. Plus de guerres! plus d'armes! plus de tyrans! Des philosophes en pleurs célébrant la liberté, la fraternité, la paix universelle. On s'embrasse à s'étouffer. Les échos de la terre ne répéteront plus que le baiser des nations se jetant au cou les unes des autres.

O bergers! O bergers! O Paul! O Virginie!

Tout à coup un jeune artilleur très silencieux prend Toulon, puis l'Italie, puis la France, puis l'Europe. La liberté et la fraternité ne réclament seulement pas. Elles n'osent plus élever la voix. Tout le monde devient timide. Revêtu de la pourpre impériale, le jeune artilleur ne s'endort, ni ne se berce, ni ne se calme, ni ne s'arrête, ni ne se satisfait. On dirait que sa destinée reste encore au-dessous de ses désirs. Il a toujours l'air mécontent de sa grandeur, comme d'un vêtement trop étroit qui l'aurait gêné. La terre fait silence devant lui, comme devant Alexandre, et dans ce silence épouvanté, une voix brève retentit qui prononce des phrases courtes :

« Soldats, je suis content de vous. »

Ceux qui ne voient dans Napoléon que l'homme du champ de bataille et le fait de la victoire n'ont pas la vue très longue. Un autre pourrait avoir gagné autant de batailles que lui, et n'avoir pas gagné son nom. Un autre pourrait avoir conquis autant de provinces, sans conquérir ce prestige.

Le dix-huitième siècle était grisé de phrases et de théories. Napoléon a paru sur la terre comme une réalité, comme une puissance. Il a peu parlé. Il a agi démesurément. Quelquefois les hommes d'action apparaissent petits. Ils sont des hommes d'affaires inférieurs à l'idéal. Napoléon a réuni en lui le caractère de la précision et celui de l'énormité. La chose exacte et la chose grandiose se sont donné rendez-vous en lui. Je ne juge pas ici ses actes, ce jugement me conduirait trop loin. Je constate l'impression qu'il a faite sur le monde. Il a montré aux yeux des hommes ce que ces gens-là voient rarement : l'attitude gigantesque.

Si j'essaye de regarder en face le prestige de ce nom étrange, qui semble prédestiné par la langue grecque à quelque destruction énorme, il me semble que ce prestige ne réside pas dans la force du bras de Napoléon, car la force est chose brutale, mais dans je ne sais quel désir, inassouvi par le triomphe, qui assombrit le front du triomphateur.

Napoléon n'a jamais l'air satisfait. S'il eût été content, rayonnant, épanoui, il eût paru plus petit que ses victoires. Soucieux, il a l'air plus grand qu'elles. Il n'a pas l'air aussi content de sa destinée que de ses soldats. La sévérité de ce visage superbe contient je ne sais quel reproche adressé à je ne sais qui. Mais il y a du reproche sur ce front-là.

Il y a de l'inquiétude; il y a de l'inassouvi.

Cette vieille Europe m'ennuie, disait-il, à ce qu'il paraît, et il tournait du côté de l'Orient ce singulier regard, mécontent peut-être de heurter quelque chose qui fût encore resté en dehors de sa puissance. Sa campagne d'Egypte lui a paru le plus beau moment de sa vie. Étranger aux Tuileries, il était moins loin de sa patrie au milieu des tombeaux des Pharaons.

Il déclarait avoir manqué sa destinée à Saint-Jean-d'Acre. Il voulait s'ouvrir la porte de l'Asie et prendre ensuite l'Europe à revers. Mais, l'Asie lui ayant échappé des mains, il la regretta comme un souverain qui a veillé sur le trône regrette son empire perdu. C'est peut-être la nostalgie de l'Orient perdu qui jeta sur le front de Napoléon la teinte sombre et vague d'un mécontentement inexpliqué.

Son mécontentement est plus invincible que ses armes. Il est victorieux de sa victoire. On dirait un peu que Napoléon étouffe sur ses trônes. Il a l'air d'un aigle en cage. L'empereur européen avait tout ce qu'il lui fallait. Mais, dans l'âme de Napoléon, le souverain asiatique était mécontent peut-être.

Ses soldats croyaient adorer en lui le général triomphant. Peut-être étaient-ils dominés, sans le savoir, par une admiration beaucoup plus haute, admiration tout à fait inconsciente et incomprise de ceux qui l'éprouvaient. Peut-être étaient-ils dominés par l'homme qui, s'il eût été fidèle à son type et à lui-même, était chargé de porter le poids des deux sceptres, sceptre d'Orient et sceptre d'Occident.

Peut-être leur émotion, beaucoup plus haute que leur intelligence, saluait-elle un avenir ignoré d'eux-mêmes. Peut-être ce front soucieux, s'il eût été plus humble et plus divin, était destiné à la couronne qu'aucune main humaine n'a touchée, la couronne vierge, la couronne d'Asie. Peut-être est-ce cette possibilité, vaguement sentie, sans être le moins du monde comprise, qui ébranlait le monde d'un ébranlement singulier. Peut-être était-ce elle qui faisait pleurer les vieux soldats, quand ils voyaient au soleil d'Austerlitz la redingote légendaire.

Si le prestige de ce nom étrange eût simplement dépendu de la victoire, Waterloo eût emporté l'auréole et l'eût détachée du front.

Waterloo a emporté la victoire sans emporter l'auréole. Sainte-Hélène a jeté sur elle les feux du tropique. Le saule pleureur, la solitude, la majesté du désert, les pompes du soleil africain se couchant dans la mer africaine, ont encadré le portrait de l'homme.

Est-ce que, par hasard, je voudrais faire son apologie?

Pas le moins du monde!

Lady Macbeth, essayant de laver sa robe, invisiblement tachée de la tache indélébile, disait: « Ça ne s'en va pas ». Le sang du duc d'Enghien ne s'en va pas non plus.

Et que de sang ajouté à cette goutte de sang!

Les reproches tombent sur cette mémoire, serrés comme les gouttes de la pluie de novembre. Ils tombent justes, énormes, irréfutables, monstrueux, comme le personnage sur lequel ils s'accumulent.

Je vous en dirai, quand vous voudrez, plus de mal que vous n'en pensez vous-même, et tout ce que je vous dirai sera parfaitement vrai, et l'excommunication, tombée comme les autres foudres sur la tête du géant, avait mille raisons pour une de choisir ce front-là.

Et cependant le Pape qui l'a excommunié l'aimait! Et quand le temps et l'espace me permettraient de dresser ici l'épouvantable acte d'accusation que dresse l'histoire, quelle serait ma conclusion?

Ma conclusion serait de ne pas conclure.

Je me souviendrais d'un mot de Lamartine:

Dieu l'a jugé! silence!

Et je me souviendrais d'un mot de Victor Hugo :

> Cet homme étrange avait comme enivré l'histoire,
> Sa justice à l'œil froid disparut sous sa gloire.

(Je n'admets pas ce dernier vers. La justice n'a pas l'œil froid).

Et je me souviendrais d'un mot profond de la critique allemande sur Hamlet : C'est une équation irrationnelle.

Il y a peut-être des hommes destinés à étonner et à confondre, et à terminer par un point d'interrogation le jugement qu'on essaye de formuler sur eux.

Ce qui est absolument clair, c'est l'ironie monstrueuse jetée à la tête du xviiie siècle par le bras de Napoléon.

VII

LA PRESSE.

17 janvier 1881.

Dans la société où nous vivons, la vie et la mort, jadis revêtues d'un costume plus solennel, ont trouvé le moyen d'entrer dans nos maisons sans cérémonie. Elles entrent sous la bande d'*un imprimé*.

L'importance de la Presse est une des rares choses qu'il est impossible d'exagérer. La presse dispose de notre société comme le vent dispose d'une feuille.

Aussi vraiment que la chair et le sang sont formés par le pain matériel, l'esprit et l'âme sont formés par la Presse, au siècle qui est le nôtre.

La multiplication de l'écriture représente admirablement la multiplication des pains.

Mais comme elle multiplie les pains, elle multiplie les poisons.

Les contes de *Mille et une nuits* ne sont rien auprès des merveilles que la Presse réalise sous nos yeux tous les jours et toutes les nuits. Ces jours et ces nuits ont dépassé le chiffre de mille et un. Aussi ont-ils eu le sort des astres du Firmament ! *assiduitate viluerunt :* l'habitude les a ravalés.

Cependant le fait est là, la Presse nourrit le monde : l'habitude qui diminue notre étonnement, ne diminue pas la chose étonnante. L'écriture d'un homme fait germer la vie ou la mort dans d'innombrables hommes, séparés de lui par le temps et l'espace, soumis à lui par son écriture multipliée.

De là résulte *pour tous les hommes* un immense devoir créé par l'Imprimerie.

Ce devoir, le voici :

Faire parvenir la vie aux autres hommes.

∴

Ce devoir, simple et immense, est au nombre des devoirs oubliés.

Si nous avions rarement l'occasion de le remplir, nous le remplirions peut-être avec plus de conscience. L'imprimerie, si elle était rare, nous épouvanterait de sa puissance ; mais elle est si présente partout, qu'elle nous dissimule son importance. Elle remplit tellement nos rues et nos maisons que nous ne voyons plus sa gravité. Ce pain, parce qu'il est quotidien, a perdu à nos yeux sa solennité.

La Presse nous est tellement familière, que nous ne voyons plus la vie ou la mort, sous les apparences trop simples qui les déguisent à nos yeux.

Et cependant, elles sont là d'autant plus réelles qu'elles sont moins apparentes. Elles entrent d'autant plus profondément qu'elles entrent plus simplement.

Répandre les bons livres : ce mot, trop simple pour paraître grand, ressemble à un conseil bourgeois, donné par un prospectus. Et cependant, ne vous y trompez pas, ce mot trop simple, a pour synonyme cette autre parole :

Faire circuler la vie dans l'Univers. Ne pas répandre les paroles de vérité, *c'est intercepter la circulation de la vie dans l'Univers.*

Mais comme c'est là le péché d'omission, les honnêtes gens le commettent sans remords.

L'homme accouple facilement l'idée d'innocence et l'idée d'abstention; mais il y a des abstentions qui sont des crimes.

Vous regardez de loin une action étrangère en apparence. Peut-être serez-vous forcé un jour de vous en reconnaître l'auteur.

Peut-être le lecteur, qui a lu tant de mauvaises choses, avait besoin du contre-poison que vous aviez mission de lui procurer. Peut-être était-ce vous qui étiez chargé de remplacer entre ses mains le poison quotidien. Et peut-être un écrivain avait besoin de ce lecteur, comme ce lecteur avait besoin de l'écrivain. Peut-être, réunis, se seraient-ils fortifiés l'un par l'autre. Peut-être, séparés, ils périssent l'un loin de l'autre.

Il y a des rencontres tellement utiles, tellement merveilleuses, qu'elles ressemblent en ce monde à des apparitions visibles de la Providence. Et il y a des hommes qui sont chargés de procurer aux autres hommes ces rencontres magnifiques. Ce sont ceux qui tiennent ou favorisent la publicité. Les hommes qui tiennent la publicité, les hommes qui la favorisent ou ceux qui l'arrêtent, ouvrent ou ferment ces canaux; par lesquels les inconnus peuvent parvenir les uns aux autres.

Un homme poussé par le désespoir, blasphème et se donne la mort : il se jette par la fenêtre ou dans la rivière.

Un autre homme passe dans la rue, voit un rassemblement, demande avec une curiosité indifférente de quoi il s'agit. Ce n'est rien, c'est un malheureux qui en a fini avec l'existence.

Le passant continue sa route, et c'est peut-être lui qui a commis le crime de cette mort.

Peut-être un livre sérieusement vrai, sérieusement beau, lu dans un de ces moments providentiels et décisifs, où l'âme se penche et se relève alternativement et facilement, peut-être un livre contenait le mot dont cet homme avait besoin dans sa tentation, dans son malheur.

Et ce livre n'est pas allé à lui, et c'est peut-être vous, passant inoffensif, c'est peut-être vous qui étiez chargé de lui mettre ce livre entre les mains.

Les inconnus s'appellent, sans se connaître,

dans la grande nuit de ce monde. Les hommes qui s'occupent de la publicité, sont les organes de cette grande voix mystérieuse.

La voix de ceux qui cherchent secours à tâtons est multipliée ou est éteinte, suivant leur volonté.

Si l'on voyait le monde invisible, on verrait des cris, des supplications, des mains tendues ; on entendrait les gémissements des pauvres de l'intelligence, les cris de ceux qui meurent de faim. On entendrait rugir les entrailles humaines. Tout ce monde de suppliants crie vers le Pain, vers la Parole.

Il y a des pains pour ce peuple. Mais ce peuple ne les connaît pas. L'imprimerie est faite pour multiplier ces pains. Et vous, honnêtes gens, hommes de bien, vous êtes chargés de tous ces affamés ! Ils sont confiés à vos soins.

Vous croyez peut-être que la propagation des livres, des journaux qui disent la vérité, vous croyez peut-être que cette propagation est un luxe. Vous vous trompez ; elle est une nécessité absolue.

Vous qui craignez le mal, craignez donc ce mal horrible, le *mal par omission*.

Vous avez une magistrature sublime, qui est la justice intellectuelle. Vous avez une obligation sublime, qui est la charité intellectuelle.

Ce peuple crie, il a faim !

Vous qui tenez la publicité, vous aussi qui pouvez, par votre position, par votre fortune, l'aider, la développer, l'agrandir, vous avez le pouvoir de multiplier le pain. Mais vous avez aussi le pouvoir de le cacher, de l'enfouir. Et vous n'avez pas l'excuse de le garder pour vous, car vous ne le gardez ni pour vous ni pour personne : vous l'ensevelissez !

Ah ! si vous faites ainsi, si vous ensevelissez le pain, vous cachez la lumière au malheureux qui demande sa route. Vous enlevez au suppliant le morceau de pain qui deviendrait sa vie. Vous n'entendez pas ce suppliant, parce que la famine intellectuelle ne crie pas comme l'autre. Elle n'a pas comme l'autre, conscience de sa misère. Elle ne rugit pas ; elle se tait, et elle avale des poisons.

Et la foule piétine sur des pains enterrés dont elle ignore l'existence.

De tout temps, la faim a été appelée mauvaise conseillère.

Elle conseille de tout détruire, les temples d'abord, les maisons ensuite.

En détruisant, elle croit qu'elle dévore.

Elle accumule les ruines, comme si elle pouvait les manger.

Si vous ne donnez pas du pain, on mangera du poison.

Car il y en a qui préféreront l'arsenic aux tiraillements de la faim.

Si vous ne donnez pas de pain, on vous dévorera vous-même.

Les vérités les plus évidentes tiennent à la

fois du paradoxe et du lieu commun. Et voici l'une de ses vérités. Il est quelques hommes sur la terre qui sont chargés par la nature des choses, par la vertu des circonstances, par la position qui leur est faite, de désigner aux autres hommes où sont les pains qu'il faut pour alimenter la vie et remplacer les poisons.

Ministre de la parole sociale, vous présidez à la distribution du pain ou à la distribution de l'arsenic, à la distribution de la lumière ou à la distribution des ténèbres.

Au nom de Dieu, sachez choisir.

VIII

APPARENCES ET RÉALITÉS.

Voulez-vous vous prêter à une supposition? Nous avons affaire à un étranger, à un ignorant des choses de ce monde, et nous allons lui montrer quelques-uns des spectacles qui nous sont offerts ici-bas.

Nous le conduirons sur un champ de bataille.

Quels tumultes affreux! Le sifflement des obus et leurs explosions! La mêlée! Les blessés, les mourants! Le sanglant désordre que Chateaubriand appelait *la cohue de la mort!*

L'étranger se tourne vers nous et nous dit : Je ne savais pas ce que c'était que la haine, et je viens de l'apprendre. J'en suis épouvanté. J'en demeure interdit. La haine! voilà donc l'invention des hommes! Ils ne se trouvaient pas assez mortels. Ils ont appelé la haine au secours de la mort.

Pour calmer mon voyageur et varier son instruction, je vais lui mettre d'autres tableaux sous les yeux.

Je vais le conduire dans un salon du meilleur monde. Au lieu des cris et des obus, il n'y rencontrera que des saluts et des sourires. C'est ici que s'épanouit la civilisation, c'est ici qu'elle fleurit, c'est ici qu'on excelle dans le *doux parler*.

Dans ce salon exquis, il n'y a ni hommes ni femmes, mais seulement des messieurs et des dames. Les paroles échangées respirent la politesse la plus suave. Personne n'accentue énergiquement ses discours. Personne ne dit rien de vif. Les opinions échangées demeurent toutes aux environs du juste-milieu. Personne n'est très religieux : ce serait aller un peu loin. Personne n'est très irréligieux : ce serait aller un peu loin. Personne n'est très autoritaire : ce serait choquant. Personne n'est très révolutionnaire : ce serait blessant.

Personne n'exprime une foi positive : ce serait un peu arriéré. Mais on accorde volontiers sa protection aux croyances antiques; car leur destruction, parmi les gens du peuple, ne serait pas sans inconvénient, surtout leur destruction complète : car il ne faut rien de complet. On ne prétend pas que le peuple doive garder une foi précise et vivante. Pas le moins du monde ! Mais on lui souhaite volontiers un reste de confiance et un reste de crainte. Il est assez bon que le peuple espère certaines récompenses pour une autre vie, et redoute certains châtiments. Cela l'aidera à supporter les misères de ce monde, et il faut de la prudence en toute chose.

Mon étranger commence à se réconcilier avec les hommes. Qu'ils sont aimables et doux ! Quelle modération ! Ah ! nous voilà bien loin de notre champ de bataille! J'appelle l'attention de mon étranger sur un groupe de messieurs à droite, un groupe de dames à gauche.

Les messieurs parlent politique et littérature. En voici deux particulièrement qui se tiennent tête. Je n'entends pas parfaitement toutes leurs paroles; je regarde et j'écoute d'un peu loin, mais j'entends qu'on parle des écrivains modernes. On maudit les gens rigoureux qui croient tout ce qu'il faut croire. « Il faut quelquefois, dit un monsieur, sacrifier généreusement ses convictions à celles des autres et les intérêts de la vérité à ceux de la concorde. » Cette phrase obtient un succès presque unanime. Cependant voici un contradicteur qui ose dire : « La concorde peut-elle se faire en dehors de la vérité? »

J'aperçois sur les visages comme une ébauche de sourire, et dans certains yeux comme un éclair froid. On dirait de l'acier.

Et, dans le groupe des dames, est-ce que ces fleurs, ces diamants, ces figures brillantes et souriantes n'excluent pas toute idée d'hostilité ou de vengeance? Ces éventails habilement maniés font des saluts et des signes; la politesse la plus exquise préside à leurs mouvements. Leurs gestes légers posent certains accents sur les mots prononcés. Mais comment voulez-vous supposer que ce mot : *chère madame*, agrémenté d'une certaine intonation, devienne une impertinence? C'est impossible à croire, n'est-ce pas? D'un regard ces élégantes se parcourent, se scrutent, devinent, croient deviner, laissent deviner mille secrets. Mais, à moins d'avoir une longue et terrible expérience des choses de ce monde, comment peut-on se défier d'une corbeille de fleurs?

Si jamais un dard perce et glace le cœur, est-ce qu'il se serait d'abord caché là-dessous?

Non! jamais pareil soupçon n'entrera dans le noble esprit de l'étranger.

Le génie voyageur, qui venait d'être épouvanté par les horreurs du champ de bataille, est actuellement rasséréné par ces gracieux tableaux de notre douce civilisation. Il croit qu'il a tout à l'heure contemplé la haine, et que maintenant la bienveillance déroule ses charmes devant lui.

Eh bien! si j'étais chargé de son éducation, s'il me fallait l'initier à nos affaires terrestres, je lui dirais :

— Votre erreur est radicale. A la poussière des champs de bataille pas un atome de haine n'est mêlé. La guerre *broie* les nations pour les *mêler*, disait Joseph De Maistre, mais cet embrassement fougueux n'a rien de commun avec la malveillance. Ces hommes qui s'égorgent seront disposés tout à l'heure à se secourir, à s'entr'aider. Après avoir exposé leur vie pour donner la mort, ils l'exposeront peut-être encore tout à l'heure, dans une intention contraire, pour préserver les ennemis de la mort. Le mot : ennemi, présente ici un sens particulier et mystérieux. L'ennemi, c'est celui qui est devant vous. Vous obéissez, en le combattant, à un décret que vous ne comprenez pas. Vous obéissez à une fureur qui n'est pas la vôtre, et qui part de plus haut que vos sentiments personnels.

— Mais, interrompt l'étranger, où donc est la haine, si elle n'est pas dans la mort?

— Où est la haine? Peut-être dans ce salon où vous avez admiré tout à l'heure la douceur et l'élégance de nos mœurs. Elle est peut-être dans ces sourires, dans ces finesses, dans ces réticences et surtout dans ces silences. « Tu te fâches, donc tu as tort disait un ancien ». Cette parole est aussi fausse que célèbre. L'homme qui se fâche a souvent raison. Je dirais bien plus volontiers : « Tu te fâches, donc tu aimes. » L'homme qui s'emporte est presque toujours un homme qui aime beaucoup. C'est la *colère de l'amour*, disait encore Joseph de Maistre.

L'homme qui discute avec violence, qui poursuit l'adversaire de ses accusations, qui veut à toute force emporter la place d'assaut, convertir, persuader, celui-là est plein de tendresse. La fureur apparente qu'il témoigne contre vous n'est qu'un désir ardent de s'assimiler à vous, et de vous emporter avec lui aux régions de la paix et de la victoire. Si vous le repoussez absolument, il finira par se taire; c'est alors qu'il n'aimera plus. Dans les discussions des hommes bien élevés, celui qui menace de s'échauffer, c'est celui-là qu'on accuse de haïr : c'est celui-là qui aime.

Celui qui garde une mesure parfaite, qui ne laisse pas échapper un mot en dehors de la prudence et du calcul, celui qui demeure irréprochable dans l'expression et dans l'apparence, c'est souvent celui-là qui n'aime pas. L'autre se donnait, celui-ci se réserve, et semble doux parce qu'il est indifférent.

La haine n'est pas une violence; elle est une réticence. Elle n'est pas une ardeur; elle est une froideur. Elle est une quantité négative; elle n'est pas un transport, elle est une abstention.

Celui qui aime parle, comme aussi celui qui croit. « J'ai cru, c'est pourquoi j'ai parlé. » Celui qui n'aime plus se tait. Celui qui vit de sa haine vit de son silence. Certaines nuances imperceptibles, placées dans le regard et dans le geste, sont semblables aux accentuations du silence : elles indiquent et mesurent à quel degré au-dessous du zéro est descendue la froideur de la séparation. Car voilà le nom de la haine. Elle n'est pas la poursuite, le reproche ou la fureur : elle est la séparation.

IX

CONTEMPLATEURS ET ALIÉNÉS.

Le libéralisme autrichien, par la voix du *Fremdenblatt*, signale au mépris *du monde les fainéants et les vauriens qui mènent une vie contemplative dans les couvents.*

Ce n'est pas une parole isolée et perdue. Tous les pays du monde ont des échos pour la redire.

Une autre feuille demande que *la dernière Religieuse soit rendue à sa véritable vocation de femme et de mère.*

Ainsi, au nom de la liberté, cette dernière Religieuse sera traînée par les cheveux quelque part et traînée de force.

Tantôt les contemplatifs sont traités comme des criminels et tantôt comme des fous; mais ces deux accusations n'en font qu'une. C'est le même esprit qui parle, et c'est la même chose qui est au fond des deux mots.

Dans une lettre de M. Eugène Sémérié, docteur en médecine, à Mgr Dupanloup, l'identité absolue de la théologie et de la folie est enseignée doctrinalement.

« Il y a, dit ce Docteur, entre la manière de raisonner des théologiens et celle des aliénés une conformité telle, que, devenir fou, c'est *tomber en théologie* : ce sont les mêmes théories soutenues de la même manière. »

« Devenir fou, c'est tomber en théologie ! » Voilà la formule donnée. Elle est claire, elle est franche, elle est simple, elle est complète. Arrêtons-la au passage.

Cette phrase pourrait devenir, en vertu de la loi des contrastes, l'occasion d'un beau livre où la folie et la théologie apparaîtraient comme les deux termes de la contradiction la plus absolue qu'il y ait en ce monde. Nous n'avons, pour le voir, qu'à ouvrir les yeux.

Un des caractères de la folie, c'est le caprice. Chaque fou a sa folie propre, qui ne ressemble pas à la folie du voisin. La folie est éminemment fantaisiste; oublieuse de tout principe général et régulateur, elle se précipite tête baissée du côté où la pousse l'instinct individuel, l'instinct momentané, maladif, qui a remplacé pour elle la vérité et la santé. Cet instinct varie à l'infini, et chaque fou a le sien. Celui qui proposerait à une maison de fous, et à toutes les maisons de fous du monde entier, d'embrasser une folie commune, une folie semblable, la même folie, de formuler le symbole de cette folie et de l'adopter universellement, celui-là serait fou lui-même.

Or, le caractère propre de la théologie, c'est l'unité dans la foi, c'est l'orthodoxie.

Parcourez d'un bout à l'autre l'histoire des

contemplatifs catholiques. Vous trouverez des savants, des ignorants, des hommes, des femmes, des religieuses, des épouses, des vierges, des érudits, des paysannes, et à travers la plus parfaite diversité de natures, de caractères et de conditions, vous trouverez la plus parfaite unité de doctrine.

Vous trouverez donc la chose la plus parfaitement, la plus radicalement, la plus nécessairement incompatible avec la folie, et je ne sais comment ferait un homme de bonne foi pour échapper à l'irrésistible évidence de cette incompatibilité.

Deuxième caractère de la folie : l'orgueil.

L'orgueil n'est pas seulement un des accidents de la folie. Peut-être en est-il l'essence. Depuis la catastrophe paradisiaque, l'homme est porté à se croire Dieu. Il est porté à se croire en puissance d'être ou de faire un Dieu. L'idolâtrie, dit l'Ecriture, est le principe et la fin de tous les maux. Elle est certainement avec la folie dans un rapport intime, et peut-être ne trouverait-on pas un seul fou qui ne se considère comme Dieu en un certain recoin de son esprit.

Un visiteur se promenait dans une maison d'aliénés. Il rencontra un homme instruit et aimable, plein d'obligeance et de bon sens, qui lui fit l'honneur de ce triste lieu. Ce *cicerone* expliqua tout en détail, indiquant au visiteur et caractérisant chacune des folies qui s'offraient à leurs yeux. L'étranger croyait avoir affaire à un des médecins de l'établissement ou à quelque gardien très intelligent. Il allait terminer sa visite, quand un dernier malade se présenta. — Et celui-ci, demanda le visiteur, en quoi consiste sa folie? — O! le pauvre homme! répondit le guide d'un air de pitié profonde : il se figure qu'il est Dieu le Père. Mais moi, qui suis Dieu le Fils, je sais bien à quoi m'en tenir.

Cette réponse d'un aliéné, ordinairement lucide, présente peut-être le caractère général et le type de la folie. Chaque fou se croit Dieu, autrement que son voisin. Mais il se croit Dieu en quelque manière. L'homme déchu se précipite comme un animal vers la chose qui, au jour de sa chute, lui a été promise par le Serpent. La raison et la foi sont les deux brides qui le retiennent, et, quand il les a brisées, rien ne les retient plus.

L'orgueil est une folie entravée. La folie est un orgueil qui a brisé ses entraves.

Or, les contemplateurs catholiques sont les plus humbles des hommes. Plus ils vivent embrassés dans la familiarité divine et brûlés des flammes saintes, plus immense leur apparaît l'abîme qui les sépare de la Divinité. Les saints sont les seuls hommes qui sachent à quel point l'homme n'est point Dieu. L'infinité de la distance, voilée par la folie, à demi-voilée par l'orgueil ordinaire, éclate à leurs yeux. Ils vivent à l'antipode de l'orgueil, à l'antipode de la folie, éclairés par l'humilité sur la condition des choses.

Enfin, voici un troisième caractère de la folie, c'est le danger.

Toute folie, même inoffensive, est la menace d'une catastrophe. Prenez ces maladies nerveuses auxquelles le matérialisme voudrait assimiler l'extase des saints. Ces maladies, à moins d'une guérison très difficile et très rare, ne s'arrêtent pas en chemin. Elles s'acheminent habituellement vers quelque dénoûment terrible. Elles révèlent habituellement par une catastrophe inattendue, le secret de leur nature.

Or, la sainteté a pour caractère la prudence. Les Saints sont les plus sages des hommes. Donoso Cortez disait que s'il avait à conduire une affaire humaine très compliquée, très délicate, il consulterait un théologien, et qu'entre les théologiens, il choisirait le plus contemplatif. C'était là une parole profonde.

Si sainte Thérèse avait été telle que le rationalisme et le matérialisme voudraient nous la dépeindre, elle eût entassé erreurs sur erreurs et folies sur folies. Mais il se trouve qu'elle fut habile, fine, prudente autant qu'ardente, et homme d'affaire s'il en fut jamais.

L'arbre se connaît à ses fruits. Si, au lieu d'être sainte, elle eût été folle, le Mont-Carmel, au lieu de porter des fruits et des fleurs, eût disparu sous une avalanche de catastrophes.

Avez-vous rencontré dans l'histoire un fou qui ait fondé ?

Celui qui prend les saints pour des fous est obligé de croire à une armée sublime de fous qui s'accordent entre eux sur les points les plus élevés et les plus délicats de la doctrine, à une armée innombrable de fous orthodoxes, humbles, doux, pacifiques, prudents, sages, réservés et discrets.

Il est obligé de croire à des fous qui ont le don de conseil, qui prévoient et écartent les dangers, à des fous obéissants, à des fous modestes, à des fous bienfaisants, qui ont pensé, dit et fait les grandes choses sur lesquelles vit l'humanité, à des fous qui, au lieu d'aller vers une catastrophe révélatrice, terminent leur vie pure, sage, utile, forte et sévère, par une mort calme, sublime, lumineuse et féconde.

La folie est subversive, la sainteté est édifiante. Elle a même donné à ce dernier mot un sens qu'il n'avait pas et qui a fait oublier l'autre.

Il est donc obligé, le négateur, d'abandonner aussi parfaitement et aussi absolument les données du bon sens, de la raison et de la science, que celles de la foi et du christianisme. Il est obligé de nier l'histoire et la physiologie, comme la théologie, comme la logique, de fermer les yeux à toutes les lumières, et de repousser à jamais toutes les évidences à la fois.

Il est obligé de dire adieu aux principes élémentaires du sens commun, et d'admettre l'absurde, afin de rejeter le surnaturel.

X

LES GRANDS HOMMES.

Il y a sur terre une classe d'hommes dignes d'une charité et d'une compassion tout-à-fait particulières, et à qui l'on refuse plus qu'à d'autres la compassion et la charité : c'est la classe de ceux qu'on appelle les grands Hommes.

Les grands Hommes sont des Pauvres d'une espèce particulière, plus pauvres que les autres Pauvres. Un Pauvre, c'est celui qui a besoin. Un homme est d'autant plus pauvre qu'il a plus de besoins. Les oiseaux n'ont pas de rentes sur l'Etat; mais ils ne sont pas pauvres, parce qu'ils n'ont pas de besoins, ou parce qu'ils trouvent, devant leurs ailes étendues, facilement et sans prévoyance, la satisfaction de leurs besoins.

L'homme est la plus pauvre des créatures. L'homme est accablé de besoins.

Mais le grand Homme est un Pauvre auprès duquel il n'en existe pas.

Le grand Homme a, d'abord, tous les besoins de l'homme ordinaire, et il les sent plus profondément que personne.

Puis, il a d'autres besoins, à la fois plus élevés

et plus exigeants, qui crient plus haut et qu'on écoute moins, parce qu'on ne comprend pas et pour lesquels la sollicitation est à peu près impossible, parce que l'Intelligence du public est fermée aux cris que ces besoins poussent.

Si Christophe Colomb était allé de porte en porte, mendiant le Pain ordinaire, le Pain qu'il faut à tous, aux grands Hommes et aux hommes, il eut été mieux écouté. Mais il mendiait son Pain à lui : il lui fallait des vaisseaux pour découvrir l'Amérique. C'était là son Pain. Donnez-nous aujourd'hui Notre Pain Quotidien. Le Nôtre ! Non pas celui du voisin, le Nôtre, celui qu'il nous faut à nous !

Or, le Pain des grands Hommes est infiniment plus rare que le Pain des hommes ordinaires. C'est pourquoi les grands Hommes sont pauvres de la pauvreté humaine ordinaire, parce qu'ils ont tous les besoins des hommes, et pauvre de leur pauvreté spéciale, exceptionnelle, particulière, pauvres de la pauvreté qui leur est faite par les Désirs gigantesques et invincibles, en vertu desquels ils sont grands Hommes.

Qu'est-ce, en effet, que ce Pauvre, qu'on appelle de ce Nom terrible : grand Homme.

Je vais essayer de répondre à cette question.

Quand, dans une circonstance solennelle, un souverain envoie un ambassadeur à un autre souverain, cet ambassadeur est chargé d'un secret et ne doit le confier qu'au souverain lui-même.

Quand, dans une circonstance solennelle, Dieu envoie un homme solennel à l'Humanité, cet homme est chargé d'une missive, d'un secret. Seulement, ici, le secret s'appelle Mystère, et c'est en vertu de ce Mystère que le grand Homme est grand Homme.

Les petits hommes empruntent toute leur importance aux actes qu'ils accomplissent.

Sans ces actes là, ils ne seraient absolument rien. Quelquefois ils montent sur leurs actes comme sur un tréteau, et attirent les regards de la foule. Ils vivent de leurs actes ; ils les exploitent. Ils battent la grosse caisse et peuvent arriver à faire du bruit.

Mais ils n'ont pas de consistance en eux-mêmes. Ces fantômes vont s'évanouir. Ils apparaissent toujours inférieurs à la place qu'ils occupent et au résultat qu'ils ont obtenu. Ils sont écrasés par leurs œuvres. Quand ces œuvres sont finies, leurs auteurs sont rentrés dans leur insignifiance propre. L'accident qui les avait apportés les remporte ; l'occasion d'être une fois passée, ces hommes-là ne sont plus.

Le grand Homme, au contraire, est supérieur à ses actes. L'émotion que son nom produit est plus immortelle que les accidents de son Histoire.

Cette émotion est fille du Mystère qu'il porte.

Le mystère est son chiffre, son titre et son Nom.

Voilà pourquoi le grand Homme est si difficile à juger. C'est qu'il agit en vertu de quelque chose qu'on ne sait pas.

Les hommes ordinaires peuvent lui faire mille reproches, vrais ou faux, justes ou injustes. Mais ils devraient toujours garder vis-à-vis de lui le respect qu'exige la présence du grand Inconnu. Autrement, ils se compromettent et ne compromettent pas celui qu'ils prétendent atteindre.

Le grand Homme échappe à leurs prises, et ils se sont blessés eux-mêmes très sérieusement.

.•.

Les hommes ordinaires, et surtout les hommes particulièrement petits, éprouvent un certain attrait, un certain plaisir à attaquer les grands Hommes. Il y a beaucoup de vengeance dans ce plaisir-là.

Ces attaques ont un genre de succès. Mais ne vous y trompez pas. Ce succès est dû au grand Homme insulté. La curiosité qui s'attache à lui fait la petite renommée de qui s'attaque à lui. Mais cette petite renommée sera courte, et quand l'insulteur aura passé, l'Homme, le grand Homme restera debout, invinciblement fixé sur son roc immortel, et son petit ennemi portera la marque des blessures qu'il aura voulu lui faire.

Les balles qui lui étaient destinées n'atteignent

pas son front trop haut. Elles retombent sur qui les lançait.

Certes, je ne veux pas interdire à la critique historique l'examen sérieux de la vie des grands Hommes. Elle a le droit et le devoir de leur demander des comptes. Mais il faut qu'elle tienne compte de l'élément *frondeur*, qui est leur élément. Il faut qu'elle soit à la Hauteur du mystère dont elle approche.

Les contempteurs des grands Hommes leur adressent quelquefois des reproches justes et plus souvent des reproches qui paraissent justes. Que manque-t-il à ceux-ci pour atteindre la justice ? Il leur manque de sacrer l'Idée qui fait que le grand Homme est grand. Ils attaquent ses actes un à un. Ils ne voient pas ce qui les relie et les inspire.

Généralement les petits hommes reprochent au grand Homme de n'avoir pas fait ce qu'eux-mêmes, petits hommes, auraient fait à sa place.

Le grand Homme, en effet, s'il avait fait comme les petits hommes, aurait évité mille fautes qu'il a peut-être commises.

Grand Homme, il a eu mille défauts. S'il eût fait comme les petits hommes, il n'en aurait qu'un, au lieu de mille. *Mais ce défaut-là eût été précisément de n'être plus un grand Homme.*

Vous vous souvenez de cette célèbre jument qui avait toutes les qualités, excepté la vie, et qui avait un seul inconvénient, celui d'être morte.

Le grand Homme qui serait tel que les petits hommes le désirent, n'aurait qu'un inconvénient, celui de leur ressembler.

Si Christophe Colomb avait été moins *obstiné*, il n'eût pas découvert l'Amérique.

J'entends d'ici tous les conseils qu'on a dû lui donner.

« Mais, mon ami, soyez donc raisonnable. Soyez comme l'un de nous! Pourquoi faire bande à part? Pourquoi ne pas être comme tout le monde? Est-ce là l'exemple que nous vous avons donné? Est-ce que jamais vos frères, vos cousins, vos amis, vos camarades, vos oncles, vos grands oncles se sont lancés en pleine mer, sans savoir où ils allaient? Voilà pourtant où la Présomption peut mener un homme! »

Eh! que de mystères dans ce mot : Justice! Et comme il faudrait avoir pesé les montagnes pour mesurer celui qui les porte peut-être sur ses épaules!

Le secret de Christophe Colomb était peut-être l'Equilibre.

L'Ancien continent lui imposait la recherche du Nouveau continent.

XI

LES OUVRIERS DE BABEL.

I

Quelqu'un demandait à un paysan : Avez-vous vu Paris?

— Non, répondit l'homme des champs. J'y suis allé une fois mais les maisons m'ont empêché de voir la ville.

Qui sait si cette naïveté ne porte pas en elle une certaine profondeur ! Les maisons m'empêchent quelquefois de voir la ville. Les détails empêchent de voir l'ensemble. Pour un animal microscopique qui passerait sa courte vie entre deux pierres d'une maison, les pierres empêcheraient de voir la maison.

Dans la cité intellectuelle, ne se produit-il pas un phénomène à peu près analogue?

Considérez le monde intellectuel comme une ville immense. Pour apprécier chaque édifice à sa valeur, le voir à sa place, pour déterminer son rôle et son aspect dans le plan général, il faudra d'abord avoir jeté sur la cité un coup d'œil d'ensemble.

Si vous vous laissez absorber par un détail, cette maison vous empêche de voir la ville.

N'est-ce pas là ce qui arrive tous les jours autour de nous?

Jamais on n'a tant discuté. Jamais la lumière n'a moins jailli du choc des opinions.

C'est qu'en effet, pour s'entendre, il faut d'abord parler la même langue. C'est élémentaire. Mais les vérités les plus élémentaires sont les plus oubliées.

Or, les hommes qui traitent les questions se parlent et ne s'entendent pas, parce que chacun parle sa langue, à lui; et les autres répondent dans leur langue à eux.

Rien n'est jeune sur la terre comme les antiques vérités de l'Écriture. Elles sont jeunes parce qu'elles sont éternelles. Le récit de l'Écriture si exactement historique, est, en même temps, si symbolique, qu'après avoir raconté un fait passé il raconte une quantité immense de faits à venir. Raconter et prophétiser ne sont pas pour lui deux efforts. Ces deux actes loin de se contredire ou de se gêner, sont les expansions essentielles de la force qu'il porte en lui. Ce récit est historique; par là-même il raconte le passé. Mais, comme il est divin, comme il est inspiré, il rencontre l'avenir sur sa route, sans avoir l'air de penser à lui. Il le rencontre parce qu'il se promène dans les domaines de l'Éternité, où le passé, le présent et l'avenir se coudoyent sans se confondre.

Cette parole de l'Écriture a des retentissements étranges et des échos singuliers.

Elle porte si loin que, parmi les échos qu'elle éveille, il y a des bruits qui semblent venir d'une région inconnue. On ne sait pas bien à quel rocher s'est heurté la parole divine, mais on s'aperçoit que le rocher a éveillé un écho.

II

Or, parmi ces récits historiques et prophétiques, la Tour de Babel n'est pas le moins saisissant. Les hommes veulent élever un monument et se passer de Dieu pour le construire; cette tentative architecturale fut sans doute l'une des premières tentatives que l'homme fit pour mettre Dieu hors de l'art. Car l'architecture fut sans doute une des premières tentatives et des premières initiatives de l'art de ce monde.

Or, les hommes voulurent mettre Dieu hors de l'art. Et Dieu n'eut qu'à les abandonner à eux-mêmes, et ils furent confondus par eux-mêmes. Et la foudre n'eut pas besoin de tomber du ciel sur la Tour de Babel.

Il suffit de laisser les constructeurs ne pas s'entendre, et ne s'étant pas entendus, il leur fallut se disperser.

Si je fouille les annales de la guerre humaine, guerre immense, variée, multiforme, si je tourne les pages de ce livre gigantesque; à chaque page et à chaque ligne, je lis l'histoire de la Tour de Babel.

Si j'étais peintre, si je voulais enrichir d'illustrations une histoire universelle je pourrais à chaque évènement, peindre le fait de l'Écriture qui représente cet évènement dans le langage divin, mais je crois qu'un des dessins qui reviendrait le plus souvent sous mon crayon, ce serait la Tour de Babel.

Les ouvriers qui la travaillaient ne savaient sans doute pas quel rôle ils jouaient dans l'histoire universelle. Ils jouaient un rôle immense, le rôle de ceux qui représentent l'humanité sans Dieu. Et le dénouement de leur travail porte si bien en lui tout le dénouement, qu'il faudrait lire, étudier, comprendre ; il faudrait approfondir toute l'histoire, depuis eux jusqu'à nous, pour savoir ce qu'ils ont fait. Ils ne le savent pas eux-mêmes.

Ils ne comprenaient pas la leçon, et notre siècle qui la donne lui-même, comme les ouvriers de Babel, ne la comprend pas beaucoup plus qu'eux.

III

Il y a un certain nombre d'années, le monde littéraire se divisa en deux camps qui se déclaraient la guerre. Il paraît qu'à cette époque-là les hommes avaient assez de loisir et de tranquillité pour se livrer vivement aux disputes intellectuelles.

Nous n'en sommes plus là; mais, le souvenir en est encore permis. Eh bien! les classiques et les romantiques se livrèrent à propos des règles de l'art, une bataille acharnée. L'art a-t-il des règles? N'en a-t-il pas? Faut-il un art poétique? N'en faut-il pas? Le caprice est-il l'unique vérité et l'unique but de l'écrivain? Doit-il adorer la fantaisie? Doit-il s'astreindre aux règles écrites?

Il faut distiguer entre le mot : règle et le mot : loi.

La règle, telle que l'ont entendue certains hommes étroits et courts, était absolument arbitraire. Il fallait, je crois, vingt-sept règles pour qu'une tragédie fût parfaite, et cette absurde nomenclature de conventions insignifiantes dispensait de l'inspiration. Mais, comme on ne s'entendait pas, on oublia de remarquer que si la règle, comme la veulent certains rhétoriciens, est stérile et puérile, la loi, qui est l'expression de la nature des choses, régit l'art comme la vie. De sorte que les romantiques, qui avaient raison contre certaines règles, avaient tort contre la loi. Les classiques confondaient la Règle et la Loi. Les romantiques confondaient la Fantaisie et l'Inspiration. L'amour égaré de l'Inspiration les conduisait à un amour éperdu de la Fantaisie. Or, la Fantaisie ne ressemble pas plus à l'Inspiration que la Règle ne ressemble à la Loi. Il y a même entre ces mots et ces choses une proportion intéressante. La Fantaisie est arbitraire comme la Règle. L'Inspiration est féconde comme la Loi. Ainsi les romantiques fuyant l'arbitraire sous le nom de la Règle, retrouvaient et adoraient l'arbitraire sous le nom de la Fantaisie.

Et personne n'eut l'idée très simple de dire à tout le monde : De quoi parlons-nous ?

IV

Le mot : Liberté, qui retentit alors dans le monde littéraire, a retenti, de tout temps, dans le monde social. La Liberté, qui est une des passions de l'homme, a toujours été le sujet de ses discours, et le but ou le prétexte de ses actions. Ouvrez l'histoire. Prenez la vieille Rome ; interrogez les échos du mont Aventin, tournez-vous du côté de Sparte ; souvenez-vous des Thermopyles et des récits qui ont ennuyé ou charmé votre enfance, suivant votre caractère et la forme de vos études. Partout, vous retrouvez le nom de la Liberté. Mais toute cette bataille historique qui retentit autour de ce mot a peut-être oublié de nous dire et de se dire à elle-même quel est le sens de ce mot. Le mot important et redoutable se promène sur toutes les lèvres et ne se définit jamais.

Il y a en ce monde d'immenses malentendus, et une immense quantité de combattants pourrait s'adresser la question que fit Napoléon Ier à l'empereur de Russie, quand il rencontra Alexandre, après la bataille d'Eylau :

« Sire, pourquoi nous faisons-nous la guerre? »

Dans les relations de la vie privée, je crois que beaucoup d'inimitiés s'éteindraient, et que plusieurs d'entr'elles se changeraient en amitiés, si les parties intéressées, au lieu de se renfermer dans un silence hostile, consentaient à s'ouvrir le cœur par une parole de bonté.

La part des malentendus est immense dans la vie privée : le silence est le gardien de la haine ou de la froideur. C'est lui qui nourrit ces deux monstres dans la caverne sans air et sans lumière où ils vivent tous les trois. Car le silence vit avec eux. Si l'explication essaye de se produire, et qu'elle parte d'un cœur hostile, elle échoue toujours, parceque la charité est le principe de l'activité et de la parole humaine. Mais si l'explication part d'un cœur amical, le soleil se lève, les fantômes s'évanouissent.

La question du mariage, si vivement et si contradictoirement discutée dans notre époque, n'est-elle pas obscurcie et enténébrée par le malentendu qui l'enveloppe? Les uns, parlant du mariage, parlent d'un sacrement; les autres, d'un contrat civil. Comment s'entendraient-ils, puisque les mêmes mots, pour eux, ne représentent pas les mêmes choses?

La multiplicité des langues a produit, aux jours de Babel, une confusion matérielle qui a été suivie de la dispersion des peuples. Confusion et dispersion sont deux mots presque synonymes;

cependant la confusion est surtout la cause, et la dispersion est surtout l'effet. Or, tout ce qui arrivait dans ces premiers âges du monde arrivait à l'état de figure.

C'étaient des figures matérielles et prophétiques qui annonçaient l'avenir. La confusion et la dispersion matérielles des ouvriers de Babel annonçaient la confusion et la dispersion de tous ceux qui, dans l'avenir, devaient essayer de travailler sans s'entendre.

La prophétie a été trouvée véridique : l'Ecriture a apparu, fidèle à ses menaces. Cherchez dans l'histoire : partout où la confusion des langues intervient spirituellement, partout où les mêmes mots ne représentent plus la même chose, la Tour de Babel arrête ses travaux. Elle semble vouloir porter jusqu'au ciel, pour parler comme Bossuet, le magnifique témoignage de notre néant ; mais les ouvriers s'arrêtent et se dispersent, moins forts que le malentendu qui les égare.

Celui-là est barbare qui n'entend pas la langue des autres : c'est même le propre sens du mot barbare. Exilé parmi les peuples barbares, Ovide se proclamait lui-même barbare, parce qu'il était seul à parler sa langue.

Barbarus hic ego sum, quia non intelligor ulli.

C'est moi qui suis barbare, disait-il, parce que personne ne me comprend.

Ainsi l'homme de génie est barbare pour

les hommes vulgaires, auprès desquels il est exilé.

Il leur est incompréhensible, parce qu'il est trop au-dessus d'eux.

Ils lui sont inintelligibles, parce qu'ils sont trop au-dessous de lui.

L'incompréhensible est au-dessus des intelligences avoisinantes.

L'inintelligible est au-dessous.

Ceux qui parlent d'en haut sont incompréhensibles aux hommes d'en bas.

Ceux qui parlent d'en bas sont inintelligibles aux hommes d'en haut.

Que faudrait-il pour s'entendre?

Il faudrait cette chose que les anges chantaient à la venue du Sauveur.

Il faudrait la Bonne volonté !

XII

LA PENTECÔTE.

Le mot Babel : appelle le mot : Pentecôte, et la logique, comme la saison, comme le cycle de l'année ecclésiastique, me ramène à la Pentecôte.

A Babel furent confondues les langues de ceux qui voulaient construire un monument sans Dieu, contre Dieu, en dehors de Dieu.

A la Pentecôte reçurent le don des langues ceux qui voulaient construire, avec Dieu, en Dieu, pour Dieu, ce monument qui s'appelle l'Église.

Je suis très frappé de cette remarque. Savoir ou ne pas savoir une langue, c'est en soi une affaire de connaissance. En apparence l'amour n'a rien à faire avec cette notion. La linguistique n'a pas besoin d'être avant tout l'acte du cœur.

Eh bien! c'est la fête de l'Amour qui est la fête du don des langues. Dans le récit de la Pentecôte, comme dans le récit de Babel, l'Écriture raconte le fait historique, historiquement vrai, et signifie le fait symbolique, symboliquement vrai.

Le don matériel des Langues était nécessaire aux Apôtres qui avaient à en faire un usage si subit et si superbe.

Mais ce que je veux constater ici, ce qui me paraît oublié, c'est que le don symbolique des langues, le don de savoir parler aux hommes, est surtout le don de l'Amour.

Imaginez un homme qui réunisse en lui toutes les connaissances imaginables, qui sache matériellement toutes les langues qu'on parle et qu'on ait jamais parlées, avec toutes leurs nuances et toutes leurs délicatesses; jetez sur ce même homme, comme un manteau de pourpre, une connaissance approfondie de toutes les sciences humaines.

Cet homme pourra parler à tous les hommes dans leur langue : au Français la langue française, aux Anglais la langue anglaise, etc., etc.; aux bergers la langue des bergers, aux souverains la langue des souverains, aux savants la langue des savants, et personne ne le comprendra, et il ne comprendra personne, et ce sera la Tour de Babel qu'il essayera de construire avec ses interlocuteurs, et ils ne s'entendront pas, lui et les siens. Ses auditeurs le fuiront, et la dispersion sera le dernier mot de son œuvre.

C'est que parmi les dons énormes dont vous l'avez comblé, il en manque un au milieu, vous avez oublié de lui donner l'Amour. Et toutes ses facultés seront frappées de mort. Et toutes les branches de son grand arbre scientifique sécheront.

L'intelligence choisit les paroles par lesquelles il faut ébranler l'air pour aller à l'oreille, mais c'est l'Amour qui les introduit dans l'âme. C'est l'Amour qui a la clef du tabernacle.

La science, depuis cinquante ans, a fait des efforts nombreux et magnifiques, pour rapprocher les hommes et les peuples.

Cette clef qui ouvre et qui ferme, cette clef que rien ne remplace, cette clef n'est pas dans la main de la science.

La science prépare la main qui doit tenir cette clef; mais ce n'est pas sa propre main.

.·.

Supposez que, dans un salon, au XVIIIe siècle, quelque prophète ait annoncé les chemins de fer. Je parle d'un de ces salons où étaient groupés les hommes d'esprit (Oh! quel mot que ce mot! esprit, quand il ne porte pas, au commencement, de majuscule, quand il s'agit de l'esprit et non pas de l'Esprit!) Supposez donc les hommes d'esprit du XVIIIe siècle groupés dans un salon. Quelqu'un annonce qu'un jour la vapeur traînera des voitures : il entre dans les détails.

Vous figurez-vous les plaisanteries par lesquelles serait reçu le prophète? Vous figurez-vous le rire des *philosophes?*

Vous figurez-vous toutes les insultes que les

hommes d'*esprit* auraient jetées sur l'homme de l'*Esprit* ?

Les hommes d'esprit eussent accumulé les objections, pour le plaisir d'objecter, qui est le plaisir de l'*esprit*; et comme ils auraient eu beau jeu! comme la moquerie eût été facile! Comme elle fût venue d'avance d'elle-même, légère et gracieuse, sur les lèvres! Et les montagnes, eût dit un philosophe? Que ferez-vous des montagnes, quand vous les trouverez sur votre route?

— On les percera, eût répondu le Prophète.

Vous figurez-vous le rire de l'auditoire?

— On les aura percées d'avance, eût répliqué le Prophète. Quand passera la vapeur, elle rencontrera des montagnes percées. Elle traversera des routes souterraines que les hommes lui auront frayées d'avance à la sueur de leur front. La vapeur va venir, et déjà les montagnes se sont évanouies. L'homme a dit aux montagnes : Voici la vapeur, retirez-vous; il ne faut pas la faire attendre.

Ainsi eût parlé le Prophète, et je m'imagine le tableau qu'eût offert le salon du xviii° siècle où je place la prophétie. Entendez-vous d'ici les rires étouffés, les rires éclatants, les sourires! Voyez-vous les dames se cacher la figure derrière leurs éventails? Voyez-vous les philosophes les aider à rire et briller à leurs yeux, aux dépens du prophète? Les voyez-vous rivaliser de plaisanteries, et lutter à coups de bons mots? C'est à qui plaira aux dames, lesquelles s'amusent de tout leur cœur. On rit à gorge déployée. On a passé une bonne soirée. C'est un fou qui a fait les frais de l'amusement général.

Pourtant les chemins de fer sont arrivés. Un rapprochement énorme a vaincu les distances. Vous pouvez, en peu de jours, parler, à tous les peuples de l'Europe, leur langue maternelle chez eux. Un pas immense s'est fait, dans l'ordre matériel, vers l'entente universelle. Une des pierres de la Tour de Babel, s'est écroulée. La division semble avoir subi une défaite.

Mais revenons au XVIIIe siècle et rentrons dans le salon où nous étions tout à l'heure. Le Prophète continue. Il annonce le télégraphe électrique et le téléphone.

— La foudre, dit-il, fera vos commissions. Vous voudrez dire un mot à l'autre bout de la France, à l'autre bout de l'Europe ; la foudre obéira et portera votre parole. La foudre ne songera pas à résister. Vous lui direz : « Va, et elle vient : Arrête-toi, et elle s'arrête. Parle encore, et elle parle. Comme le télégraphe électrique porte la foudre légèrement ! Comme elle pèse peu ! Comme elle est docile !

C'est ici que les rires deviennent dans le salon du XVIIIe siècle de véritables attaques d'épilepsie. On se pâme, on n'en peut plus. Jamais on ne s'est tant amusé. C'est la fête de l'esprit.

Et cependant le télégraphe électrique est devenu une réalité si claire qu'elle va bientôt cesser d'être étonnante. La chose est si connue qu'elle en devient vulgaire.

Nous allons prochainement oublier de l'admirer.

Et si le Prophète que j'imagine s'était avisé de prédire la photographie ! s'il avait annoncé à ces dames d'il y a cent ou deux cents ans, leur portrait fait par la lumière ! c'est ici que le rire fût devenu véritablement homérique.

Et cependant la photographie a paru et la lumière a fait son œuvre. Elle a révélé le rayonnement universel des corps. Elle a montré qu'il suffit d'une plaque préparée pour recueillir et garder ce rayonnement. Le rayonnement ne se trahit pas partout, mais il est partout, car s'il n'était pas partout, il ne se trahirait nulle part.

Ainsi le rapprochement des corps est magnifiquement révélé par la science ; le rapprochement des paroles est magnifiquement effectué ; le rapprochement des intelligences est magnifiquement préparé.

Et malgré cet amoncellement d'appareils préparatoires, les hommes ne s'entendent pas et les ouvriers de Babel ne se comprennent ni ne s'accordent.

Et quand d'autres découvertes, mille fois plus prodigieuses, auraient enivré de splendeurs notre intelligence et notre vie sociale, nous pourrions être aussi embarrassés, aussi étrangers, aussi lointains vis-à-vis les uns des autres que nous le sommes aujourd'hui.

Tout prépare l'œuvre. Mais la charité seule la consomme. C'est l'amour qui fait parler, c'est l'amour qui fait entendre. En dehors de lui, il n'y a que des sourds et des muets.

Je viens de dire que nous sommes lointains vis-à-vis les uns des autres. Ce mot en fait éclore un autre sur mes lèvres : *le prochain*. La langue chrétienne a des beautés qu'on oublie. Avez-vous quelquefois remarqué ce mot, qu'on emploie sans y penser ? Le prochain ! Aux yeux du christianisme, l'homme que voilà, que nous voyons pour la première fois, est notre prochain. Au contraire, dans le langage païen, comme il est loin de nous.

Prenez un homme riche et puissant, et qu'un pauvre en haillons, qu'il n'a jamais vu, se présente devant lui ; quelle distance énorme entre ces deux hommes, s'ils sont païens ! Comme celui qui est fier, ou indifférent, ou dédaigneux ou haineux, a soin de marquer par le geste, par la parole et par l'accent, quelle est, à ses yeux, la distance entre lui-même, qui est tout, et l'autre qui n'est rien. L'homme traite l'homme en étranger. A peine s'il sait son nom. Il aime ces termes vagues et généraux qui augmentent les distances.

Mais, si ces deux hommes sont chrétiens, l'un est le prochain de l'autre.

Voilà le rapprochement qui dépasse les forces de la science, qui défie la vapeur et l'électricité.

Voilà la Pentecôte.

XIII

LA FOLIE.

Il y a beaucoup de fous, et beaucoup de fous remarquables. Les folies sont étranges et nombreuses.

Cependant, si vous regardez le monde, l'esprit qui s'offre le premier à votre regard, c'est l'esprit positif. Jamais, à aucune époque, l'homme n'a tant calculé son intérêt positif. Jamais l'homme n'a regardé la vie d'un regard si prosaïque et si réaliste.

Les entraînements d'autrefois, les entraînements de la poésie et de l'éloquence, sont mis de côté, comme des vieilleries. Ces choses-là ont fait leur temps. L'homme moderne, le jeune homme moderne, j'oserais dire : l'enfant moderne, sont des calculateurs qui n'ont en vue que l'utilité. Le jeune homme compte, il pèse, il mesure. Il ne s'abandonne plus. L'enthousiasme lui apparaît comme une ancienne imprudence, désormais surannée. Il craindrait d'écouter cette voix qui jadis entraînait le monde, mais qui maintenant ne serait plus de force à entraîner un collégien.

L'admiration est démodée. C'est un vêtement qu'on ne porte plus. Tout se détermine par des calculs. Le chiffre est le roi du monde. Je dis : le chiffre ; je ne dis pas : le nombre. Car, le nombre, c'est la loi mathématique. Elle est spirituelle, et elle peut devenir entraînante. Le chiffre, c'est l'application du nombre à l'esprit utilitaire et aux détails de la vie.

Cette jeune fille qui, au bal, se désignait à elle-même, sur un carnet, ses danseurs par le chiffre de leurs fortunes, et calculait sur ce chiffre la somme d'amabilité qu'il fallait dépenser envers chacun d'eux, cette jeune fille-là représentait assez bien la société actuelle.

Eh bien ! pourquoi donc, dans ce monde, qui se croit raisonnable parce qu'il est froid, pourquoi donc, dans ce monde, soumis aux calculs du chiffre, pourquoi la folie fait-elle tant parler d'elle ?

— Ah ! pourquoi ? Ce n'est pas malgré cette froideur, c'est à cause de cette froideur que la folie éclate comme une bombe !

Le sentiment humain prend sa revanche. On l'a repoussé, refoulé, méprisé, écrasé sous l'ironie et sous le chiffre. On l'a cru mort. Il n'était que blessé. Il est oblitéré, détraqué, et ne sachant plus son chemin, il prend la route de la Folie.

Ce qu'il y a de plus sage au monde, c'est l'ardeur.

Ce qu'il y a de plus dangereux, c'est la froideur.

Sous la froideur dorment les flammes mal éteintes qui ont des réveils inattendus. Et, comme le sommeil était maladif, le réveil, lui aussi, est une maladie.

La médiocrité a la passion du niveau. Elle promène le même couteau sur toutes les têtes, à la même hauteur. Et, si une tête s'élève, cette tête-là est coupée. Il n'y a qu'une loi dans le code de la médiocrité; mais cette loi-là n'admet pas d'exception. C'est la défense de grandir.

L'homme médiocre dit qu'il estime avant tout le bon sens. Mais savez-vous ce qu'il entend par le bon sens? Il entend par ce mot la négation de toute grandeur.

L'homme médiocre ne lève jamais la tête, excepté dans une occasion. Il regarde au-dessus de lui les grandes têtes, pour se moquer d'elles. Mais, comme la nature des choses répugne et résiste à ce nivellement, l'invincible inégalité, l'invincible irrégularité, qui est la loi de toute créature, proteste et demande sa revanche.

Seulement, comme le sentiment de la grandeur est faussé, au lieu d'une beauté, c'est une maladie qui éclate, et la voici : *La manie des grandeurs!*

Parmi les folies actuelles, il en est une quantité qui se classe sous cette dénomination : « la manie des grandeurs. »

La manie des grandeurs, c'est le besoin de grandir, le besoin d'être grand, besoin qu'on a voulu tuer, qu'on a seulement blessé, et qui, étourdi du coup qu'il a reçu, se relève malade et prend sa course par la route de la Folie.

L'homme ne vit pas seulement de pain : il vit d'aspiration.

Enlevez-lui les aspirations saines, il se livrera aux aspirations folles. L'aspiration est la respiration de son âme. Il aspire comme il respire. Et, quand la respiration vraie n'est plus permise, il demande à une autre respiration l'air qu'il faut à sa poitrine.

L'aspiration légitime vers la grandeur saine étant gênée dès la jeunesse par la médiocrité qui nivelle et l'avarice qui calcule, l'homme pousse vers la grandeur fausse et folle ses aspirations égarées.

Plutôt que de les enfouir dans le néant, il les enfouit dans l'absurde, il les enfouit dans le délire.

Plutôt que de ressembler à tout le monde, il invente des distinctions insensées.

Un visiteur se promène dans une maison de fous; un fou lui sert de guide et cause d'abord raisonnablement. Puis, tout à coup, il remet au visiteur une lettre adressée aux *autorités civiles et militaires*.

— Avertissez-les, dit-il, que je suis Louis-Philippe, roi d'Europe, et que je suis retenu ici.

Dans ces maisons-là, l'un se croit roi, l'autre se croit Dieu. Vous y rencontrerez à chaque instant le *sauveur du monde*. L'un est Dieu le père ; l'autre est Dieu le fils. Chacun a sa spécialité. Chacun d'eux fait des choses énormes et possède tout ce qu'il possède en quantité monstrueuse. C'est l'irrégularité qui prend sa revanche et qui chevauche, éperdue, sur le dos de la Folie.

C'est le sentiment de la grandeur qui a perdu la tête, et qui s'emporte comme un animal blessé, exaspéré, furieux, brisant tout sur son passage.

La médiocrité a peur du sentiment religieux, comme s'il menaçait la raison publique. L'homme médiocre, soumis devant Voltaire, est révolté contre toute croyance : sa devise est le cri de Joad : « Hardi contre Dieu seul. »

Si vous croyez quelque chose avec énergie, l'homme médiocre pense que vous allez devenir fou. Il s'apitoye d'avance sur votre malheur : *Il est si bon !*

Rassurez-vous, homme médiocre. Excellent homme, ne craignez rien, du moins de ce côté-là.

La sauvegarde la plus élevée et la plus sûre que la raison possède, c'est la croyance.

La croyance satisfait l'adoration sans l'égarer.

Mais, quand l'homme ne sait plus où prendre Dieu, il se peut que, dans un moment de maladresse, il se prenne pour Dieu lui-même.

N'allez pas me prendre pour l'ennemi de la raison. Elle existe, et je la reconnais. Je la salue, je la proclame. Elle a son existence réelle, naturelle, personnelle et distincte. Mais voici quelque chose qui me paraît superbe. Si haute qu'elle soit elle-même, elle a besoin d'être protégée par une croyance plus haute qu'elle. Plus la raison est douce, plus elle est grande. Plus elle est révoltée, plus elle est petite. Et, enfin, quand elle se cabre, elle se blesse.

Elle a son existence à part et peut, en théorie, vivre seule. Mais, prenez garde, en pratique, à la Raison qui s'adore elle-même! Elle est bien près de se proclamer déesse, et, quand elle en est là, souvenez-vous de 93!

XIV

LES HEURES DE CRISE ET LES CHOSES ACTUELLES.

Il me semble qu'un des caractères du moment actuel, c'est la stérilité de la discussion.

Mille armées, en présence les unes des autres, se lancent les unes aux autres des traits de mille espèces. Mais c'est, à proprement parler, une mêlée. Le vieux nom de la guerre, qui ne va plus à la guerre matérielle, convient mieux à la guerre intellectuelle. La guerre matérielle se fait de loin, les combattants se voient à peine ; il n'y a plus de mêlée.

Mais la guerre intellectuelle mérite ce nom, que peut-être elle ne méritait pas jadis ; dans la guerre intellectuelle, telle qu'elle se pratique aujourd'hui, tout le monde s'attaque et personne ne se répond. On n'essaie guère de se convaincre ; l'espérance de persuader n'anime plus la parole.

L'homme qui parle, parle à lui-même et à ses amis. Il s'affirme à lui et à eux les croyances vraies ou fausses qu'il soutient. Mais il ne parle pas réellement à ses ennemis ; et s'il semble leur parler, c'est encore à ses amis qu'il adresse réellement la parole. Il parle de ses ennemis à ses amis pour les exciter ; mais il n'adresse pas réellement son discours à ses ennemis, car il n'a aucune espérance et quelquefois aucun désir de les persuader.

La discussion serait stérile et tout le monde le sent. Pourquoi donc ? C'est qu'il manque un fonds commun. La discussion n'a de fécondité que si les adversaires, divisés sur un point particulier, se rencontrent sur le terrain de vérités plus générales. Si l'accord existe sur ces vérités plus générales, il peut se faire, à partir d'alors, sur le point particulier qui divise des hommes réunis quelque part.

Dans le cas d'une rencontre quelque part, il y a un point d'appui, et c'est un point d'appui qu'Archimède demandait pour soulever le monde.

Mais aujourd'hui qu'arrive-t-il ? Les hommes divisés sur le point qu'ils discutent ne peuvent se rencontrer sur aucun autre point. Le terrain des vérités générales est ébranlé comme le terrain des vérités particulières. Le point de rencontre n'existe plus. Nulle vérité n'est à l'abri de la négation. Le tremblement de terre a secoué jusqu'au centre du monde. On ne peut plus trouver ce lieu de réunion, d'où l'on pourrait partir, pour marcher ensemble. Non seulement il n'y a plus de direction commune, mais il n'y a plus de point de départ commun. Les hommes ne parlant plus la même langue, lancent au hasard dans l'espace des mots qui ne représentent plus les mêmes idées.

Ne partant d'aucun principe commun, ils ne peuvent arriver à aucune conclusion commune.

La négation portant sur tout à la fois, l'affirmation n'a plus de refuge, plus d'abri, plus de repos nulle part.

Le point d'appui fait défaut, et personne ne soulève rien.

C'est pourquoi, dans les moments de crise, ce qu'il y a de plus important, et, j'ose le dire, de plus pressé, c'est encore et toujours, de remonter aux principes, d'exposer les principes, de révéler les principes, car ils sont si profondément oubliés que toutes les fois qu'on en parle, si antiques qu'ils soient, si éternels qu'ils soient, on les révèle, en réalité.

Vis-à-vis d'eux, la répétition ressemble à une révélation.

Plus les principes sont élevés, plus ils semblent au vulgaire étrangers aux réalités du jour, étrangers à la pratique, inutiles et démodés.

Plus les principes sont élevés, plus le vulgaire croit qu'il faut les reléguer dans une école de philosophie, plus il les croit inutiles à sa conduite et à ses habiletés quotidiennes.

Le vulgaire croit que les grands principes éternels sont absolument inutiles à son bonheur de tous les jours.

Le vulgaire croit que les grands principes éternels sont bons à amuser, pendant les jours de paix et de tranquillité, quelques docteurs armés d'un bonnet, qui argumentent les uns vis-à-vis des autres.

Le vulgaire croit, que dans les moments de crise, en face des grosses affaires et des grosses nécessités de la vie, il faut oublier les principes, qui ne servent à rien, et recourir aux expédients qui servent à tout.

Eh bien ! voilà l'absolu contraire de la vérité.

Les principes éternels, les vérités primordiales sont l'actualité suprême des jours de crise et de danger. Ils possèdent le secret du salut. Le salut est là, non pas ailleurs.

Les hommes ont l'habitude de se dire les uns aux autres :

« — Qu'importe à ma vie pratique telle ou telle question de théologie ? Qu'importe à ma vie pratique telle ou telle définition de l'Eglise qui porte sur la métaphysique ? »

Qu'importe, n'est-ce pas ? Eh bien ! c'est comme si vous disiez : « Qu'importe d'avoir des Saints ou d'avoir des égoïstes ? »

Je ne veux nullement nier les vérités naturelles, que la raison affirme et proclame. Mais l'homme, et surtout l'homme troublé, l'homme dans les heures de crise, a besoin, même pour respecter ces vérités-là, du secours mille fois pratique des vérités surnaturelles. L'homme n'est pas gouverné par la logique. Pour le soutenir, même au niveau de la raison, la raison ne lui suffit généralement pas. Ce n'est pas trop de la foi pour maintenir pratiquement l'homme à la hauteur des vérités qu'enseigne la raison.

Ah! vous dites en présence des vérités éternelles: « Qu'est-ce que cela fait à mes embarras d'aujourd'hui? » Vous ressemblez à un homme, qui, dans une famine, dirait : « Que m'importent la lumière, la chaleur et le blé ? Ce qu'il me faut c'est du pain. »

Mais, malheureux, c'est avec la lumière, la chaleur et le blé qu'on fait le pain ! Les flots de soleil qui tombent sous la moisson dorée ne ressemblent pas précisément à un morceau de pain.

Et cependant qu'est-ce qu'un morceau de pain, sinon un rayon de soleil pétri dans la matière terrestre par le travail de l'homme?

Ainsi, dans l'ordre moral. Les vérités les plus élevées, les plus profondes, les plus subtiles ne ressemblent pas à un morceau de pain. Eh bien ! ce sont elles qui le fournissent et ce sont elles qui le multiplient. La multiplication des pains est particulièrement leur secret.

Et plus les vérités sont élevées, plus leur action est profonde dans les entrailles de l'humanité.

Est-ce que les masses humaines ont jamais

approfondi l'Evangile ? Certainement non ! Chacun des mots qu'il contient pourrait être médité pendant plusieurs vies humaines, sans être épuisé jamais.

Cependant, c'est l'action de cet Evangile sur les masses qui a donné aux peuples ce que l'histoire raconte. Les masses ont-elles étudié saint Denis, saint Athanase, saint Augustin, saint Thomas ? Certainement non. Cependant, c'est du haut de ces grands hommes qu'est tombée sur les masses ignorantes cette pluie de vérités qui a fait lever tant de moissons d'or.

Les masses ont-elles lu, depuis Spinosa, toutes les élucubrations métaphysiques de l'erreur ?

Certainement non. Cependant ce sont ces élucubrations métaphysiques qui se traduisent en actes, toutes les fois que le mal se fait quelque part.

Un voleur vous prend votre porte-monnaie. Vous ne pensez guère aux grands principes éternels. Vous courez seulement chez le commissaire de police.

Vous avez parfaitement raison de courir chez le commissaire de police. Mais c'est l'oubli des vérités éternelles qu'il faut d'abord accuser.

Les principes secondaires n'ont que des applications limitées. Les vérités primordiales ont des applications universelles.

Plus une vérité est primordiale, plus elle est

pratique. Plus elle est *essentielle*, plus elle est utile en face *des accidents*. Et plus les accidents sont terribles, plus nécessaire est l'appel aux vérités les plus essentielles, les plus élevées, les plus transcendantes.

Tel livre, qui est l'œuvre d'un penseur et qu'on a oublié, parce qu'il était l'œuvre d'un penseur, contenait peut-être la solution de mille difficultés pratiques, contre lesquelles on se heurte vainement, parce qu'on regarde d'en bas, au lieu de contempler d'en haut.

Aujourd'hui, comme du temps de David, le salut vient de la montagne.

XV

LES HÉROS DE L'ÉGLISE.

I

L'Église a sa vie extérieure; elle porte le poids des complications du monde; elle soutient avec toutes les personnes et toutes les choses une relation universelle. Elle pense à tout; elle étend sur toutes les sphères son regard éternellement libre. Tantôt le monde lui reproche de ne pas s'occuper de lui, tantôt de s'en occuper trop. Tantôt il lui reproche d'être séparée et égoïste, tantôt d'être active et envahissante. Tantôt il lui conseille d'abandonner la terre pour ne plus penser qu'au ciel; tantôt il lui reproche d'abandonner le ciel et de ne penser qu'à la terre. L'Église, au lieu de discuter, se développe, et sa réponse est de vivre sa vie.

L'Église a aussi sa vie intérieure pleine de mystère. Si sa vie extérieure porte la marque des choses multiples, étant mêlée au choc des choses par l'intention de sauver les hommes, si la volonté d'aimer toutes les créatures l'engage à les coudoyer toutes, elle a aussi sa vie intérieure, qui est le lien de l'unité et le sanctuaire du recueillement.

Les nations mènent généralement une vie superficielle. Les évènements qui agitent la surface des choses sont à leurs yeux de grands évènements. L'Église mène une vie profonde, et les grands évènements sont à ses yeux les évènements du fond de l'âme.

Figurez-vous au bord de l'Océan un groupe de femmes qui regardent les navires entrer et sortir de la rade. Elles regardent avec curiosité les pavillons et les canons. Voilà les foules humaines. Figurez-vous une autre personne, arrêtée à part sur un rocher et plongeant ses regards dans le cœur de la mer, pour demander à l'Océan les secrets de son calme ou le secret de sa tempête, car cette femme est mère, et ses enfants sont dans une barque, bien loin d'elle quelquefois, et leur vie ou leur mort tient au mouvement des flots. Ce n'est pas par curiosité que cette mère épie l'Océan; c'est par profondeur et par amour. — Cette femme aurait quelque rapport avec l'Église.

Cette vie intérieure se manifeste spontanément, singulièrement, librement, sans audace et sans peur, aussi loin de l'insolence que de la timidité.

II

Les nations se remuent; elles font bien de se mouvoir. Mais elles ignorent le sens du mouvement qui les agite. Elles regardent la matière, comme des reines regardent une esclave; elles l'interrogent, elles la creusent, elles l'exploitent, elles en usent, elles la parent, elles la tourmentent, elles l'ennoblissent ou la dégradent; on dirait presque qu'elles l'étonnent par le parti qu'elles tirent d'elle. Elles font très bien d'étendre sur le globe leur main conquérante et industrieuse; mais elles font très mal d'ignorer la fin des moyens qui leur sont donnés.

La politique passionne; les intérêts les plus divers, les plus compliqués, les plus contradictoires, se heurtent sur la surface du monde; les passions du présent, sa cupidité et son orgueil, augmentant son mépris pour tout ce qui n'est pas lui-même, semblent promettre un éternel oubli aux personnes et aux choses d'autrefois. On dirait que la civilisation actuelle espère enterrer l'histoire sous les splendeurs qu'elle inaugure.

Cependant l'Église élève la voix qui enseigne : elle s'est recueillie profondément; elle a cherché dans ses souvenirs le nom d'une pauvre paysanne, qui a vécu dans un petit village, qui est morte là, inconnue au monde, méconnue de sa famille. L'Église tourne ses regards vers ce village de Pibrac; elle étudie la vie d'une jeune fille avec un soin, avec une attention, avec une profondeur que les érudits ne soupçonnent pas. Jamais historien, visant à l'Institut, ne scruta la vie d'un souverain ou la vie d'une nation, comme l'Église a scruté la vie de cette paysanne.

La pauvre paysanne se croyait seule, quand elle s'agenouillait, son rosaire à la main, au pied des croix érigées sur le bord des chemins de sa paroisse. Pourtant quelqu'un était là, l'épiant. Quand elle quittait un instant son troupeau, pour aller à l'église de Pibrac, plantant sa quenouille au milieu de ses brebis qui l'attendaient, elle croyait n'avoir pour témoin que les Anges, et elle comptait sur leur discrétion. Cependant, Pierre, celui qui porte le poids et la sollicitude de toutes ces créatures, Pierre l'a vue : il l'a suivie, il a interrogé les plus secrets mouvements qui se soient faits en elle; il a compté les battements de son cœur. Puis il a élevé la voix qui enseigne le monde : la paysanne s'appela sainte Germaine et toutes les nations la proclameront Bienheureuse.

Sa puissance étonnante de canoniser et d'agenouiller les peuples devant un autel, au nom d'un mendiant ou d'une paysanne, cette puissance est un caractère si particulier à l'Église catholique, que ses ennemis, ce semble, devraient en être frappés. Qu'ils se réunissent donc tous! qu'ils combinent leurs efforts! qu'ils choisissent le nom le plus illustre, le plus éclatant, le plus populaire, le plus prédisposé à tous les triomphes! Qu'ils le choisissent, et qu'ils essayent d'écrire devant ce nom propre cet adjectif incommunicable : *Saint!* Leur entreprise mourra avant de naître. L'Église fait des saints avec une autorité si simple, que le monde oublie de s'étonner. Elle fait des saints comme on use du droit, et on obéit à la chose jugée. Elle dispose de la gloire, et ne demande aucune complaisance aux temps, ni aux lieux, ni aux circonstances.

Elle prend ses héros où elle les trouve. Ici le théâtre du drame était Pibrac, dont le nom serait inconnu, sauf Germaine de Pibrac. Les témoins du drame étaient les moutons que gardait la bergère : l'absence totale de retentissement oblige le regard de l'historien aux plus difficiles recherches. L'Église, devant cette bergère, n'étudie pas d'un regard rapide, ni distrait, ni superficiel, ni même curieux. Son étude est une contemplation. Elle étudie avec un respect immense; et quand ses yeux de Vierge, ses yeux de Mère, ses yeux de Reine, continuellement ouverts sur les destinées du monde, sans avoir perdu de vue aucun des coins du globe, ont lu au ciel et sur la terre tout ce qu'il fallait lire pour connaître à fond la bergère d'autrefois, l'Église élève la voix, et partout où l'on sait le nom de Jésus-Christ, on sait le nom de Germaine Cousin, et partout où veille une lampe devant le Saint-Sacrement, il y a des lèvres qui prononcent le nom de la petite paysanne. Elle ne savait pas lire, et on l'a méprisée ; mais le Vicaire de Dieu la porte sur l'autel, et les genoux des savants touchent la terre, devant ses reliques.

Il y a quelques années, pendant que la terre, se tournant et se retournant, cherchait inutilement comme toujours le nœud de ses destinées, Pierre éleva la voix, et qu'a-t-il affirmé ? Il est allé, à une distance infinie du monde et de ses regards, chercher la chose la plus étrangère aux préoccupations politiques des nations. Il a gravé en caractères ineffaçables le nom de la Vierge immaculée sur le marbre qui n'oublie rien. Et un des caractères les plus frappants de cette décision, c'est l'opportunité. Les peuples, qui n'y pensaient pas, la provoquaient, sans s'en douter. Les actions du monde visible sur le monde invisible sont mystérieuses et profondes. Quelles seront les réactions ? C'est Dieu qui répondra.

XVI

SAINT PIERRE ET SAINT PAUL.

Pour nommer l'homme, la langue française n'a qu'un mot ; la langue latine en a deux : *homo* et *vir*. Ces deux mots expriment deux idées absolument contradictoires. Le premier signifie la faiblesse, le second signifie la force. Les deux étymologies accentuent l'opposition des deux mots. *Homo* vient de *humus*, terre ; *vir* vient de *vis*, force. La matière et l'esprit, le corps et l'âme sont donc désignés par ces deux appellations.

Le corps et l'âme font l'homme ; *homo* et *vir* se tiennent dans la langue latine. Saint Pierre et saint Paul sont inséparables dans la langue chrétienne. Unis par le même tombeau dans la basilique du monde, ils sont unis dans leur foi, unis dans leur culte, ils sont unis dans les formules et dans les pensées, unis dans les prières et unis dans les anathèmes.

Il y a des menaces qui portent la malédiction de saint Pierre et de saint Paul. il y a des croyances qui s'abritent sous l'autorité de saint Pierre et de saint Paul. Il y a des prières qui agenouillent le genre humain aux pieds de saint Pierre et de saint Paul. Le genre humain s'avoue pécheur en leur présence, et récite le *Confiteor*. Cette parole si universelle et si fréquente, si appropriée à l'homme; cette parole de la misère qui avoue et de la confiance qui implore, cette parole qu'on appelle le *Confiteor*, unit deux fois les noms de saint Pierre et de saint Paul; la première fois, l'homme s'accuse devant eux; la seconde fois, il lève la tête vers eux pour se redresser et pour suivre.

Est-ce que, par hasard, le mot homme, *homo*, s'appliquerait à saint Pierre, et le mot homme, *vir*, à saint Paul?

.˙.

Il est clair que ces deux hommes sont les deux colonnes du temple, tous deux se sont égarés. Mais il nous semble que saint Pierre représente l'égarement de la faiblesse et saint Paul, l'égarement de la force.

Il y a bien deux saint Pierre : le saint Pierre de l'Évangile, celui qui était avant la Pentecôte et le saint Pierre des actes des apôtres, le saint Pierre d'après la Pentecôte.

Si nous regardons le saint Pierre de l'Évangile, et c'est lui qu'il faut regarder en ce moment, il est rempli de défaillances. Ses trois célèbres reniements semblent prendre à tâche d'étaler la faiblesse humaine. Pour mieux accentuer cette faiblesse, saint Pierre vient de faire une déclaration de force.

— Quand tous vous abandonneraient, moi, jamais, s'écrie-t-il !

C'est un instant après qu'il trahit. Et devant qui ?

Devant une servante d'auberge. Celui qui s'appela Pierre et qui est la pierre sur laquelle sera élevé le temple, Pierre même est en présence d'une servante d'auberge, et c'est celle-ci qui fait peur à celui-là. Elle n'a pas même besoin d'avoir recours à la menace pour l'effrayer. Elle n'a qu'à l'interroger. Elle ne se donne même pas la peine de prendre des airs terribles.

Elle pose une question. Pierre tremble et renie.

S'il n'avait renié qu'une fois, la faiblesse ne serait pas parfaite. On dirait une surprise.

Non, il a le temps de la réflexion.

Il renie trois fois et avec serment. Le serment, qui n'était pas nécessaire, arrive là comme un objet de luxe. On dirait qu'il veut prendre à témoin de son reniement celui-là même qu'il renie. On dirait qu'il veut donner à sa parole des airs de violence comme pour dissimuler l'immense faiblesse de son acte. Les imprécations dont il entoure sa lâcheté ressemblent aux vantardises de la peur. Il veut avoir l'air irrité, pour cacher son tremblement. On dirait que la parole *Ecce homo* prononcée sur son maître éveille un écho qui parle de saint Pierre et qui répète : *ecce homo*.

Pierre, avant cette nuit-là, apparaît déjà dans l'Évangile comme sévèrement réprimandé.

Pierre coupe l'oreille au serviteur du grand-prêtre, et Jésus-Crist guérit cette oreille coupée.

Le serviteur du grand-prêtre ne représente-t-il pas ici le peuple juif? Cette oreille coupée par saint Pierre ne figure-t-elle pas l'endurcissement, la surdité du peuple choisi? Cette guérison de l'oreille coupée ne figure-t-elle pas le retour des juifs et leur fidélité future?

Quoi qu'il en soit, saint Pierre était, avant la Pentecôte, plein de faiblesse. En tant que faible, il était souvent excessif. Cet homme, si véritablement *homo*, est devenu la pierre angulaire du Temple.

Quant à saint Paul, il me fait l'effet d'être l'homme, dans l'autre sens du mot, l'homme, *vir*. Quelle force! quelle énergie! et quelle continuité dans cette énergie! Il n'est pas énergique à ses heures, de loin en loin, accidentellement. Il a l'énergie régulière et permanente; il a la force qui ne se dément pas Il est toujours le même. Il est, si j'ose le dire, tout d'une pièce. Il accomplit ses énormes travaux sans défaillance. Et, avant ses énormes travaux, il avait été aussi un Pharisien sans défaillance.

Sa conversion fut tout d'une pièce, comme sa personne, instantanée et absolue.

Il avait gardé avec une complaisance cruelle les vêtements de ceux qui lapidaient saint Étienne.

Il respirait menaces et carnage, quand il fut foudroyé sur le chemin de Damas.

Paul, avant la foudre, avait été sans pitié pour les autres.

Paul, après la foudre, fut dur pour lui-même. Si jamais homme, ayant mis la main à la charrue, ne regarda pas en arrière, ce fut bien celui-là ! Il va devant lui comme un boulet de canon. Il est toujours tout entier à tout ce qu'il est. Il n'est ni ne fait rien à demi ; il n'est pas l'homme des demi-mesures. Sa conversion, comme sa personne, a les allures du tonnerre.

Les Mages, qui étaient astronomes, ont été attirés au Berceau de Bethléem, par une étoile. Saint Augustin, le littérateur, a été attiré par un livre. Saint Paul, l'homme de feu, est renversé par la foudre.

Et, dans l'instant même du foudroiement :

Que voulez-vous que je fasse ? dit-il.

Il ne perd pas un moment. Il va à la pratique. Que faut-il faire ? Il ne se donne seulement pas le temps d'être foudroyé, sans demander ce qu'il faut faire.

Faire ! Que de choses en effet cet homme avait à faire ! Il avait à créer partout des églises et la sollicitude de toutes les églises devait peser sur lui. Il avait à porter l'évangile en Arabie, en Céleucie, à Chypre, en Pamphylie, en Lycaonie, en Syrie, en Phrygie, en Italie, en Mysie et ailleurs ; on ne sait pas où il s'est arrêté, à Jérusalem, à Rome et ailleurs, peut-être en France, peut-être en Espagne, il avait à voir

Pierre, ce qu'il considérait comme une de ses fonctions; il avait à pleurer avec ceux qui pleurent; il avait à se faire tout à tous pour gagner toutes les âmes; il avait à être flagellé, lapidé, emprisonné; il avait plusieurs naufrages à faire, il avait à être enchaîné, il avait un jour et nuit à passer au milieu des flots, sur un débris de navire; il avait aussi à être ravi au troisième ciel.

Il avait à remplir le monde du christianisme naissant, il avait l'église à fonder, il avait les siècles futurs qui attendaient ses paroles et ses actions; il avait ses épîtres à écrire et le monde à informer, il avait à prier, il avait à faire des miracles, il avait à naître, il avait à vivre, il avait à mourir. Il pouvait bien demander ce qu'il avait à faire et la réponse valait la peine d'être entendue.

David a dit à Salomon : *Esto vir*, sois homme. Il semble que saint Paul ait entendu la même parole. Mais pour être homme à ce point et *vir* de cette manière, il faut être autre chose qu'un homme et saint Paul déclare que ce n'était plus lui qui vivait en lui.

Son indomptable énergie ne venait pas de lui, ce n'était pas lui qui avait construit autour de sa poitrine un tel mur d'airain.

La défaillance, qui occupe une telle place dans la vie humaine et même dans la vie des saints, n'en occupe pas dans la vie de saint Paul.

Absolument hostile ou absolument dévoué, il ne connaît pas les intermédiaires.

La seconde année de son arrivée à Rome, les chaînes de saint Paul furent brisées. Il en avait appelé à César. Il gagna sa cause devant lui, du moins dans leur première entrevue. Avant de mourir martyr, il prêcha longtemps et librement. Saint Paul avait vu Néron.

L'histoire n'a pas gardé le récit de cette entrevue.

Qui peut se figurer saint Paul et Néron l'un devant l'autre ? Quel rapprochement ! quelle confrontation ! comment cette audience n'a-t-elle tenté le pinceau d'aucun peintre ! Il me semble que l'effet pourrait être superbe ! Ces deux hommes dont les deux noms sont aux deux extrémités de l'horizon ont été physiquement rapprochés. Le regard de Néron et le regard de saint Paul se sont croisés.

L'homme qui avait incendié Rome pour s'amuser et l'homme qui voulait se faire anathème pour les hommes, ces deux créatures étaient en présence et leurs regards se rencontraient !

Néron est mort. Saint Pierre et saint Paul vivent éternellement. La date du 29 juin les ramène invinciblement à l'invincible mémoire de l'Église catholique.

XVII

ANNIVERSAIRES

Le mois de décembre provoque l'attention par ses fêtes et ses anniversaires. Le 8 décembre, déjà si illustre, ramène le jour où fut canonisé saint Labre. Le 25 décembre rappelle celui duquel datent les siècles.

Car enfin il est à remarquer que le monde, qui exècre le christianisme, date de ce christianisme exécré les exploits qu'il accomplit contre lui.

Saint Labre vivait au xviiie siècle, et puisqu'il était chrétien, il est assez naturel que la date de sa vie soit indiquée par le calendrier chrétien et trouve sa place dans l'ère chrétienne.

Mais Voltaire! Mais Rousseau! Ne devraient-ils pas inaugurer une ère nouvelle, l'ère philosophique? S'ils ont débarrassé le monde des superstitions, s'ils ont ouvert les destinées nouvelles du genre humain, ces destinées nouvelles ne devraient-elles pas leur donner la gloire de faire date et de faire époque? Leur siècle devrait s'appeler le premier siècle, et le nôtre serait le second.

Si j'étais philosophe, dans le sens *actuel* de ce

mot, je daterais mes livres et les lettres du ii⁰ siècle. Je tiendrais à affirmer que de Voltaire et de Rousseau date une ère nouvelle.

Eh bien! Personne n'a cette audace. Ses amis du xviii⁰ siècle persistent à l'appeler le xviii⁰ siècle. Ils comptent, comme nous, les siècles à partir de ce christianisme qu'ils croient avoir renversé, et le xviii⁰ siècle, au lieu d'inaugurer une série nouvelle, prend son rang dans l'ère chrétienne.

Quel honte pour lui de dater de celui qu'il déserte et d'emprunter son nom de siècle à l'ère chrétienne, qu'il a voulu clore et qu'il a cru terminer!

Tous les ennemis du christianisme ont eu cette mission d'apporter leurs pierres au temple immortel qu'ils ont voulu détruire.

Notre siècle, qui voudrait, dans son orgueil et dans son *humilité*, relever de Voltaire, n'ose pas s'appeler le ii⁰ siècle; il s'appelle, malgré lui, le xix⁰ siècle; c'est une manière comme une autre de s'agenouiller devant les choses immortelles, et cette génuflexion est d'autant plus solennelle qu'elle est plus involontaire.

Il s'en va, ce siècle fier, titubant comme un homme ivre, parlant toujours de la raison et ne sachant la raison de rien; et si vous lui demandez où il va, il ne pourra pas vous répondre. Il va devant lui, sans intention, et s'il a un secret, il l'ignore. Son secret existe; mais il est écrit en caractères mystérieux dans la langue des saints, et eux seuls pourraient nous l'apprendre.

J'ai déjà parlé de saint Benoist-Joseph Labre, je n'en parlerai pas spécialement aujourd'hui. Mais l'anniversaire du jour où il fut placé sur les autels m'autorise à écrire et à commenter un peu ce mot étrange et sacré : *la canonisation*.

Dès qu'il s'agit des saints, le monde est immédiatement saisi d'une haine particulière et complètement spéciale. Lui si médiocre en toutes choses, il ne les hait pas médiocrement. Lui si modéré, il entre en fureur; lui si triste, il se met à rire.

Et ce rire là, le rire qu'il a prodigué à Benoît-Joseph Labre, ne le rend pas infidèle à sa tristesse habituelle ! Tout au contraire : plus le monde rit, plus il est triste. S'il pouvait pleurer, sa tristesse diminuerait.

Il ne faut pas confondre le monde avec la terre, avec l'humanité. La terre est rachetée; le monde est maudit, et l'Evangile jette sur lui ce singulier anathème : Je ne prie pas pour le monde.

Le monde est cette terre desséchée sur laquelle ne tombe pas la pluie de la prière.

Le monde semble figuré par le sol d'Israël pendant la stérilité obtenue par Elie.

Le monde reproche aux saints d'être des fous. Les saints ne disent pas le contraire, et le christianisme, qui parle de la folie de la croix, n'est pas stupéfait de ce langage.

Seulement il faut s'entendre, et le monde n'entend rien.

La folie, dans le sens vulgaire du mot, exclut la sagesse. M. de la Palisse que j'aime tant, n'en disconviendrait pas.

Mais voici le point que je recommande à l'attention des penseurs ; voici le centre lumineux où paraît et éclate la divinité du christianisme : dans la sphère de la sainteté, la folie et la sagesse, loin de s'exclure, grandissent l'une avec l'autre et dans les mêmes proportions.

Le monde parle toujours de sa raison, et avec toute sa raison il ne sait ce qu'il dit, il ne sait ce qu'il fait, et il se précipite, tête baissée, dans ces catastrophes où les peuples se ruent les uns après les autres, comme des taureaux affolés qui voient du rouge. Le monde est rationaliste et insensé. Le contraire arrive aux saints.

Plus ils sont fous, plus ils sont souverainement sages et raisonnables. Leur folie n'est que la transcendance d'une sagesse parvenue si haut que les hommes l'ont perdue de vue. Vue d'en bas, elle est la folie ; vue d'en haut, elle est la sagesse.

La folie vulgaire, celle qu'on rencontre dans les rues, a pour caractère la stérilité. Elle n'aboutit à rien.

La folie des saints a pour spécialité d'être féconde. Prenez saint François d'Assise, le plus fou d'entre eux peut-être pour nos sages ! Quel est le fondateur d'empire qui a fondé autant que lui? Il a laissé, en passant sur la terre, une marque ineffaçable. Il a construit; il n'a eu qu'à frapper le sol : la terre a produit des hommes, et les monuments se sont élevés.

La folie vulgaire, la folie humaine, perd le sens de la réalité et la mesure des choses.

Au contraire, dans le cycle des saints, plus ils sont élevés, plus ils gardent la notion précise des vérités humaines de tout ordre et de toute espèce.

Si un fou vulgaire vous aborde, il voudra vous imposer sa folie. Il vous conseillera de l'imiter. Il se proposera à vous comme un modèle. Le fou vulgaire est impérieux, dominateur, exclusif.

Abordez au contraire saint Labre ou tout autre saint, de ceux que le monde appelle fous. Vous serez frappé d'abord de la mesure et de la sagesse qui présideront à ses conseils. Il ne vous montrera pas avant tout les hauteurs et les gloires de son âme transformée; il vous parlera le langage le plus approprié à votre faiblesse. Il ne se proposera pas à votre imitation, tout au contraire : il vous dissuadera de tous les excès. Il ne vous imposera pas l'état de perfection qui est le sien. Il vous conseillera seulement la perfection de l'état qui est le vôtre. Il prendra la mesure de vos forces, la mesure de toutes choses. Vous verrez, avec étonnement, qu'il connaît les affaires humaines mille fois mieux que ne les connaissent ceux qui les font. Il connaît le monde mille fois mieux que les hommes du monde. Le préjugé veut que les saints soient des rêveurs, perdus dans les nuages, ignorants de toutes choses.

C'est le contraire qui est vrai. Les saints puisent aux sources mêmes de la lumière des clartés qui pénètrent jusqu'aux recoins de la terre les plus obscurs et les plus oubliés.

Si j'avais besoin du conseil le plus pratique relatif à l'affaire la plus difficile et la plus embrouillée, et si j'apprenais qu'un saint Antoine quelconque a reparu dans les déserts d'Orient, c'est lui que j'irais consulter.

Le saint est l'homme pratique par excellence, car il est en relation avec l'Acte pur.

Le saint est le savant par excellence; car il a des intelligences dans la cité de la lumière.

Cette cité lui a souvent livré quelques-uns de ses secrets.

Pour bien connaître une affaire, il faut la dominer, au lieu d'être dominé par elle.

Par elle est dominé l'homme vulgaire; mais le saint la domine. Dominer, c'est posséder.

Tous les hommes de bon sens ne sont pas des saints; mais tous les saints sont des hommes de bon sens.

Leur bon sens est au milieu de leurs qualités sublimes, comme le nageur au milieu de l'Océan. Cherchez-le, vous le trouverez.

Mais le saint, où est-il ? L'Église seule le sait.

C'est une de ses prérogatives les plus magnifiques que de le découvrir et de le proclamer ; c'est un de ses caractères les plus sacrés que de pouvoir SEULE illustrer le nom d'un homme de cette illustration surhumaine, universelle, incommunicable.

XVIII

LE CARÊME.

4 avril 1882.

Il est curieux de voir à quel point la même idée, présentée sous deux jours différents, peut produire deux effets contraires.

Un matin Pierre se lève et dit : — Je suis légèrement indisposé; je ne prendrai rien ce matin. Je déjeûnerai plus tard.

Il déjeûnera plus tard; c'est une bonne précaution. L'estomac est fatigué. Donnons-lui du repos.

Le même jour Jean se lève et dit : — Je suis légèrement indisposé, mais je vais jeûner.

On s'ameute; la famille pousse des cris : — Comment! Vous êtes malade et vous jeûnez? Voilà où peut mener le fanatisme!

Cependant Pierre et Jean ont fait absolument le même acte : chacun d'eux a retardé le déjeûner.

Je vais dire un mot du Carême. Le calendrier lui donne une actualité. L'État hygiénique du genre humain lui en donne une autre.

Le règne végétal fait beaucoup parler de lui. Il a ses adeptes. La Société des végétariens l'a adopté pour nourriture unique. Plusieurs préoccupations médicales semblent rencontrer en ce moment la loi religieuse et lui donner raison. Seulement celles-là vont plus loin que celle-ci.

L'espèce humaine est physiquement affaiblie. Peut-être les hommes se sont-ils moins occupés d'améliorer leur race que la race chevaline.

Quoi qu'il en soit, nous faiblissons. Depuis cet affaiblissement, l'usage de la viande a énormément grandi parmi les hommes. Ils ont cru trouver en elle le remède de l'anémie. — Et voici maintenant que plusieurs hygiénistes signalent l'abus de la viande comme une cause d'anémie.

D'autre hygiénistes vont beaucoup plus loin. Ils ont pris ou ils ont reçu le nom de végétariens. Ils vont jusqu'à exclure la viande de l'alimentation humaine. Ils ont donné un banquet où la viande n'a pas été *invitée*.

Il est dans la nature des systèmes de pousser les choses à outrance.

∴

Je me garderai bien de traiter la question scientifique. Je me garderai bien de vous parler de l'acide urique, que l'abus de la viande introduit dans le sang et qui peut traîner après lui l'horrible troupe des maladies rhumatismales.

Je me bornerai à constater que l'Église limite,

sans l'interdire, l'usage de la viande. L'Église ne se place pas, directement et spécialement, sur le terrain hygiénique. L'Église n'allègue pas de raison médicale.

Seulement, par le seul fait d'être la vérité centrale, elle se trouve placée, sans le faire exprès, sur tous les terrains à la fois. L'Église ne vous parle pas directement de votre santé, et n'a pas l'air de s'occuper d'elle. Seulement, elle s'en occupe, parce qu'elle s'occupe de tout. Étant au centre des choses, ses ordonnances rayonnent dans toutes les directions. Les lois physiques et les lois morales se tiennent par les liens les plus solides et les plus mystérieux; de sorte que l'Église, qui ne semble occupée que de votre âme, veille sur votre corps, mille fois plus qu'elle n'en a l'air.

Le Carême, remarquez-le bien, se trouve précisément à une certaine époque de l'année où la viande laisse beaucoup à désirer, sous le rapport hygiénique. Qui sait dans quelle mesure une alimentation végétale peut écarter, dans ce moment-là, les éléments de douleur que l'hiver accumule?

Les trappistes vivent très longtemps. Si la mort pénètre partout, violant toutes les consignes, et *si la garde qui veille aux barrières du Louvre* n'en défendait pas les rois, une certaine garde, qui veille à la porte de la Trappe, en défend, dit-on, l'entrée à certaines maladies chroniques, rhumatismales, goutteuses... Le jour où les harmonies du monde physique et du monde moral s'ouvriraient devant nous, nos yeux verraient d'étranges spectacles.

Qui sait si la chose que l'Église appelle pénitence, et celle que la langue humaine appelle abstinence, ne nous montreraient pas des rapports mystérieux ? Or, l'abstinence est certainement une des lois de la vie physique.

L'abstinence tient dans notre vie une si grande place que nous ne la voyons plus. Elle se dérobe derrière l'habitude, mais l'œil perçant de l'Église la découvre partout, lui permet de prendre place dans le monde moral, et de siéger parmi les vertus.

Les choses qui tiennent, comme le Carême, aux institutions primordiales, ne servent jamais à une seule fin. Outre la fin directe qu'elles visent directement, elles en atteignent mille autres dont elles ne nous parlent pas. Elles sont impératives. Elles ne sont pas explicatives.

Elles ne donnent pas toutes leurs raisons d'être et d'agir. Mais, quand on les dérange, quand on les viole, on dérange et on viole mille lois physiques qui se trouvaient groupées tout autour, et qui le vengent quelquefois, quand on a troublé le centre autour duquel elles gravitaient.

Les choses d'institution divine portent la marque du réel par leur nature, et la marque de la terre, par leur convenance. Elles sont appropriées à la nature humaine et se plient merveilleusement, soit à ses exigences, soit à ses faiblesses. La vérité, si absolue dans ses principes, est douce dans ses applications. Elle connaît l'homme, et sait, mieux que personne, combien de ménagements il faut quand on s'adresse à lui.

Je ne sais si les végétaliens donnent des dispenses?

Quant à l'Eglise, elle en donne.

Les lois mystérieuses qu'elle indique sont puisées aux sources de la vie.

Mais, si vous êtes en dehors de la loi générale, elle vous en dispensera elle-même. Parmi tous ses secrets se trouve le secret de la faiblesse humaine. Généralement ceux qui la quittent *tombent* dans la sévérité.

..

Il est fort intéressant de remarquer le contraste intérieur qui existe entre le Carnaval et le Carême. Ils se suivent et s'opposent l'un à l'autre.

Je caractériserais volontiers ce contraste par un mot.

Le carnaval, c'est celui qui déguise.

Le carême, c'est celui qui ôte le masque.

Le carnaval habille l'homme en héros ou en Pierrot.

Le carême invite l'homme à se considérer, dans le tête-à-tête, tel qu'il est.

Or, je ne crains pas de l'affirmer, tout homme qui a ôté son masque et qui se regarde, tel qu'il est, verra en lui ces quatre choses :

Un enfant, un ignorant, un malade et un coupable.

Enfant, il a besoin d'un père ; ignorant, il a besoin d'un docteur ; malade, il a besoin d'un médecin ; coupable, il a besoin d'un juge.

Or, voilà le prêtre dans son type idéal, père, médecin, docteur et juge. Mais quel juge ! Le juge qui pardonne. Voilà le juge dont l'homme a besoin.

. .

L'âme humaine a deux besoins qui semblent se contredire, mais qui ne se contredisent pas plus que le flux et le reflux de l'Océan : le besoin d'expansion, et le besoin de concentration.

L'âme a besoin de se donner, puis elle a besoin de se replier sur elle-même, et de puiser à la source intérieure, dans le silence ardent de la pensée solitaire, l'eau vive qu'elle versera sur les autres, quand elle-même sera remplie.

Ici encore nous retrouvons l'harmonie du monde moral et du monde physique.

Dans l'ordre matériel, comme dans l'ordre spirituel, l'expansion qui suit est en raison de la concentration qui a précédé.

Plus la vapeur a été concentrée, plus son expansion est puissante. Plus l'âme a reçu dans la retraite, plus elle donne dans l'action.

L'Océan a son flux et son reflux; le sang a son flux et son reflux; il se retire au cœur et se précipite dans les veines. Il se rajeunit dans le cœur, qui est le lieu de sa retraite.

Eh bien! l'homme intellectuel et moral éprouve aussi le besoin de faire retraite, et c'est le cœur qui est le lieu de cette retraite.

Le besoin est rarement satisfait dans le monde actuel, mais il persiste cependant. Autrefois, quand on parlait de la retraite, on nommait le salut. L'homme intérieur s'appelait l'homme du cœur : *homo cordis*.

L'habitude mauvaise ressemble à la vitesse acquise, en ce sens qu'elle n'impose à l'homme aucun effort, aucun travail, aucun commencement. Le commencement est toujours un effort. L'habitude et la vitesse acquise disent à l'homme : Va devant toi.

Sa retraite intérieure est une force qui s'oppose à la vitesse acquise de l'habitude. La vitesse acquise de l'habitude se brise contre la retraite, comme l'Océan contre le rivage. L'homme qui va devant lui, par habitude, perd la vue de lui-même. Mais, tout à coup, à l'époque de l'année où la nature se recueille pour sa résurrection annuelle, à l'époque où la végétation va revêtir sa robe pascale, l'Eglise, un miroir à la main, se présente brusquement à l'homme, au détour du chemin; elle saisit l'homme sortant du carnaval, lui arrache ses oripeaux, lui pose le miroir devant les yeux et lui dit : — Regarde-toi, regarde-toi, tel que tu es : l'heure du mensonge est passée.

Cette brusque intervention saisit l'homme. Il s'arrête un peu étonné ; il se cabre, il regimbe. Il s'emporte ; il crie.

Mais, quand il a crié, il écoute un peu.

Il crie d'abord qu'on attente à sa liberté, puis il s'aperçoit qu'on lui rend sa liberté perdue.

Il ne comprend pas tout ce que l'Eglise lui dit, car il a oublié le langage chrétien qui est pourtant sa langue maternelle ; mais il s'arrête pour écouter, et c'est déjà quelque chose. Cet arrêt brise la vitesse acquise de l'habitude qui l'entraînait de chute en chute.

L'homme qui s'est arrêté et recueilli, même un instant, est moins prompt à une chute nouvelle.

La vitesse acquise, en se brisant, lui a donné des forces contre elle-même.

Ainsi un corps, arrêté dans sa chute, ne reprend plus immédiatement la vitesse qui l'entraînait.

S'il fait une autre chute, il reprend peu à peu une autre vitesse, mais la première a perdu ses droits.

Cette retraite, conseillée par l'Eglise, est dans une évidente harmonie avec les lois de la création, avec les lois de l'homme, avec les lois du cœur de l'homme. Sa nature physique a besoin de retraite. Je dirai à propos du carnaval : le rire est un accident qui vient d'une relation brisée.

Je dirai, à propos du carême : Il y a dans la

nature humaine un autre accident; celui-ci se produit quand les relations des hommes entre eux et des choses entre elles, sont rétablies et senties. Le passé, le souvenir, le regret, l'espérance, produisent cet accident-là. Il porte un nom connu de tous les hommes : tous connaissent le nom des larmes.

XIX

LES SAINTS ANGES.

Il y a mille manières de prononcer et d'entendre ce mot : la Foi.

Il y a la Foi morte et il y a la Foi vivante.

La Foi morte se paye de formules.

La Foi vivante entraîne avec elle la Réalité qui est son domaine.

Plusieurs, parmi les catholiques fidèles et croyants, croient d'une Foi vivante aux Saints du Paradis.

Beaucoup plus rares sont ceux qui croient d'une Foi vivante aux Anges.

La plupart des hommes ne croient pas aux Anges : quelques-uns leur accordent le triste et froid honneur d'une Foi morte.

Une certaine disposition d'esprit règne sur la terre qui consiste à regarder le monde des Anges comme un rêve, comme une imagination, comme une fantaisie, comme un jeu *poétique*, dans le sens léger, faux et menteur de ce dernier mot.

On croit plus aux Saints, parce qu'ils ont habité la terre ; et les hommes croient à la terre. Les Saints ayant une Réalité historique, visible, extérieure, s'imposent, jusqu'à un certain point, à l'attention des hommes. Mais les Anges, dont l'histoire est céleste, sont les objets de nos continuelles distractions. Les habitants de la terre considèrent volontiers les habitants du ciel comme existant à peine, et comme pouvant à peine tenir une place sérieuse dans la pensée d'un homme sérieux, d'un homme d'affaires qui parle en prose.

Cette façon, souvent involontaire et inconsciente de considérer les choses, est radicalement contraire à la Foi.

..

Les Saints sont, vis-à-vis du monde invisible, dans une diposition absolument opposée.

Les Saints aiment les Anges d'un amour actif et personnel; aussi ils y croient; car l'Amour a cela de merveilleux qu'il fait croire à l'existence de celui dont il parle. L'Amour des Saints est si chaud, si sincère et si vivant, qu'il nous fait sentir la vie sur le point où il est, et sur le point où il porte.

Lisez la Vie des Saints : vous verrez qu'ils mêlaient les Anges aux détails de leur existence, à leurs affaires, à leurs intérêts, à leurs conversations. Leurs conversations étaient dans les cieux; saint Paul veut qu'il en soit ainsi, et les Anges doivent tenir une grande place dans la pratique humaine de cette Parole inspirée.

Le langage de l'Amour est, dit saint Bernard, un langage barbare pour ceux qui n'aiment pas.

C'est pourtant le langage dépourvu d'Amour qui est barbare en réalité.

Les hommes qui n'aiment pas plient sous le poids du vide.

Les Saints vivent, sérieux et légers comme l'Amour, dans la familiarité du monde invisible.

Le rôle des Anges est immense dans la vie des Saints, immense dans l'Ecriture.

Dans l'histoire de Balaam, le rôle de l'Ange est tellement beau qu'il a paru souverainement ridicule au dix-huitième siècle.

Quis est Deus? Le nom de saint Michel est un cri que les commentaires affaiblissent.

Je le livre sans affaiblissement aux âmes capables de le contenir.

Quand donc invoquera-t-on le nom de Gabriel, Force de Dieu, si nous ne l'invoquons pas aujourd'hui? Et qui donc invoquera le nom de Raphaël, Guérison qui vient de Dieu, si ce n'est pas nous qui l'invoquons?

L'Ecriture Sainte semble nous appeler, nous convoquer autour de l'Ange Raphaël : elle invite nos prières à s'élancer vers lui, et voici comment elle s'y prend.

Elle accumule dans le livre de Tobie les Abymes du malheur et les Abymes du bonheur, et elle nous avertit que c'est Raphaël qui prend par la main, dans le fond de la tristesse, toute cette célèbre famille des Tobie, et qui la conduit par la main au milieu des douceurs et des splendeurs de la Joie.

Il semble que la Joie soit son domaine.

Il semble que les choses de la Joie, les circonstances, les accidents de la Joie lui soient confiés directement.

IL SEMBLE QUE L'ANGE RAPHAEL SOIT LE MINISTRE DU SEIGNEUR AU DEPARTEMENT DE LA JOIE.

Et comme il est impossible de savoir à quel point l'âme humaine a besoin de la Joie, il est impossible de savoir avec quel élan, elle s'élancerait vers l'Ange Raphaël, si elle croyait, d'une Foi vivante, à son existence, à son action, à son influence, à son efficacité.

Les hommes parlent souvent du hasard. Il faut remplacer ce mot sacrilège par le nom de l'Ange Raphaël.

La Famille Tobie était livrée aux chances cruelles de la destinée humaine.

L'Ecriture nous montre le vieillard enseveli dans les ténèbres de la cécité, et dans une tristesse aussi profonde qu'elle.

Cependant il faut se séparer de son fils. Le jeune homme part; et son voyage sera un voyage d'affaires. Quelle sombre nécessité que de laisser là un père triste, aveugle et vieux, pour aller au loin s'occuper d'affaires, dans un pays inconnu!

Comme les circonstances appelaient l'Ange Raphaël! Mais aussi le voilà!

Le jeune Tobie, fils de l'aveugle, — aveugle lui-même en face de sa destinée qui va s'accomplir par un Ange, — Tobie va obéir à son conducteur inconnu, et parce qu'il va obéir, il va poser le pied partout où il faudra.

Que de menaces à l'horizon !

Le poisson qui va dévorer le fils fournit, au contraire, une substance précieuse qui prépare la guérison du père.

Le livre de Tobie est calculé pour mettre à nu la main de Dieu.

Le mariage du jeune homme contient lui-même mille menaces. Le tombeau semble tout près.

Ce mariage que n'éclairera probablement pas le regard du vieux père semble triste comme la mort.

Mais l'Ange Raphaël est là.

Les tristesses s'évanouissent comme les brouillards au lever du soleil.

Le voyage du jeune homme atteint les résultats qu'il se proposait; puis il en atteint mille autres qu'il ne se proposait pas.

Qui pourra compter les catastrophes qui s'engendrent les unes les autres, quand l'homme a négligé ou rejeté l'Inspiration Angélique ?

Et quel regard pourra suivre la série des fécondes splendeurs que les inspirations angéliques, fidèlement et successivement écoutées, ouvrent sur la terre et dans les cieux ?

Nous sommes tellement voyageurs que l'Ange Raphaël semble spécialement désigné pour être prié par nous. Depuis les tentes, élevées par les Patriarches, on sait que l'homme est un voyageur, et c'est un lieu commun que de le proclamer. Mais dans notre siècle, cette vérité, à force d'être vraie, se rajeunit.

Le XIX° siècle est une armée en marche.

Toute vie est un voyage. Personne n'est chez soi. Tout séjour n'est qu'apparent. L'heure du départ sonne incessamment.

Nous sommes tous menacés par la gueule ouverte d'un monstre. O Raphaël, obligez le monstre à nous fournir l'huile qui nous guérira!

O Raphaël, conduisez vers nous tous ceux que nous attendons, tous ceux qui nous attendent!

Raphaël, Ange des Rencontres, conduisez-nous par la main vers tous ceux que nous cherchons! Que chacun de nos mouvements, et chacun de leurs mouvements, soient guidés par votre lumière, transfigurés par votre Joie! Ange conducteur de Tobie, présentez à celui que vous contemplez sans voile la prière qui s'élève en ce moment vers vous! Surchargé et divisé par les séparations et les écrasements de la terre, je sens le besoin de vous appeler et de vous demander le secours de vos ailes, afin de n'être pas étranger au domaine de la Joie, c'est-à-dire aux affaires de ma patrie! Souvenez-vous des faibles, vous qui êtes fort, vous qui êtes installé au-dessus du tonnerre dans les régions toujours sereines, pacifiques et éclairées de la gloire admirable et resplendissante !

XX

SAINT CHRISTOPHE.

La figure de saint Christophe est une figure à part, qui n'a pas d'analogue dans le martyrologe.

L'histoire et la légende, qui se distinguent ordinairement si bien, se confondent dans la plupart des faits de sa vie. L'étude qui se rattache à lui ne ressemble à aucune autre ; mais elle est singulièrement féconde, au point de vue du symbolisme.

Saint Christophe a existé. Plusieurs églises, dans le monde chrétien, lui sont consacrées. Sa fête se célèbre ; ses reliques se distribuent. Mais les contours de son histoire flottent dans un brouillard qui n'est pas dissipé.

Sa mort est plus connue que sa vie. Il fut persécuté sous l'empereur Dèce. Deux courtisanes furent envoyées dans sa prison. Au lieu de devenir leur vaincu, il devint leur vainqueur. Nicelle et Aquiline embrassèrent sa foi et devinrent martyres. Le bâton de saint Christophe planté en terre, fleurit merveilleusement. Sa parole, plantée dans le cœur des deux courtisanes, fleurit aussi. Les fruits rouges du martyre illustrèrent cette tige ingrate.

L'histoire des martyrs offre cette particularité : ceux d'entre eux qui furent garantis contre d'autres instruments de supplices, tels que la roue, le feu, la lapidation, mouraient par le glaive. Le glaive était la dernière ressource des bourreaux fatigués. Quand ils ne savaient plus que faire d'un martyr trop résistant, ils lui tranchaient la tête. C'est ainsi que la chose se passa pour saint Christophe. Sa dernière prière retentit dans tout le moyen-âge. Il recommanda à la miséricorde divine tous ceux qui se recommanderaient à lui, et demanda que son nom ne fût pas invoqué en vain.

Je ne vais pas essayer entre la légende et l'histoire de saint Christophe un travail impossible de séparation. Je vais chercher le sens philosophique des faits contenus, à propos de lui, dans un livre fort rare désormais : *La Légende dorée*.

Ce livre, qui n'a pas d'autorité historique, contient mille indications intéressantes sur plusieurs personnes et plusieurs choses mystérieuses.

Quel est, d'après la tradition, le caractère, le signe, *la dominante* de saint Christophe ?

C'est la force.

Sa conversion fut fondée sur le désir de la force, et sa sainteté sur la possession de la force.

On dit qu'il était Chananéen et qu'il s'appela

d'abord *Reprobus !* le Réprouvé. Or, cet homme qui se croyait réprouvé, n'accepta pas la réprobation, et se mit à la recherche de la force. Il cherchait peut-être une puissance supérieure à tout et lui demandait la délivrance, dont le poids de l'anathème lui faisait sentir la nécessité. Historiquement, je n'affirme rien. Philosophiquement je trouve cela très beau.

Il entend parler d'un roi, le plus puissant de la terre, il va le trouver.

Arrive un jongleur, un saltimbanque quelconque, qui chantait, et qui, dans sa chanson, nommait le diable.

Quand le nom maudit est prononcé, le roi s'inquiète et fait le signe de la croix.

— Qu'avez-vous ? lui dit Christophe.
— Rien du tout.
— Mais, enfin ?
— Rien, te dis-je.

Insistance de Christophe. Refus du roi.

— Si vous ne répondez pas, dit Christophe, je vous quitte.

— Eh bien, dit le roi, quand j'entends nommer le diable, j'ai peur, et je fais le signe de la croix pour me soustraire à son pouvoir.

— Vous avez peur du diable ! Il est donc plus puissant que vous ? s'écrie Christophe, et il court à la recherche du plus puissant. Il court, il court, cherchant le diable à travers le monde. Au milieu d'une forêt, un personnage sombre vient à lui, disant :

— Qui cherches-tu ?

— Je cherche le seigneur diable, pour me donner à lui, puisqu'il est le plus fort.

— Je suis celui que tu cherches, répondit l'inconnu.

Et voilà Christophe, ou plutôt Reprobus, au service du diable. Il suit, il obéit; c'est le modèle des esclaves. Mais tout à coup, comme ils marchaient ensemble, ils rencontrent une croix. Le diable fait un détour.

— On dirait que tu as peur, dit Christophe.

— Allons donc, réplique le diable.

— Mais enfin, pourquoi ce détour ?

Le diable, qui connaissait son homme, n'avait aucune envie de s'expliquer, mais il y fut contraint. L'inquiétude de la force rendait Christophe susceptible.

Le diable avoue qu'il évite la croix.

— Mais alors, tu n'es pas le plus puissant, tu as peur, je te quitte.

Mais où est la croix ? Où est le Christ ? Que faut-il faire pour ce nouveau maître ?

Christophe rencontre un ermite et lui pose ces questions.

— Il faut jeûner, dit l'ermite.

— Moi, jeûner ! répond Christophe, impossible ! Indique autre chose.

— Eh bien, dit l'ermite, tu vois là-bas ce fleuve dangereux ?

— Je le vois.

— Ceux qui essayent de le passer périssent

dans ses eaux. Installe-toi sur son bord. Tu porteras les voyageurs d'une rive à l'autre. Sois le serviteur de tout le monde et tu verras le Fort des forts, le Roi des rois, tu verras le Christ-Jésus.

— Très bien, dit Christophe, et il s'établit sur le bord du fleuve, prit une perche pour bâton, et, comme il était géant, il se soutenait sur l'eau à l'aide de cette perche et transportait les voyageurs.

Après la recherche de la force, l'exercice de la force. Saint Christophe est spécialement invoqué contre la faiblesse physique. Il y a une réalité sous la légende.

Ainsi se passait sa vie. Il était, lui le fort, au service de tout le monde. Si nous ne sommes pas ici en pleine réalité, nous sommes dans le voisinage de la réalité. On respire, dans ce qui va suivre, l'air qu'on respire autour des choses divines. La peinture et la sculpture reproduisent le fait que je vais raconter, et l'instinct de l'art est respectable.

Christophe dormait dans sa demeure. Une voix d'enfant le réveille :

— Christophe, porte-moi !

Le fidèle Christophe court à son service. Mais il cherche en vain. Personne sur le bord.

Il rentre. La voix reprend du dehors :

— Christophe, porte-moi !

Christophe court et cherche. Personne sur le bord. Christophe rentre.

Troisième appel de la voix :

— Christophe, porte-moi !

Christophe eût pu se décourager, croire à une moquerie, etc. Mais il était le serviteur de tous, et le serviteur ne sait qu'obéir.

Christophe court pour la troisième fois, et, cette fois-ci, il voit l'enfant qui appelait. Christophe prend l'enfant sur son épaule et il entre dans le fleuve.

Mais le poids de l'enfant augmente. L'eau du fleuve se soulève, et le poids de l'enfant augmente.

Christophe avance toujours, et le poids de l'enfant augmente toujours. Le géant est écrasé par l'enfant, et submergé par le fleuve, qui se gonfle toujours. On dirait un océan dans lequel on viendrait de jeter un monde.

Les flots se gonflent sous le poids de la masse qu'ils ont reçue.

Au dernier moment de la lutte, et le plus terrible, Christophe, par un suprême effort, touche l'autre rive.

Il dépose l'enfant et s'écrie :

— On dirait que j'ai porté le monde sur mes épaules.

— Christophe, répond l'enfant, tu as porté plus que le monde. Tu as porté le créateur des mondes.

Que de choses dans cette légende ! Saint Christophe déclare qu'il n'est pas apte à ce qu'on lui demande d'abord. Il espère que sa vocation aura la bonté d'avoir égard à sa nature. Il ne veut que la force. Il passera les hommes d'une rive à l'autre, et parmi les passagers se trouvera Jésus-Christ. Passer Jésus-Christ, qu'est-ce que cela veut dire ? On entrevoit bien des choses, surtout si l'on se souvient que Christophe Colomb s'appelait Christophe ; il passa Jésus-Christ d'une rive à l'autre et risqua mille fois de mourir sous le fardeau.

Christophe est un nom terrible. Être porte-Christ, c'est porter en soi le mystère lui-même, tous les mystères en un mystère, et particulièrement le mystère vivant de l'histoire. Quand les autres passagers l'appelaient, Christophe les voyait, mais quand ce fut l'enfant très lourd, il chercha plusieurs fois d'où la voix venait.

XXI

UN SAINT.

Eh bien! oui, maintenant! Maintenant dans l'état où est le monde, l'Eglise va faire une fête, et laquelle, s'il vous plaît? Elle va canoniser. Encore si elle canonisait un homme dont la vie humaine ait jeté quelque éclat, à la bonne heure! Mais elle canonise Benoît-Joseph Labre!

Il est absolument impossible de jeter au monde un défi plus audacieux?

Jamais le respect humain n'a reçu un coup pareil.

En plein dix-huitième siècle, ô bergères de Wateau! ô escarpolettes de Fragonard! le genre humain prenait congé du christianisme et lui disait un adieu qu'il espérait éternel! Oui, vraiment, la peinture était représentée par Fragonard et la science par M. de Buffon, et la poésie tragique par M. de Voltaire, et la poésie épique par M. de Voltaire encore! Oui, le génie épique était représenté par la *Henriade*, la *Henriade!*

> ...Puisqu'il faut l'appeler par son nom,
> Capable d'enrichir en un jour l'Achéron!

L'homme meurt de chagrin, dit M. de Buffon. S'il en est ainsi, la lecture de la *Henriade* doit avoir fait des victimes. Si quelqu'un lit la *Henriade*, on ne peut pas dire que les sacrifices humains soient réellement abolis dans les Gaules ! On venait en pèlerinage voir à Ferney M. de Voltaire, et un pèlerin s'approchait de lui et s'écriait : Je vous salue, lumière du monde !

∴

Pendant que ce pèlerin s'écriait : Lumière du monde ! parlant à M. de Voltaire, un autre pèlerin s'en allait, de village en village, à pied, faire au tombeau des apôtres un pèlerinage qui a duré jusqu'à sa mort. Celui-ci était pauvre, à faire horreur. Il était si pauvre qu'il ressemblait au Pauvre lui-même, et que ce nom de Pauvre, appliqué à lui, peut s'écrire par une majuscule. Il demandait l'hospitalité quand il s'agissait de passer la nuit.

Il s'arrêta, dit-on, dans une maison où demeurait la famille Vianney. C'étaient les ancêtres de Jean-Baptiste Vianney qui fut depuis curé d'Ars, et dont la canonisation s'agite, elle aussi, dans ce moment. Je ne l'annonce pas en propres termes, car l'Eglise n'a rien prononcé, mais enfin la question se pose. Il paraît que Benoît-Joseph Labre coucha dans le lit où devait plus tard coucher Jean-Baptiste Vianney. Que voulez-vous ? Il y a de ces rencontres, et je n'en suis pas responsable.

Vous me demanderez peut-être ce qu'a fait d'extraordinaire Benoît-Joseph Labre pendant sa vie?

C'est précisément la question que j'allais avoir l'honneur de vous adresser ! Au point de vue catholique, il a prié ; mais au point de vue extra-catholique, il n'a rien fait, précisément rien, absolument rien. Il n'a été ni grand philosophe comme saint Augustin, ni grand théologien comme saint Thomas, ni grand orateur comme saint Bernard. Il n'a laissé ni un livre, ni un acte humain appréciable. Il a vécu dans les églises, ou à la porte des églises, ou dans les chemins, ou chez les pauvres, plus pauvre qu'eux lui-même, et enveloppé d'une obscurité tellement impénétrable, que le regard de l'Église était seul assez perçant pour la pénétrer.

..

Le dix-huitième siècle était rempli de personnes et de choses retentissantes. Un monde s'écroulait, on cherchait sous les ruines pour voir poindre un autre monde. On se disputait; on se battait; on démolissait, et les démolisseurs ne s'accordaient pas entre eux. Voltaire et Rousseau tournaient quelquefois leur colère l'un contre l'autre ; mais s'ils n'étaient pas unis, du moins ils étaient coalisés, et la commune intention *d'écraser l'infâme* remplissait leur âme et leur vie. Que de bruit, à ce moment-là, dans le monde civilisé ! L'encyclopédie posait sur toutes les têtes son pied qui se croyait vainqueur! Les vieux noms semblaient oubliés, et les noms nouveaux devaient resplendir à jamais, seuls et immortels, sur un monde nouveau.

Cependant le nom de Voltaire a tellement baissé, depuis les progrès de la critique, qu'on oserait à peine maintenant admirer cette poésie qui enchanta le dernier siècle! Celui qui serait assez jeune pour admirer encore *Mahomet* et *Mérope*, oserait à peine en convenir! Et les commentaires sur Corneille, et les commentaires sur Pascal! se trouverait-il quelqu'un pour oser prendre leur défense? Le seul prestige actuel de Voltaire est d'avoir combattu le Christ; c'est d'avoir voulu écraser l'infâme. Mais enlevez-lui cette *auréole*, et dites-moi ce qui restera de Voltaire poète, et de Voltaire critique!

Pendant que ce nom qui a rempli l'Europe, pendant que le nom de Voltaire baisse tous les jours, en voici un autre qui monte, et cet autre c'est le nom de Benoît-Joseph Labre!

Comment se fait-il que je sache ce nom? Comment se fait-il que vous le sachiez? Vous vous en étonnez peut-être un peu. Mais prenez garde! Vous ne vous en étonnez pas suffisamment!

Imaginez quelqu'un montrant, il y a cent ans, aux encyclopédistes, Benoît-Joseph Labre; déguenillé, à Rome, sur les marches d'une église! Quel éclat de rire! Ce regard, en perçant l'espace, eût bien amusé les hommes d'alors. Mais, supposez le même regard, perçant le temps, comme l'espace, et montrant aux mêmes hommes l'Eglise universelle, dans une fête universelle, plaçant sur les autels Benoît-Joseph Labre, et jetant, sur son nom glorifié, cette épithète incommunicable que l'Eglise seule a donnée, donne et donnera, l'épithète étonnante de SAINT.

..

Comment se fait-il que j'écrive un article à propos de cet homme, et que cet article soit une *actualité*? Oui, une actualité! Et il n'y aura peut-être pas un journal en Europe qui, d'ici un mois, s'abstienne de prononcer ce nom, si infiniment obscur il y a vingt ans encore, le nom de Benoît-Joseph Labre! Et ceux-là mêmes qui voudront encore se moquer de lui, ceux-là le subiront comme une *actualité!* Ils pourront rire, ils ne pourront pas ignorer. Ce nom-là va flamboyer dans les cinq parties du monde.

Je demande une explication. Que d'hommes de toute espèce ont passé sur la terre sans laisser trace! Celui-ci passe aussi inconnu que les plus inconnus, ne laisse rien après sa mort qui donne la moindre explication humaine d'une réputation quelconque, et voici que le monde entier apprend son nom pour toujours!

Faut-il dire : Sa pauvreté a frappé l'esprit de ses contemporains? Mais pas le moins du monde! Ce ne sont pas les pauvres qui manquent sur la terre, et l'immense majorité d'entre eux ne laisse aucune trace dans l'histoire.

Faut-il parler d'engouement? Mais avez-vous jamais vu les hommes s'engouer subitement, tous à la fois, d'un pauvre, mort il y a cent ans, et que les vivants actuels n'ont ni vu ni connu?

Vous connaissez l'état de l'Église catholique et l'énormité de ses préoccupations actuelles. Eh bien! au milieu de cette tourmente, pas un de ses enfants morts il y a cent ans, ou mort il y a mille ans, n'échappe à sa mémoire invincible et inspirée. Le temps et l'espace s'inclinent devant ses regards. Trouvant, comme dit Bossuet, sa sérénité dans sa hauteur, elle regarde de tous les côtés à la fois, et, apercevant Benoît-Joseph Labre, elle s'occupe de lui avec autant de sollicitude, autant d'ardeur, autant de solennité que s'il était seul au monde, et si elle n'avait à penser qu'à lui.

Avez-vous jamais entendu dire qu'un homme se fût agenouillé près du *cadavre* de Rousseau pour prier? Impossible.

Je dis *cadavre*, et personne ne pourrait dire : *reliques*.

Les reliques de Rousseau : Impossible.

La langue humaine s'y refuserait. On ne peut lui faire dire tout ce qu'on veut. Elle a des secrets, la langue humaine. Il y a des mots qu'elle réserve, même malgré elle. Prenez le plus païen des païens, et essayez de lui faire dire : Saint Julien l'Apostat. Ce mot-là sera impossible à prononcer.

Il y a, dans les temps modernes, un homme

qui a été admiré et adoré : la terre a fait silence devant lui, et son ombre a couvert son siècle. C'est Napoléon. L'humanité dit : Napoléon le Grand.

Mais essayez de dire Saint Napoléon. Impossible ! La langue humaine ne veut pas.

.˙.

Cependant, sur l'ordre de l'Église, on va dire : Saint Benoît-Joseph Labre. Et la langue humaine ne va pas se cabrer. La langue humaine obéira.

Et trois cent soixante prélats ont fait annoncer leur arrivée à Rome. Et ils arrivent, de toutes les parties du monde, pour célébrer le triomphe du plus inconnu des mendiants !

Et ces trois cent soixante prélats, accablés de soins énormes, de responsabilités et de sollicitudes, se déplacent, s'assemblent et conspirent ensemble, pour agrandir la solennité des honneurs rendus à ce mendiant.

Il me semble que cette sérénité auguste pourrait inspirer quelques réflexions.

Ne faut-il pas que l'Église possède une vie mystérieuse, surnaturelle, pour garder ce calme et cette audace ?

Pendant que l'adoration du veau d'or semble devenir une religion, l'Église choisit pour le canoniser l'homme qui a poussé la pauvreté à des excès invraisemblables ! L'opportunité de cette canonisation n'a-t-elle pas quelque chose de réellement divin ? La contradiction immense qui existe entre Benoît-Joseph Labre et l'état actuel des hommes ne donne-t-elle pas au monde un enseignement singulier?

L'Église catholique ne se montre-t-elle pas dépositaire de secrets profonds quand elle étale ainsi, avec une pompe audacieuse, à la face du monde, ce Benoît-Joseph Labre que le monde méprise tant, et qu'elle glorifie sans se cacher?

L'Église catholique ne prouve-t-elle pas par là qu'elle a une vie propre, une vie supérieure, indépendante des accidents?

Et si cette explication ne vous convient pas, je vous en demande une autre. J'appelle tous les hommes, tous les écrivains, tous les journaux depuis les *Débats* jusqu'à l'*Intransigeant*, et je les supplie de m'expliquer ce fait:

Comment se fait-il qu'ils connaissent aujourd'hui le nom de Benoît-Joseph Labre?

XXII

LA RÉALITÉ.

Ce n'est pas sans émotion que je prends pour la première fois la plume devant le public du Nouveau Monde [1].

Il me semble que Christophe Colomb me regarde de là-haut, et se souvient du jour où le cri : Terre ! terre ! a retenti à bord de son navire.

Christophe Colomb ! Ce Nom remue en moi des souvenirs d'une profondeur singulière ; ce Nom a accompagné toutes les grandes espérances de ma vie. Jamais je n'ai pensé sans une émotion attendrie à sa découverte d'un Nouveau Monde. Jamais les efforts de Christophe Colomb, son Génie, son Inspiration, sa Découverte Idéale, qui a précédé de si loin sa découverte réelle, les rebuts qu'il a essuyés, la splendeur invincible de sa superbe idée fixe, sa gloire lente, mais énorme, jamais cette grandiose histoire n'a ren-

---

1. A partir de 1881, Ernest Hello fut l'un des collaborateurs du journal américain catholique, le *Propagateur Catholique*. Les pages qui suivent furent les premières qu'il y publia.

contré d'auditeur plus préparé et plus attentif que moi.

Aussi, quand je touche pour la première fois cette terre Américaine, (car je la touche en esprit), il me semble qu'elle a déjà pour moi, non seulement des espérances, mais même des souvenirs. Il me semble que, sur cette terre, je ne suis pas étranger.

A cette heure terrible où je prends la plume, je voudrais que ma première parole, prononcée en Amérique, fut une parole utile.

Cette heure terrible ressemble au chaos.

Dans le chaos qui précéda la création, « les « Ténèbres, dit l'Esprit-Saint, étaient sur la face « de l'Abyme. » Il me semble que l'Eternelle Vérité pourrait répéter aujourd'hui la même parole.

Dans le chaos contemporain, les Ténèbres sont encore sur la face de l'Abyme. Mais le premier jour de la création vit surgir la lumière.

C'est d'elle que je voudrais parler aujourd'hui.

Dieu dit : Que la Lumière soit, et aussitôt la Lumière fut.

Cette lumière, subitement faite, est distribuée par les soleils, et suit, comme eux, une marche précise.

En d'autres termes, il y a des lois.

La Loi est une Parole.

Et comme il nous importe de savoir à quoi nous en tenir sur elle, comme il nous importe de pouvoir compter sur le lever du soleil, la Loi est une promesse qui nous est faite. La Loi est une Parole donnée.

La Science a écouté la Parole donnée, et a dit au genre humain: Tu peux compter sur elle.

La Science a confiance dans la Parole dont elle est dépositaire : elle prédit la marche des mondes.

Elle dit: Telle planète sera là, à tel point du ciel, tel jour, à telle heure, à telle minute, à telle seconde.

Et la planète est fidèle au rendez-vous.

La Loi de la création s'exécute à la seconde.

La Parole du Père se vérifie dans toute la splendeur de la fidélité, dans toute la magnificence de l'exactitude.

La création est la parole du Père.

La Science est le commentaire de cette Parole.

La Science va jusqu'à deviner les planètes qu'elle n'a pas encore vues, parce qu'elle a confiance dans la Parole du Père, dans la Parole donnée.

Et les planètes, devinées d'abord, se montrent ensuite. Elles disent : « Nous voici. »

Elles rendent témoignage à la Parole du Père.

II

L'Humanité tombe. La seconde personne de la Sainte Trinité s'incarne. Le Verbe de Dieu se fait chair. Il parle. Que va-t-il dire ?

« Tout ce que vous demanderez à mon Père,
« en mon Nom, je le ferai, — afin que le Père
« soit glorifié dans le Fils. »

« Demandez et vous recevrez ; cherchez et
« vous trouverez ; frappez et il vous sera
« ouvert.

« Si vous pouvez croire, tout est possible à
« celui qui croit. »

Il faudrait citer tout l'Evangile pour citer toutes les Paroles qui promettent à la prière la puissance sur toutes choses.

Voilà une Parole donnée, une loi posée.

Il est impossible que la Parole du Fils soit inférieure à la Parole du Père.

Saint Pierre nous parle de l'heure où Lucifer se lèvera. Marie, la Sainte Vierge, est appelée l'Etoile de la Mer.

Si les astres du Père ont pour splendeur la fidélité, comment les astres du Fils manqueraient-ils à cette loi de la lumière ?

Si les lumières créées, qui ne sont que des ombres, ont cette gloire d'être fidèles, comment La lumière divine, dans sa course à travers les mondes, dans sa course plus importante à travers des cieux plus sacrés, manquerait-elle au rendez-vous ? Chaque mot de l'Evangile est un monde. Comment ce monde n'apparaîtrait-il pas dans le ciel des Esprits, suivant la Parole donnée par les lèvres d'où il est sorti ?

La chose est inadmissible.

Mais voici, entre la Création et la Rédemption une différence.

L'homme n'est pas intervenu dans la création. Il intervient dans les choses de la Rédemption.

Rien n'empêche le soleil de se lever et de se coucher, parce que l'homme ne s'en mêle pas.

Mais, dans le monde de la prière, l'homme intervient.

Comment doit-il intervenir?

Contemplons la Loi des astres.

Comment se manifeste-t-elle?

En vertu de quelle Loi s'exécute le mouvement des cieux?

En vertu de la gravitation. Les mouvements sont en rapport avec les poids. Les corps agissent les uns sur les autres en raison directe de leur masse et en raison inverse du carré des distances.

Ce que la Science appelle *force d'attraction* doit être appelé *Loi de l'attraction*. Suivant la remarque de P. Ventura, les forces sont simplement des Lois. Car il n'y a pas de forces nécessairement inhérentes à la matière. Les forces sont les lois qu'une volonté supérieure impose à cette matière.

La pesanteur préside aux mouvements des mondes.

Elle veille à l'accomplissement des promesses du créateur. Elle exécute la Parole donnée.

Si je cherche maintenant, dans l'ordre moral,

la loi de la pesanteur, je rencontre le grand mot de saint Augustin :

« Mon poids, c'est mon amour. »

L'Amour est, dans le monde moral, ce qu'est la Gravitation dans le monde physique.

Dans le monde physique et sidéral, c'est la Gravitation qui est chargée de l'exécution des paroles du Père.

Ne serait-ce pas l'Amour qui est chargé d'exécuter les paroles du Fils ? L'Amour serait-il le ministre de la Rédemption, au département de la puissance ?

Et, si le poids nous manque, ne serait-ce pas parce que l'Amour fait souvent défaut.

Consultez l'Histoire des Saints. Ce ne sont pas habituellement les plus grands Docteurs qui sont les plus grands thaumaturges.

Les plus grands thaumaturges sont habituellement ceux qui sont le plus imbus de cet esprit que saint Paul appelle la folie de la croix.

Ce sont les plus violents qui sont les plus ravisseurs.

Nous lisons dans la vie de saint Vincent Ferrier qu'il sonnait la *cloche des miracles*, et que la foule de malades venait pour être guérie.

Sonner la cloche des miracles, n'est-ce pas précisément annoncer, avec une précision superbe, que la Parole de l'Evangile : *Demandez et vous recevrez*, se lèvera tel jour, à telle heure, sur tel point de l'horizon terrestre.

Il me semble que la Foi, si parfaitement unie à la Charité dans les saints, donne du poids aux paroles qu'elle met dans leur bouche.

Telle parole, qui ne pèse pas dans la bouche d'un homme ordinaire, pèse dans la bouche d'un saint.

La langue humaine, si profonde, ne dit-elle pas d'un homme sans consistance qu'il parle *légèrement ? Légèrement !* Il parle légèrement ; en d'autres termes, sa parole ne *pèse* rien.

Puisque les Cieux racontent la gloire de Dieu, écoutons leur enseignement. Ils enseignent que la Foi et l'Amour sont chargés, comme la gravitation, d'exécuter les paroles et les promesses du Créateur.

XXIII

LE MYSTÈRE.

On confond deux mots qui, au lieu d'exprimer deux semblables, expriment deux contraires : Voici ces deux mots, dont la confusion détruit la lumière :

Le premier est l'Incompréhensible.

Le second, c'est l'inintelligible.

L'Incompréhensible est au-dessus de l'Intelligence ; l'inintelligible est au-dessous de l'Intelligence.

L'Incompréhensible, c'est le Mystère.

L'inintelligible, c'est l'Absurde.

L'Incompréhensible, trop grand pour nous, ne peut entrer tout entier dans notre Intelligence, à cause de sa dimension, et surtout, si nous parlons de l'Infini, parce qu'il a dépassé toute dimension.

L'inintelligible, au contraire, ne peut entrer dans notre Esprit, parce que notre Esprit est trop grand, c'est-à-dire trop vrai pour lui. L'inintelligible ne peut être saisi par nous, parce qu'il est sans Vérité, et que notre Esprit est fait pour saisir la Vérité; au moins dans une certaine mesure.

Notre Intelligence est une Force qui s'applique à l'Être.

Quand il s'agit de l'Être absolu, Immense, Infini, la vocation de notre Intelligence est une Abdication sublime, qui, loin d'être une mort, une restriction, un amoindrissement, est, au contraire, l'Acte le plus fécond, le plus actif, le plus vivant, le plus souverain qu'elle puisse faire.

L'intelligence est une Force qui s'exerce sur un certain domaine. Au-dessous de ce domaine, elle n'a rien à faire, et voilà l'inintelligible. Au-dessus, elle se heurte contre un Domaine, c'est le Domaine réservé, et voilà l'Incompréhensible.

L'Incompréhensible, c'est la chose qu'on n'embrasse pas.

L'inintelligible c'est la chose dans laquelle on ne peut pas lire.

L'Étymologie de ces deux mots établit supérieurement leur différence.

L'Incompréhensible, c'est ce dont personne ne fait le tour (*Non comprehendere*).

L'inintelligible, c'est ce qui ne présente à l'œil de l'Esprit aucun caractère (*Non legere intus*).

L'homme qui se révolte contre l'Incompréhensible tombe habituellement dans l'inintelligible : c'est là un châtiment qui ne manque presque jamais.

L'Intelligence, qui se cabre devant l'Incompréhensible, reçoit cette punition et cette humiliation, de ployer et de fléchir sous l'inintelligible.

Celui qui refuse le Mystère tombe dans la Superstition.

Or, la Superstition est hostile à l'Esprit et le fait mourir.

Le Mystère est l'ami de l'Intelligence : il la nourrit et l'entretient. Il l'exalte au lieu de l'écraser. Tandis que la Superstition l'écrase, au lieu de l'exalter.

L'Incompréhensible, c'est le Mystère ; il est au-delà de l'Intelligence. L'inintelligible, c'est le Non-sens ; il est en deçà.

Dans les domaines de l'inintelligible, c'est l'objet qui fait défaut à l'intelligence.

Dans les domaines de l'Incompréhensible, c'est l'Intelligence qui fait défaut à son objet.

L'homme ne marche pas toujours dans la plaine, d'où son Intelligence voit clair et le conduit tranquillement. Tantôt il penche vers les abîmes de l'inintelligible, tantôt il s'élève vers les montagnes de l'Incompréhensible.

L'ivresse lui ouvre l'abîme où l'intelligence le perd.

L'Extase lui ouvre la montagne où l'Intelligence abdique dans la gloire.

Le Mystère répond à un des besoins les plus profonds de la nature humaine, le besoin de l'Adoration.

L'homme n'adore pas ce qu'il comprend complètement, et il a raison, car ce qu'il comprend complètement n'est pas l'Infini, et l'Adoration cherche l'Infini, comme la Boussole cherche le Pôle.

L'homme a soif de Mystère, parce qu'il a soif d'Infini. C'est cette soif d'Infini qui pousse les âmes supérieures sur la route qui ne finit pas. Elles vont à la découverte, avec la sublime certitude de ne jamais tout découvrir. L'objet de la recherche étant Infini, il excède toujours toute découverte. Il augmente la soif en même temps qu'il la satisfait.

« Ni famine, ni satiété ! » s'écrie saint Augustin, et il ajoute : « Je ne sais de quel nom nommer cet état que je désire ; mais Dieu peut satisfaire ceux qui ne peuvent même plus s'exprimer, pourvu qu'ils croient et qu'ils espèrent ! »

Saint Augustin a raison. Ni famine ! ni satiété ! Voilà bien le désir de l'homme. S'il comprenait tout, il aurait la satiété. S'il ne comprenait rien, il aurait la famine.

La Vérité, qui tantôt soulève et tantôt abaisse les voiles, le protège contre la famine, par la Révélation et contre la satiété, par le Mystère.

Elie sur le sommet de l'Horeb vit la Tempête, le Tremblement de terre et la Foudre.

Mais, quand passa le souffle léger, Elie se voila la tête de son manteau ; il avait reconnu l'approche du Seigneur : le Mystère était là.

Les Séraphins qui apparurent à Isaïe devant le trône du Seigneur, se voilaient la Face de leurs ailes. Ils avaient six ailes : leurs six ailes se partageaient les fonctions de les emporter et de les voiler. Leur vol et leur voile avaient le même agent, le même instrument, des ailes, partout des ailes, toujours des ailes. Le vol en employait deux ; le voile en employait quatre. Les ailes qui les exaltaient dans les abîmes de la Lumière, les protégeaient aussi. Les voiles qui sont des ailes sont des voiles glorieux comme le vol qui les accompagne. Pour voler et pour se voiler, ils avaient besoin d'ailes et n'avaient pas besoin d'autre chose.

O Lumière Inconnue, près de laquelle les ardeurs du soleil couchant sont des taches, comme les splendeurs du soleil levant.

O Lumière Inconnue, vous êtes l'assouvissement des soifs qui ne parlent pas.

Il y a des moments où le Silence lui-même recule, comme la Parole a reculé. Le Silence alors appelle les larmes au secours de sa défaillance.

O Lumière sans ombres, ô Lumière Immaculée ! Vous êtes l'assouvissement de cette soif qui ne parle pas ! Vous êtes l'assouvissement de ce Silence qui appelle les larmes à son secours ! Vous êtes l'assouvissement des larmes qui sont venues au secours du Silence !

Sans vous, que deviendrait l'homme ? Que deviendrait l'homme, s'il était réduit à explorer tristement son domaine limité ?

O Lumière indéfectible, vous êtes la Promesse et vous êtes la Délivrance ?

O Lumière Eternelle, quand nous essayons de penser à vous, nous franchissons le monde et les mondes : Nous nous envolons au-dessus des astres : Nous dévorons l'Espace ; nous dévorons l'immensité pour trouver au-delà quelque chose. Nous traitons les Soleils, nous traitons les Nébuleuses, comme l'Arabe traite le brin d'herbe, quand il monte à cheval, quand il s'élance cherchant le Désert ; quand il s'élance, ardent et fougueux, altéré de solitude et d'emportement.

Ainsi fait le Désir, quand il se précipite sur sa Proie Infinie ; ainsi fait le Désir, et il fait bien. Il aura l'honneur de mourir de soif sur le sable du Désert, avec son coursier hors d'haleine, avant d'avoir atteint le terme de sa course, et la soif qui lui donnera la mort lui donnera du même coup la vie : Car il s'appelle le Désir.

Il est l'insatiable, et il adore au-delà de lui.

Mais, ô Lumière Eternelle, qui habitez le ciel des cieux, vous habitez aussi le centre des centres, et l'Intime des Intimes !

Votre sanctuaire est élevé ; votre sanctuaire est profond.

XXIV

LAISSEZ LES MORTS ENSEVELIR LEURS MORTS.

« Laissez les morts ensevelir leurs morts », a dit la Vérité éternelle.

Cette parole grandit, quand on la regarde, et dans la mesure où on la regarde.

Pour le premier moment, on pourrait s'étonner qu'il fût très nécessaire de prémunir les hommes contre la Passion de la mort.

Mais, à la réflexion, et surtout à la réflexion profonde, on s'aperçoit que l'homme tient essentiellement aux choses de la mort, parce qu'elles sont l'œuvre de ses mains.

« Celui qui a mis la main à la charrue, et qui regarde en arrière, n'est pas apte au Royaume de Dieu », a dit la même Vérité. Et cette Parole ressemble à l'autre Parole. Le regard en arrière est-ce un plaisir ? Non, pas habituellement. Ce regard est triste et morne. Et pourtant il exerce sur l'homme une attraction étrange. Ce regard l'attarde dans les cimetières et le dispose à ensevelir les morts et à s'ensevelir avec eux.

Il y a, pour certaines natures, une tentation étrange, mais réelle, qui les porterait à s'ensevelir dans le linceul des morts et à partager leur tombeau.

Cette tentation inexplicable a son explication dans l'attache de l'homme à lui-même. Que fait celui qui regarde en arrière ? Il se cherche *lui-même* dans le passé, au lieu de chercher dans l'avenir les choses éternelles. Il se cherche dans le passé, comme dans sa propriété, et il se complaît dans tout ce qui est à lui, même dans les larmes. La tristesse n'est pas sans charme pour lui, parce que sa tristesse est à lui : Ce qui est devant lui, quand il met la main à la charrue, c'est le Royaume de Dieu ; ce serait l'Avenir, ce serait la joie, mais il en a peur, parce que ce n'est pas son royaume, à lui-même, homme triste et borné.

L'homme tient à sa borne, même quand sa borne est son malheur, parce que son malheur lui appartient ; c'est le *moi* qui revendique sa propriété.

L'homme a du goût pour le *chez soi*. Chacun pour soi, dit-il, chacun *chez soi*. Eh bien ! le Tombeau est pour l'homme un *chez soi*. Il a du goût pour le Tombeau.

La recommandation de ne pas s'ensevelir vivant et de laisser les tombeaux aux morts est une des recommandations les plus importantes et les plus hardies qu'on puisse lui faire.

L'homme a beaucoup de mérite à briser ses chaînes, quand c'est lui-même qui les a forgées.

Ce ne sont pas seulement les liens délicats, doux et tendres, qu'il est difficile de briser; ce sont aussi les chaînes de fer et de plomb. Tout ce que nous avons traîné longtemps avec nous, après nous, derrière nous, s'attache, se *colle* à notre personne : ces choses sont devenues nôtres, et tout ce qui est à nous, tout ce qui nous appartient, fût-ce l'ennui, demande pour être séparé de nous, un coup d'Épée. Tenir à une chose, ce n'est pas la trouver bonne, c'est seulement être cloué à elle depuis longtemps.

O nature humaine ! le poids sous lequel tu succombes, c'est le poids de toi-même, et ce poids, que tu n'es pas capable de porter, à force d'être faible, tu es capable de l'adorer à force d'être aveugle.

O créature humaine, l'habitude est encore plus puissante sur toi que les Passions ! cette habitude fût-elle ennuyeuse, tu y tiens, parce que c'est ton habitude; tu tiens à toutes les propriétés, même à ton malheur, quand ton malheur est ton ouvrage !

O créature humaine, ton Supplice devient ton Idole, pourvu que ton Supplice soit venu de toi !

Quand veulent t'inonder les éclats de la Joie éternelle, tu donnes quelques regrets aux tristesses du Passé, parce que ces tristesses étaient les tiennes ! Quand le manteau de Pourpre, qui est le Don de Dieu, s'offre à toi, tu caresses de tes mains tremblantes les lambeaux déchirés de l'ancien linceul ! Le manteau de pourpre t'étonne, parce qu'il n'est pas dans tes habitudes ; le linceul ne t'étonnait pas. Le linceul ressemblait à ta pensée. Il était l'ouvrage de tes mains. Et la main souveraine, quand elle apparaît pour te sauver, te fait peur, parce qu'elle n'est pas la tienne !

Que verrait celui qui verrait le fond de notre misère ?

L'homme a l'habitude de se plaindre et l'habitude de s'enorgueillir.

Ces deux habitudes semblent contraires.

Mais l'homme, qui sait si peu de choses, sait pourtant les concilier.

Cette attache à l'habitude, à l'ennui, à la mort même, parce qu'elle est la Production de l'homme, cette attache est une des formes les plus subtiles et les plus inaperçues de l'amour-propre. Sainte Catherine de Gênes dit que l'amour-propre est une véritable haine, et cette remarque est très profonde. L'amour-propre n'est pas du tout l'intérêt légitime que l'homme doit se porter. L'amour-propre est une recherche de soi. La recherche de soi amène toutes les complications, conduit à tous les labyrinthes.

L'abandon de soi simplifie tout.

Quand un homme s'égare, soyez certain qu'il vient de se chercher.

Dès qu'un homme nous paraît délivré de l'amour-propre, nous avons, même malgré nous, une confiance extraordinaire en ses Paroles. C'est qu'il nous paraît rapproché du foyer de la Lumière. L'amour-propre étant, entre la lumière et nous, une chose opaque qui s'interpose, l'homme qui paraît en être débarrassé nous fait l'effet d'avoir levé un voile, et nous l'interrogeons volontiers.

L'amour-propre ruine et divise. L'homme qui nous en paraît délivré, nous fait l'effet d'être moins éloigné que les autres du foyer central de l'Unité.

L'amour-propre aveugle ceux qui aiment la lumière, paralyse ceux qui aiment l'action, pervertit ceux qui aiment la bonté, trompe ceux qui aiment l'Intelligence. Les bâtiments qui s'élevaient s'écroulent quand l'amour-propre se glisse, par une fente, entre deux pierres. J'ai été témoin de cette catastrophe. L'amour-propre arrête et empêche l'*Edification*, dans le sens précis de ce mot. L'amour-propre détruit les monuments. Il rase les Temples et les Palais. En style Oriental, je l'appellerais le Père des Ruines.

Ruines morales, ruines intellectuelles, ruines d'amitié, ruines d'institutions, dès que vous voyez des ruines, cherchez le principe, vous trouverez l'amour-propre. C'est lui qui sait disjoindre les personnes et les choses les mieux unies. C'est lui qui enlève le ciment; c'est lui qui sépare; c'est lui qui refroidit. Les ardeurs les plus saintes se glacent, quand il pénètre entr'elles.

L'amour-propre est sous la protection de l'habitude. Aussi les hommes, habitués à lui, le regardent non comme un accident, comme une déchéance, comme une privation, mais comme la condition naturelle et primitive de toute organisation. L'habitude est la gardienne du mal ; aussi les hommes de l'habitude, qui sont généralement les hommes de l'amour-propre, arrivent vite à regarder le mal comme une réalité, et le bien comme un rêve.

C'est pourquoi ils se retranchent dans leur néant ; ils n'aiment pas l'intervention Divine, ils nient le miracle, et même, chose invraisemblable ! en viennent à le détester. Ils le regardent comme l'intrusion indiscrète de l'Etre, dans le domaine qui est à eux, dans le domaine qui leur est cher, à titre de propriété, dans le domaine de leur néant.

En général, ces hommes n'aiment pas beaucoup non plus les grandeurs naturelles. Le génie leur est suspect, comme une puissance qui ne respecte pas les habitudes. Ce hideux *rien* qui est leur patrimoine et le cachet de leur race, leur semble sacré ; et ils immolent en baillant, sur l'autel du néant, toutes les énergies de l'Etre qui voudrait approcher d'eux.

Chez les hommes de l'habitude et de l'amour-propre, si l'on essaie de faire pénétrer dans leur âme un rayon de lumière, on aperçoit que l'obstacle est d'autant plus invincible, d'autant plus infranchissable, qu'il est plus léger, plus menu, plus mince, plus misérable.

Si un homme est près d'en égorger un autre, et que vous lui parliez, peut-être lui ferez-vous comprendre et même sentir son crime. Mais dites à une femme d'un certain caractère, endurcie par certaines habitudes, que la couleur des rubans de son chapeau n'est pas ce qu'il y a de plus important au monde, jamais vous ne la persuaderez ; jamais elle ne comprendra, en vous écoutant, son insignifiance et la nature de sa vanité. Ce néant-là est impénétrable. La vanité est plus impénétrable que le crime. Le crime avertit de sa propre horreur ; la vanité n'avertit de rien, parce qu'elle est couverte par l'habitude. L'habitude est un masque qui lui voile sa laideur.

Si j'ai uni, dans cette étude psychologique, la mort, l'amour-propre et l'habitude, c'est que j'ai voulu appuyer sur l'identité de leur essence, marquée par tant d'apparences diverses.

Il y a des fautes et des erreurs qui se montrent tellement vite que l'attention la plus ordinaire les découvre à l'instant même. L'amour-propre, au contraire, se fait aimer, même de ceux qu'il assassine. Il agit à la manière du poison.

L'amour-propre est la cuirasse à l'aide de laquelle l'homme se garantit contre la lumière.

Celui qui voudrait être en possession de la lumière, sans renoncer à l'amour-propre, ressemble à un oiseau dans l'œuf, qui voudrait voir le jour, sans percer sa coquille.

XXV

LA FOI

M. Dupont de Tours disait :

— Nous ne nous servons pas assez de la Foi.

Il est certain que nous nous en servons peu. Beaucoup d'entre nous ont une foi sans énergie, qui réside dans les formules. Peu d'entre nous possèdent la foi vivante ; c'est de cette foi vivante que je voudrais parler aujourd'hui.

L'esprit humain a des médiocrités naturelles. Il est porté vers les choses du milieu. Le *oui* et le *non* lui font peur tous les deux.

Posez à un chrétien cette question :

Jésus-Christ dit-il la vérité ?

Evidemment oui.

Vous continuez, parlant au même chrétien.

« Jésus-Christ dit la vérité. Or, Jésus-Christ a
« dit :

« Tout ce que vous demanderez à mon Père en
« mon nom je le ferai.

« Tout ce que vous me demanderez en mon
« nom, je le ferai.

« Demandez et vous recevrez ; cherchez, et

« vous trouverez ; frappez et il vous sera
« ouvert.

« Si vous pouvez croire, tout est possible à
« celui qui croit.

« Et vous concluez : Jésus-Christ dit la vérité ;
« or, Jésus-Christ dit cela, donc cela est la
« vérité. Tout est possible à celui qui croit ».
Cela est clair, n'est-ce pas ?

Le chrétien sera embarrassé. Il dira : *oui*, d'un air timide. Il ne croit pas la conséquence de la même foi que le principe. Il recule, il tremble. Il ne transporte pas les montagnes.

Plusieurs ont confiance dans les paroles qui promettent une autre vie, avec ses récompenses et ses châtiments.

Et ces mêmes hommes ne croient pas d'une foi *vivante*, à la puissance de la prière dans ce monde-ci.

Saint Bernard faisait cette remarque à ses religieux : « Vous croyez fermement, leur disait-il,
« aux promesses relatives à l'autre monde. Vous
« croyez à peine aux promesses relatives à ce
« monde-ci. Et cependant c'est la même bouche
« qui a dit les choses auxquelles vous croyez
« fermement, et les choses auxquelles vous
« croyez à peine ».

Beaucoup d'entre nous peuvent se dire à eux-mêmes ce que disait saint Bernard à ses amis. Il n'y a pas, entre telle parole de l'évangile et telle autre parole, une différence de vérité, une différence de certitude.

Les paroles de l'Evangile ne sont pas plus ou moins certaines les unes que les autres. Les *à-peu-près* n'existent pas dans cette région. Une parole, toujours égale à elle-même, ne peut donner que la même garantie, toujours égale à elle-même.

Si vous prenez part aux sacrements de l'Eglise au baptême, à la pénitence, à l'Eucharistie, si vous tenez à garder votre place dans la Communion des saints ; c'est en vertu des paroles de Jésus-Christ qui a institué ces sacrements.

Or, c'est la même parole qui a dit, avec le même accent :

« Tout ce que vous me demanderez en mon nom, je le ferai.

« Tout est possible à celui qui croit ».

Je défie n'importe qui de trouver n'importe quelle raison pour établir n'importe quelle différence entre cette parole et une autre parole du même Evangile.

Quand les hommes révoquent en doute une chose douteuse, ils disent vulgairement et proverbialement : « Ce n'est pas parole d'Evangile ».

Or, les paroles dont nous parlons ici sont paroles d'Evangile.

Et comme il est impossible, en face d'une telle affirmation posée par une telle bouche, d'alléguer ou la légèreté ou l'exagération, il faut absolument la prendre comme une vérité de même valeur que toutes les autres. Parmi les paroles tombées des lèvres de Jésus-Christ, beaucoup n'ont pas été recueillies d'une manière officielle. Beaucoup n'ont pas été relevées par la voix chargée de transmettre à la postérité les échos du Verbe Eternel, parlant sur cette terre.

S'il y avait, dans la vérité absolue, du *plus* et du *moins*, le *plus* serait en faveur des paroles officiellement répétées de siècles en siècles par l'Eglise Universelle.

Or, cette parole-ci est du nombre. Elle est du nombre des paroles officielles.

Elle a été prononcée, et, de plus, elle a été écrite. Elle a été écrite et elle demeure écrite, pour être répétée avec toute l'autorité dont dispose l'Evangile. Elle n'est pas seulement une confidence faite à quelques-uns. Elle est la promesse authentique, authentiquement faite et donnée au genre humain.

« Tout ce que vous demanderez à mon Père, en mon nom, il vous le donnera.

Or, cette parole est, parmi les paroles prononcées il y a dix-huit cents ans, en Judée, une de celles que le Saint-Esprit a choisies pour être répétées partout où parvient une édition de l'Evangile. Elle est du nombre de ces paroles qui se disent à l'Evangile de la messe, entre Pâques et l'Ascension.

Chaque prêtre, sans en excepter un, la prononce à l'autel, et, parmi le peuple debout dans l'Eglise, il n'y a pas un homme qui ne l'ait lue dans l'Evangile, et qui ne l'ait entendue dans le lieu Saint, et qui ne se soit levé tout exprès pour l'entendre solennellement. L'acte de se lever à l'Evangile, signifie la disposition où l'on est d'attester publiquement la vérité de ce qui va se dire. C'est un témoignage rendu.

Et si déjà on ne rend pas légèrement témoignage dans un lieu humain, dans une cérémonie humaine, que doit-il en être du témoignage qui se rend à l'Eglise, dans le lieu consacré, sous les voûtes consacrées, près de la chaire de vérité, en face de l'autel, en face de l'HOSTIE? Or, c'est ce témoignage que chacun de nous rend à cette parole, à la face du ciel et de la terre, quand il se lève à l'Evangile, pour entendre le prêtre dire :

« Tout ce que vous demanderez à mon Père,
« en mon nom, il vous le donnera. »

Et le moment de cette profession de foi n'est pas isolé dans la vie du chrétien. Tout acte de la vie rend le même témoignage, s'il appartient au christianisme, à l'indivisible christianisme. Tout homme, par cela seul qu'il n'a pas renié l'Evangile, par cela seul qu'il accepte la qualité de chrétien, affirme cette parole de siècles en siècles retentissante ! Tout est possible à celui qui croit.

Il n'y a aucune porte pour échapper, aucune fente dans aucune muraille.

Il est impossible, d'une impossibilité absolue,

l'Evangile étant vrai, que ce mot-là ne soit pas vrai.

« Tout ce que vous demanderez à mon Père, en mon nom, il vous le donnera. »

Cette parole réunit sur elle toutes les réalités et toutes les solennités. Non-seulement elle a rang parmi les paroles répétées à l'autel, pendant l'acte du Sacrifice, en face du ciel, en face de la terre, en face de l'enfer qui doit frémir, en face du peuple qui s'est levé, et qui est là, debout, rendant témoignage; mais, outre tout cela, outre la vérité qu'elle a autant que les autres paroles d'Evangile, elle a une importance pratique exceptionnelle, puisqu'elle est le secret de la puissance. La puissance est l'objet du désir. Et cette parole nous dit à quelle condition la puissance nous est livrée.

La puissance est l'axe autour duquel tournent les mondes. Et voici une parole qui est l'axe autour duquel tourne la puissance.

« Tout est possible à celui qui croit ».

Cette parole porte sur la Foi. Il ne s'agit pas de la remettre à l'éternité, puisque dans l'éternité se sera évanouie la Foi.

La Foi et l'Espérance auront été les magnifiques secours de la route parcourue. La Charité rayonne seule, dans le présent sans fin de l'Eternité. Les paroles qui portent sur la Foi portent sur la terre, sur le temps où nous sommes, puisque la terre est le domaine de la Foi. « Tout est possible à celui qui croit... » Cette parole est le viatique du temps. Elle est la gloire de la Foi. Elle est la lumière qui luit dans les ténèbres. Elle est la pratique d'*aujourd'hui*. Elle est la pratique de cet *aujourd'hui* qui demande son pain quotidien. Elle est le secret de la vie, puisque le juste vit de la Foi. Elle appelle à grands cris l'Amen qui consomme tout. Amen, Amen, Amen.

XXVI

LA JUSTICE.

La Défense sociale est, depuis quelque temps, dans une situation exceptionnelle qu'il importe de préciser. En tout temps, la Défense de la société n'est que la suite et le corollaire de la Défense de la Religion.

Mais aujourd'hui, infiniment plus que jamais, cette vérité apparaît dans son jour. Ce qui pouvait être autrefois l'objet d'une démonstration philosophique est maintenant un fait d'expérience. Ce qui était autrefois relégué dans le domaine de la Théorie et aperçu par les Penseurs, est maintenant un fait pratique, qu'il n'est plus permis à personne d'ignorer.

Tout se meut dans la Religion. *Omnia in Religione moventur.*

Les questions littéraires, politiques, sociales, qui autrefois semblaient avoir une existence séparée, avouent maintenant qu'elles n'en n'ont pas. Elles gardent la distinction qui assure à chacune son individualité. Mais elles avouent qu'elles n'ont de vie, de réalité, d'importance que dans leurs rapports avec la question religieuse, qui domine et pénètre le monde.

Les questions sociales et politiques ne peuvent plus être traitées séparément. L'expérience est faite. L'Histoire parle. Elles dépendent évidemment de la Foi qu'on a, ou de la Foi qu'on n'a pas.

Ses ennemis le savent, et ici encore nous retrouvons les enfants des ténèbres, armés de leur prudence. Ils le savent; ils ne s'attardent pas à des luttes locales. Ils ne perdent pas leur temps dans l'attaque isolée de tel ou tel point, de tel ou tel détail. Non, non! ils visent au cœur; ils visent au point central. Ils s'attaquent à la Religion dans son ensemble, dans sa vie universelle, dans sa totalité. Ils font contre les Écrivains religieux la conspiration du silence. Et vous conservateurs, que faites-vous? Vous les aidez! Vous aidez par votre froideur leur calcul et leur dessein.

Vos Écrivains ont consacré leur vie à la plus rude des tâches. Ils naviguent contre le vent et la marée. Ils travaillent, épuisés, sans encouragement et sans victoire. Ils n'ont pas toutes leurs forces, puisqu'ils n'ont pas tout leur succès. Ils luttent contre le monde, contre le siècle, contre leurs ennemis qui sont les vôtres, contre l'ardeur de leurs ennemis, et contre l'indifférence acharnée de leurs amis.

Oh! l'indifférence! crime des crimes! Forme monstrueuse et déguisée de l'Homicide!

Vos ennemis font autour de vos Écrivains, autour de vos défenseurs, la conspiration du silence, et vous dont le plus sacré devoir est de faire retentir partout la parole du salut, vous l'étouffez par votre indifférence, comme vos ennemis par leur silence calculé.

Vous avez l'air de craindre que vos ennemis ne suffisent pas à écraser vos Défenseurs. Vous vous joignez à vos adversaires. Ceux qui portent pour vous la parole ont déjà sur leur tête le poids de l'hostilité du monde. Vous craignez que ce poids ne suffise pas pour les étouffer. Vous jetez, par dessus, le poids de votre indifférence qui pèse, à elle seule, plus que le monde. Car l'indifférence c'est le vide, et le vide est plus lourd que tout.

Votre indifférence est la chose qui a glacé le sang dans les veines des hommes de génie. C'est elle qui a diminué leur génie, diminué le patrimoine de l'Humanité, en diminuant les grands Ecrivains.

Milton a dit : « Celui qui tue un homme ne tue qu'un homme. Celui qui tue un livre tue une idée, et il faudra des siècles à l'Humanité pour réparer son crime. »

Milton ne va pas assez loin. Les siècles ne répareront rien. L'homme, qui est mort assassiné par l'indifférence, a emporté son secret dans la tombe ; car son secret, pour être dit, avait besoin de son génie. C'était lui qui devait le dire, non pas un autre. Un Ecrivain peut avoir des successeurs ; il n'a pas de remplaçant. Son découragement est un crime inexpiable, qui suffirait seul pour prouver l'éternité de l'Enfer. A un crime sans remède, il faut un châtiment sans fin.

J'ajoute que l'Homicide, commis par l'indifférence, commis par l'omission, par l'omission de ceux qui ne soutiennent pas, j'ajoute que cet homicide est complet. Quand vous assassinez l'Écrivain, si l'Écrivain est sérieux, sachez que vous assassinez l'homme. Vous l'assassinez physiquement, comme si vous lui plongiez un couteau dans la poitrine. Vous abrégez ses jours dont vous répondrez devant Dieu. Vous l'assassinez avec autant de réalité et de précision que si vous vous serviez du poignard. Vous ne voyez pas le sang couler ; mais il coule. Il coule, vous dis-je, et c'est celui d'Abel. Il criera du fond de la terre. Rien ne couvrira cette voix terrible.

..

Regardez les ennemis de l'Église ! Quels triomphes leur sont ménagés !

Comme Voltaire et Rousseau, Victor Hugo a été exalté par les siens au point d'avoir fourni tout ce qu'il était possible à sa nature de donner ! Il a été multiplié par l'admiration. L'indulgence dont ses défauts sont l'objet lui permet de se lancer à fond de train dans toutes les directions où le vent le pousse, et, par là, de ne perdre aucune des forces qui sont en lui.

Et M. Renan ! Très certainement ces espérances ont été dépassées par la bienveillance inouïe de ses admirateurs. Son léger talent, fait de finesses et de nuances, ne semblait pas fait pour une si grande fortune ! Mais il attaquait l'Église, et il a été porté aux nues. Il est peut-être étonné lui-même de la grandeur de ses succès, et compare le sort qu'il a eu, au sort qu'il aurait eu, s'il était resté fidèle ! Cette comparaison est épouvantable.

Lecteurs conservateurs, lecteurs catholiques, je vous le dis en vérité. Vous avez, parmi vos Écrivains, des hommes de plus haute taille que M. Renan ! Vous avez ce qu'il fallait pour le vaincre, pour le démasquer, pour le réduire au néant ! Vous avez ce qu'il faut pour le confondre. Mais vous ne l'avez pas confondu ! vous avez oublié vos amis, vos défenseurs. Ceux qui ont écrasé M. Renan en principe et en droit, ne l'ont pas écrasé en fait, parce que vous les avez abandonnés. Vous n'avez pas mis en évidence les aînés de votre famille. Vaincu en droit, M. Renan est vainqueur en fait, et il se félicite probablement d'avoir choisi pour amis ceux qui distribuent les triomphes.

Je suis convaincu que la plupart des hommes supérieurs, dans l'ordre du mal, ont donné tout ce qu'ils pouvaient donner, soutenus, encouragés, vivifiés par leurs amis.

Je suis convaincu que la plupart des hommes supérieurs, dans l'ordre du bien, sont morts de chagrin, assassinés par l'indifférence de leurs amis.

Et ce crime infini a pour châtiment, la diminution de la vérité parmi les hommes, le renversement des sociétés humaines, les révolutions, les guerres, les ruines, les désespoirs, le triomphe de l'injustice, tous les autres crimes et tous les autres malheurs.

Tous les crimes, tous les malheurs, tous les fléaux connus sont les conséquences et les châtiments de ce crime infini et inaperçu.

Ah ! je voudrais avoir une voix comme on n'en a pas sur la terre pour faire entendre ces vérités, et pour les faire entendre dans l'intime de chaque âme, d'un bout du monde à l'autre. Je voudrais pouvoir entr'ouvrir le monde invisible et montrer à chaque homme, à chaque nation, le secret des effets et des causes ! Je voudrais montrer ce que c'est qu'un homme, qui était chargé de dire la vérité, et dont la parole meurt dans le découragement ! Je voudrais pouvoir ouvrir le cœur de l'Histoire et lui demander le secret des catastrophes inexpliquées ! Il y a en effet des catastrophes tellement étranges qu'elles ressemblent à un silence horrible. On dirait le silence de la Parole Éternelle qui refuse de donner la vie aux créatures. On dirait le recul du soleil qui refuse d'éclairer le monde. C'est le triomphe de l'obscurité, c'est la puissance des ténèbres, dont il est parlé dans l'Ecriture.

Qui sait si ces catastrophes inexpliquées, si ces interruptions dans la lumière historique, qui sait si ces silences redoutables, contenant des déluges de sang et de feu, ne sont pas les échos, les effets, les ressemblances et les châtiments des silences auxquels sont quelquefois condamnés sur la terre ceux qui ont le dépôt du vrai et la charge de l'annoncer aux hommes. La vérité pèse sur ces personnages-là d'un poids terrible ; mais ils pèsent aussi sur le genre humain, et le genre humain, qui les abandonne, les venge de lui-même, en se précipitant dans les abîmes dont il devrait être préservé par eux.

Et tout cela passe inaperçu !

Comme les possédés qui se jettent tantôt dans l'eau, tantôt dans le feu, le genre humain, quand il a commis un de ces grands crimes, quand il a réduit au silence la parole de vérité, le genre humain, pris de frénésie, se déchire les entrailles. Saisi par le vertige, il cherche un abîme, avide de se punir et de venger sa victime. Il s'ouvre les veines, il ouvre les cataractes de feu, avide de s'y engloutir. Il s'est moqué de l'un de ses pères, et alors, suivant la parole de l'Ecriture, les corbeaux des torrents lui arrachent les yeux, et il se précipite dans toutes les obscurités, dans tous les abîmes, dans toutes les morts, dans tous les supplices. On dirait qu'il a faim et soif des feux de l'Enfer.

Et cela passe inaperçu !

Mettez-vous en colère et ne péchez pas, dit l'Ecriture.

O sainteté méconnue ! O sainteté de l'indignation ! Ne serait-ce pas toi par hasard qui tiendrais la torche dans la nuit funèbre où s'agite l'Histoire du monde ? O sainteté des grandes colères, tu es la plus oubliée de toutes les saintetés possibles, et les moins humains ne te touchent pas. N'est-ce pas toi, vierge des abîmes, qui as le secret des tremblements de terre ! Tu sais pourquoi la foudre éclate et pourquoi le sol terrestre s'entr'ouvre sous les pas des hommes.

Tu savais, avant le frère et la sœur de Moïse, quelle était la grandeur de Moïse.

Et tu sais aussi que celui qui reçoit le Prophète, en qualité de Prophète, reçoit la récompense du Prophète. Mais tout cela passe inaperçu.

Inaperçu ! Mot terrible ! Et qui contient l'explication de la plus terrible des paroles :

« J'avais faim et vous ne m'avez pas donné à manger ; j'avais soif et vous ne m'avez pas donné à boire, etc. »

« Et les condamnés répondront :

« Seigneur, quand est-ce que nous vous avons vu avoir faim ? Quand est-ce que nous vous avons vu avoir soif ? » (Saint Mathieu, XXV.)

Ils ne disent pas : « Quand est-ce que vous avez eu faim ? Quand est-ce que vous avez eu soif ? »

Mais, « quand est-ce que nous vous avons *vu* avoir faim, avoir soif ?

« *Vu !* » Ils auront donc *vu* eux-mêmes la faim

et la soif de Jésus-Christ. Ce ne sera pas une histoire qu'on leur aura racontée. Ce sera un spectacle qu'ils auront eu, eux-mêmes, sous les yeux.

Ils auront vu, eux-mêmes, de leurs propres yeux, cette faim et cette soif. Seulement ils ne les auront pas *reconnues!*

Or, parmi ces faims et ces soifs de Jésus-Christ, il faut compter la faim et la soif du Penseur, de l'Orateur, de l'Ecrivain, qui a faim et soif de donner, qui meurt, s'il ne donne pas. Et il faut compter en même temps la faim et la soif du peuple, ou de cette partie du peuple qui a faim et soif de recevoir, et qui meurt, si elle ne reçoit pas.

De sorte que la publicité légitime, donnée justement, apaise en haut et en bas la faim et la soif de Jésus-Christ.

Et l'indifférence, qui ferme en bas les sources de la vie, sera celle qui dira au dernier jour :

Seigneur, quand est-ce que nous vous avons VU avoir faim et soif ? L'indifférence, qui ferme les sources, passe, sans la voir, à côté de la soif de Jésus-Christ.

Elle la voit, elle l'entend, et elle ne la reconnaît pas, parce qu'elle n'aime pas, car :

AIMER C'EST DEVINER

XXVII

LE SENS DU MOT : LIBERTÉ.

Il y a un mot qui est le mot du siècle actuel. Ce siècle est né de ce mot-là. Il en est né en 1789. Depuis, il en a vécu ; depuis il en est mort. Depuis, il a voulu faire avec le même mot des essais de résurrection. Il avait pu naître et mourir. Il n'a pas pu ressusciter.

Ce mot, qui ressemble aux formules magiques de l'antique Orient, a soulevé les peuples contre les souverains, et les nations contre les nations ; c'est le même mot qui, dans les jours de tempête, traverse les palais et les temples. C'est le même mot qui, tout récemment, soulevait les collégiens contre leurs professeurs. C'est le même mot qui remue Louise Michel et Mme Paule Minck.

C'est le même mot qui inspire à cette dernière l'idée de nommer son fils Lucifer, Blanqui, Vercingétorix. C'est le même mot qui soulève les enfants, les femmes et les peuples, les précipitant tous vers les hasards inconnus d'une émancipation qui promet le bonheur, sans le définir.

Ce mot magique et mystérieux, c'est le mot LIBERTÉ.

« O Liberté, que de crimes commis en ton nom, disait, au moment de la mort, une des plus illustres victimes de 93 ! »

Ce mot, superbe en lui-même, effraye quand on le prononce. Pourquoi donc ? Il devrait, ce semble, rassurer.

Il est consacré par l'Écriture. La Liberté est promise comme la compagne même de l'Esprit divin. Là où est l'esprit de Dieu, là est la liberté.

Et cependant, ce mot, qui signifie et promet tous les biens, ce mot prononcé à la fin du *Pater* par les lèvres de tous les fidèles depuis dix-huit siècles, ce mot qui est la réclamation même du bonheur : « délivrez-nous du mal », ce mot épouvante, terrifie, et quiconque le prononce a l'air d'avoir sur les lèvres la *Marseillaise*.

Je nomme l'Évangile, je cite l'Écriture, je nomme la *Marseillaise*, je nomme Mme Paule Minck ; je prononce les noms qu'on essaye de donner à son fils ; quelle confusion ! Quel tour de Babel ! C'est que précisément le mot en question, le mot *liberté* est celui qui depuis cent ans (je pourrais dire depuis le commencement du monde), je me borne à dire depuis cent ans, jusqu'à la naissance de ce jeune homme qu'on veut appeler Lucifer et Blanqui, c'est que précisément le mot liberté est celui qui a fait la confusion la plus profonde dans la parole et dans l'action humaines.

On le prononce sans relâche ; on le prononce toujours ; du matin au soir et du soir au matin.

Il est l'actualité quotidienne de la conversation, du journal et du livre.

Seulement jusqu'ici on a oublié de le définir. Tous ceux qui l'ont employé lui ont donné un sens différent; c'est pourquoi, à lui tout seul, il a construit la tour de Babel.

Que veut dire le mot : liberté ?
On a cru qu'il signifiait : *licence de faire le mal*.

Tandis qu'il signifie : *licence de faire le bien*.

On s'égorge depuis cent ans pour n'avoir pas fait cette simple remarque ; le mot licence vient du mot *licet* : il dit permis.

La licence de faire le mal, c'est la licence d'opprimer quelqu'un. Car le mal est oppresseur de sa nature.

La licence donnée à Jean d'opprimer Jacques constituera l'esclavage de Jacques, et, par-dessus le marché, l'esclavage de Jean, car tout homme qui fait le mal est esclave du mal qu'il fait.

La licence de faire le bien, c'est la licence donnée à Jean de délivrer Jacques, de le soigner, de l'instruire, de le nourrir et de le vêtir. C'est la liberté de Jacques, et en même temps la liberté de Jean : car, quiconque délivre, est deux fois libre lui-même.

La confusion est si profonde que la souveraineté et la liberté apparaissent comme deux ennemies. Or, ce sont deux amies absolument inséparables.

La Souveraineté est la condition nécessaire, rigoureusement nécessaire, infiniment nécessaire de la liberté.

Cette lutte des peuples pour la Liberté, des gouvernements pour l'Autorité, vient comme mille autres malheurs, vient de cette confusion, vient de cette ignorance où l'on vit de la liberté.

Sans gouvernement, Jean opprime Jacques, et voilà l'état sauvage. Le plus fort opprime le plus faible, voilà la sauvagerie qui est la tyrannie absolue.

Ou bien encore la communauté opprime l'individu, et voilà la barbarie, qui est une autre forme de l'esclavage.

Le gouvernement est le protecteur, le gardien, le père et le consécrateur de la liberté. C'est lui qui doit protéger le faible contre le fort; c'est lui qui doit donner à chacun la liberté de se développer pleinement lui-même, sans nuire à la liberté de son voisin. C'est le gouvernement qui soutient la liberté de l'individu. C'est le gouvernement qui la protège contre les tentations du dedans et les attaques du dehors. C'est le gouvernement qui protège la liberté contre l'oppression de chacun, qui est la sauvagerie contre l'oppression de tous, qui est la barbarie. C'est le gouvernement qui établit la liberté, c'est-à-dire la civilisation.

Car il n'y a que trois sociétés possibles : sauvagerie, barbarie, civilisation.

Pourquoi Mme Paule Minck veut-elle appeler son fils *Lucifer*? Parce qu'elle croit que Lucifer est le représentant de la liberté. Dans le sens primordial du mot, elle aurait raison. Lucifer veut dire : Porte-Lumière. Mais le Lucifer actuel, le Lucifer déchu, est précisément l'oppresseur par excellence. Il est celui qui demande la liberté de faire le mal.

Cette distinction si simple, de la liberté vraie et de la liberté fausse, me semble d'une importance égale à sa simplicité.

La liberté de faire le mal produit la sauvagerie et la barbarie.

La liberté de faire le bien enfante la civilisation.

Qu'est-ce que la justice? C'est l'obstacle à la liberté du mal.

Qu'est-ce que la persécution? C'est l'obstacle à la liberté du bien.

Il me semble qu'un enfant comprendrait cette vérité si profonde et si évidente, et si les hommes voulaient s'entendre, la face du siècle changerait.

L'autorité et la liberté s'embrasseraient.

La paix serait faite.

Je voudrais que le monde entier lût cet article et me fît la grâce d'une minute d'attention.

Donnez à cette vérité la dixième partie du temps et de l'attention que vous donnez à un cheval qui court pour gagner un prix, et la face du siècle sera changée.

XXVIII

LA BARQUE DE PIERRE.

Jetez les yeux sur la carte du monde. La création semble avoir l'air de revenir au chaos. On dirait qu'elle fait vers lui je ne sais quel effort désespéré.

Le chaos semble être devenu l'aspiration des hommes. Comment le peindre ? Le chaos est, de sa nature, indescriptible.

Cependant le nom de la Tour que les hommes ont voulu bâtir vers le commencement du monde, et qui a usé l'effort des géants, le nom de cette Tour pourrait, mieux qu'aucun autre mot, caractériser le monde. Babel est son nom. Babel, qui veut dire Confusion, pourrait servir de titre à l'histoire du siècle.

Tout est mêlé, tout est confondu; tout le monde crie, personne ne parle. Les combattants n'ont pas la même langue. Ceux qui se croient frères ne se comprennent pas plus entre eux qu'ils ne comprennent leurs ennemis.

Ont-ils le droit de s'appeler frères, ou de s'appeler ennemis ?

Sait-on seulement où est son frère ? Et sait-on

où est son ennemi ? On se bat dans l'ombre, comme dans quelques-uns des combats de l'*Iliade*. Dans cette ombre on ne s'entend pas plus qu'on ne se voit. On se parle en langue étrangère, et les cris même qui savent généralement se faire comprendre de tous les hommes, les cris qui sont plus généraux que les paroles, plus indéterminés que les termes du langage articulé, les cris ont perdu leur signification. Est-ce la plainte ? Est-ce la colère ? Est-ce le désespoir ? Les gémissements ressemblent à des menaces, les menaces à des gémissements. Prêtez l'oreille aux bruits du champ de bataille !

J'écoute, je ne distingue rien. Si cependant mon attention se fixe sur les convulsions des blessés et sur les hurlements qui déchirent l'air, je crois entendre siffler la haine, et la haine dominante, c'est la haine des peuples contre l'Église.

Séparés sur tous les points, les combattants s'accordent peut-être sur ce point-là.

Fiers de leur civilisation, les hommes s'en servent pour haïr avec plus de science et d'habileté l'Église qui leur a apporté cette civilisation.

Là où l'Église n'a pas encore fait son œuvre, la civilisation n'existe pas. La Chrétienté a le droit d'appeler barbare tout ce qui n'est pas elle. Quand l'Église introduit la civilisation quelque part, elle répand pour semence le sang de ses martyrs.

Les peuplades barbares haïssent l'Église qui vient leur apporter, au prix de son sang, l'aumône de la civilisation. Puis, quand la civilisation donnée par l'Église est venue, quand elle a porté des fleurs et des fruits, elle recommence à haïr l'Église, et à lui dire : « Je ne te dois rien. »

A l'heure où nous sommes, afin que cette vérité soit plus évidente, nous avons précisément sous les yeux le Souverain-Pontife Léon XIII, en qui l'Église et la civilisation semblent montrer leur harmonie avec une évidence spéciale. Léon XIII représente cette évidence afin que les peuples voient.

Léon XIII semble appuyer la main des hommes sur l'Église, afin que les hommes reconnaissent et saluent en elle la Mère et la Gardienne de la civilisation.

Mais l'homme écoute peu désormais. L'éloquence, comme la poésie, a perdu ses droits sur la nature humaine. Parlez, ne parlez pas, les auditeurs, s'il est permis d'employer ce mot, sont décidés d'avance contre vous. Les auditeurs ! il faut désormais désigner par ce vocable ceux qui sont là pour écouter, mais qui n'écoutent pas.

La langue prend part à l'égarement du sens commun. Elle se trouble, comme lui.

L'esprit humain fonctionne contre le christianisme, comme une machine de guerre.

Tous ses coups portent.

M. Renan a été mille fois réfuté, mille fois nous avons étalé ses erreurs, et cependant on ne les a pas vues. On l'écoute, on ne nous écoute pas ; mille fois nous l'avons vaincu, et, en fait, il n'est pas vaincu.

C'est en vain que nous l'avons poursuivi et terrassé sur le terrain de la science, de l'art, de la critique, de l'histoire, de la philosophie et de la métaphysique.

Nous l'avons poursuivi et terrassé en droit et en principe, non pas en fait.

En fait, il est debout et parle toujours. Il parle avec l'accent vainqueur d'un homme qui parle seul et qui triomphe sans combattre ; ses adversaires sont à ses yeux comme s'ils n'étaient pas ; il a pour nous cette pitié dédaigneuse et presque protectrice qu'il a contre le christianisme lui-même.

Car nos adversaires ont quitté le ton de la colère pour prendre le ton du mépris.

Puis ils ont quitté le ton du mépris pour prendre celui de la pitié ; et, quand la pitié ne leur suffit plus, ils en arrivent presque à l'accent de la bienveillance, celle qu'on a pour les malheureux.

Ce que je dis de M. Renan s'applique à beaucoup d'autres. Ils parlent dans la foule. Nous parlons dans le désert.

La foule a pour eux les applaudissements de toutes les mains réunies.

Le désert est muet : ses échos mêmes semblent endormis.

Regardez l'Europe, l'Asie, l'Afrique, l'Amérique et les îles de l'Océanie.

Leurs divisions innombrables semblent s'apaiser dans une haine commune, la haine du Christianisme. Nos ennemis se proclament vainqueurs.

Eh bien !

Voici où j'en voulais venir : une seule chose est claire en apparence, c'est leur victoire. Une seule chose est claire en réalité : c'est l'immortalité de l'Église qu'ils attaquent. Et une voix secrète, une voix intime, plus forte, plus puissante, plus formidable, que toutes leurs voix réunies, leur dit à l'oreille :

— La tempête vous emportera, et, quand elle vous aura emportés, une barque flottera encore, et l'Océan la portera, douce et triomphante, sur ses vagues calmées : ce sera la Barque de Pierre.

XXIX

CADUCITÉ ET JEUNESSE.

Ce qu'il y a de plus évident en ce monde, c'est l'ennui qu'il cause à ses amis. Il leur impose durement cette dure pénitence de l'ennui : elle augmente chaque jour de lourdeur et d'intensité.

Il y a quelques années, les querelles politiques avaient encore un certain succès. Elles entretenaient encore assez agréablement la conversation des désœuvrés. Elles éveillaient encore chez leurs lecteurs de vieilles sympathies, de vieilles antipathies : les dissentiments qu'elles nourrissaient avaient encore la force d'éclater. L'écho gardait la force de répéter les dernières syllabes de leurs discours. Ces éclats étaient stériles; mais la galerie s'amusait encore un peu.

Que les temps sont changés! La galerie s'ennuie cruellement? C'est là peut-être la seule nouvelle un peu instructive à donner aux innombrables spectateurs de la comédie humaine. Messieurs, prenez garde! Vous ne vous amusez plus!

Ils étaient là, ces spectateurs, penchés du côté de la scène; ils attendaient avec une curiosité de moins en moins justifiée, de moins en moins avide, l'entrée des grands acteurs. Puis ces auditeurs, jadis infatigables, se sont accroupis dans leurs fauteuils, et il faut, pour les réveiller un moment, qu'un cri, qu'un coup de poignard, un éclat de voix, un geste violent vienne les avertir qu'ils sont au spectacle, et non pas dans leur lit.

Nous avons tant vu de choses que nos regards sont blasés.

Tout est vieux, surtout les jeunes gens.

Tout est usé jusqu'à la corde, surtout les actualités.

Il y a dans le monde un silence dépourvu de solennité. Ce n'est plus le silence de l'attente, c'est celui de la fatigue.

Les nouvelles d'hier et celles d'aujourd'hui ont les unes avec les autres une ressemblance ennuyeuse.

Un ministère tombe. Quel qu'il soit, la Bourse baisse.

Deux ou trois jours après paraît un nouveau ministère. Quel qu'il soit, la Bourse remonte.

Le nouveau ministère devient un ancien ministère : il tombe ; la Bourse baisse.

Mais rassurez-vous! Au bout de deux ou trois jours, un nouveau ministère est nommé ; la Bourse remonte.

Et ainsi de suite!

Cependant, voici une chose qui ne ressemble pas à toutes les autres. Le Souverain-Pontife élève la voix. Quel ordre va-t-il donner?

Un ordre étrange ! L'ordre de se mettre à genoux.

Et, d'un bout du monde à l'autre, des millions d'hommes se mettent à genoux.

Cet ordre n'a pas de sanction. Vous êtes parfaitement libre de ne pas vous mettre à genoux. Il n'y a ni amende ni prison. Et des millions d'hommes se mettent à genoux.

Et cette genuflexion n'est pas un fait seulement extérieur.

Ces millions d'hommes ont reçu une invitation, et ils s'y rendent.

Et il ne s'agit pas d'accomplir une formalité ; il s'agit de prier, de prier réellement.

C'est l'âme elle-même, le fond de l'âme qui a reçu l'ordre. C'est l'âme elle-même qui doit obéir.

Louis Veuillot me disait un jour :

« Je suis fier, ma fierté a des exigences : elle veut que je me mette à genoux. »

C'est une obéissance absolument libre et absolument intérieure, la plus étonnante des obéissances.

Cette obéissance, qui ouvre tant de lèvres à la récitation du rosaire, n'a pas, comme l'obéissance guerrière du champ de bataille, l'admiration immédiate du genre humain. On dit même qu'elle expose à la moquerie. Mais la moquerie lui est absolument indifférente.

La moquerie est une vieille chose émoussée. Depuis Voltaire, elle n'a pas fait de progrès.

La moquerie est usée, l'obéissance ne l'est pas.

La moquerie est vieille, l'obéissance est encore ce qu'il y a de plus jeune ici-bas. Au commencement de la messe, un prêtre, eût-il cent ans, parle de sa jeunesse, et de sa jeunesse réjouie!

Moquez-vous, ne vous moquez pas. A la voix du Souverain-Pontife, des millions d'hommes fléchissent le genou.

Le Souverain-Pontife a désiré.

Et son désir est un tel commandement que des millions d'hommes, disséminés par toute la terre, fléchissent le genou en même temps.

J'engagerais volontiers les hommes intelligents à méditer ce mot : *plier le genou*.

Imaginez un personnage qui ordonnerait aux hommes, en son propre nom, de plier le genou.

Un homme peut dire aux hommes : Faites-vous tuer pour moi!

Il ne peut pas leur dire : Pliez le genou!

La genuflexion est quelque chose de sacré, quelque chose de réservé.

Elle ne se donne pas à plusieurs. Elle ne se donne qu'à un seul.

Elle est l'adoration, ou elle est l'idolâtrie.

Tout genou se courbera devant moi, dit le Seigneur par la voix d'Isaïe.

Et saint Paul parle des genoux qui fléchissent au ciel, sur terre et en enfer.

Saint Paul n'est pas esclave des mots.

La genuflexion signifiant pour lui l'obéissance, il l'applique aux anges et aux démons qui n'ont pas de corps, aussi hardiment que s'ils en avaient.

Et, par l'étendue étonnante qu'il donne à ce mot, nous voyons quelle importance il attache à la chose.

La genuflexion proprement dite n'appartient qu'à l'homme. Par une métaphore extraordinaire, saint Paul en fait don aux anges. Et par une métaphore deux fois extraordinaire, il en fait don aux démons. Il veut dire par là que les démons obéissent aussi, quoique malgré eux; ils sont condamnés à l'obéissance. Leur révolte est un esclavage. Elle accomplit les desseins qu'elle combat.

Sur la genuflexion, appliquée proprement à l'homme, et métaphoriquement à toute créature, Mgr Gaume a écrit un livre plein de documents, qui n'est pas assez connu.

Il montre la genuflexion comme la loi primordiale des créatures. Loi fatale, dit-il, loi fatale en vérité, car les créatures sont vouées à l'adoration; elles choisissent seulement l'objet de leur culte. Mais elles n'échappent pas à un culte quelconque, et les idoles prosternent devant elles quiconque ne s'est pas prosterné devant Dieu. Dans tous les temps, dans tous les lieux, la genuflexion a été l'usage universel et immortel du genre humain. Il prie comme il respire. Il ne peut pas faire autrement. L'antiquité païenne et l'antiquité chrétienne sont d'accord pour proclamer cette loi, singulière et universelle, de la génuflexion.

Mgr Gaume a noté les accents de ce concert

étrange, où l'on entend la voix païenne de Pline et la voix chrétienne de Rupert. Les suppliants touchent les genoux, dit Pline; ils étendent les mains vers eux; ils les adorent comme des autels, peut-être parce que là est le principe de la vitalité.

Un ancien commentateur de Virgile, Servius, dit que le front appartient au génie, la main droite à la foi, les genoux à la miséricorde.

L'homme plie le genou depuis sa naissance,

Peut-être même avant sa naissance.

D'après le savant Rupert, le mot *genu*, genou, vient du mot *gena*, joue.

D'après lui, l'enfant est ainsi façonné, ainsi pelotonné dans le sein de la mère, que ses genoux touchent à peu près ses joues et ses yeux.

Le premier usage qu'il fait de ses yeux, c'est de pleurer.

Ainsi la genuflexion et les larmes racontent ou du moins bégayent, dans leur langage, la formation et la naissance de l'homme.

Ainsi la prière, par son attitude même, rappellerait au Créateur l'origine, la misère, la faiblesse, les nécessités profondes de la créature suppliante.

Pendant que tout s'use, la prière ne s'use pas. Et nous sommes avertis, en ce siècle terrible, de son urgence exceptionnelle.

XXX

LES PRINCIPES.

Les siècles se suivent et ne se ressemblent pas.
Les dangers se suivent et ne se ressemblent pas.

Chaque siècle est caractérisé par un péril spécial, un péril qui est le sien, et qui s'ajoute à la masse confuse des dangers à travers lesquels l'humanité chemine, comme un voyageur perdu la nuit dans une forêt.

Il va devant lui, ce pauvre genre humain, épaississant les ténèbres autour de ses pas, à la fois chancelants et téméraires. Il ressemble à un marcheur trébuchant, mais vantard, qui siffle à chaque faux pas, pour se dissimuler à lui-même les terreurs dont il est enveloppé.

A l'heure présente, telle est la densité des ténèbres, qu'il est difficile d'y comparer, aux quatre points de l'horizon, les différentes épaisseurs.

D'innombrables dangers accidentels s'ajoutent à ce terrible danger, qui est la vie humaine.

Parmi ces périls, j'en choisis un aujourd'hui, et celui-là contient tous les autres : c'est *l'indifférence relative aux principes.*

Est-ce que vous n'entendez pas dire tous les jours : « A quoi servent les abstractions ? Nous sommes dans le siècle de la pratique. A quoi servent les dogmes ? Nous sommes maintenant des hommes positifs. Les principes ont fait leur temps. La parole est aux faits, aux évènements. Nous sommes des gens d'affaires. Nous ne sommes pas des rêveurs. »

Ce langage, qui sort directement de l'enfer, entre dans la bouche des hommes, et nous le voyons éclore, comme une fleur, sur leurs lèvres.

Et, parmi les apôtres de cette indifférence, il s'en trouve beaucoup qui se croient conservateurs et se rangent eux-mêmes dans la catégorie des personnes bien pensantes.

Dans la bouche de ces *sages*, tout ce qui est élevé porte le nom d'*abstraction*. Toutes les vérités primordiales, essentielles, éternelles, sont des abstractions. Quand ils veulent condamner à mort une vérité quelconque, trop haute pour eux, ils la déclarent abstraite, et quand ils ont dit ce mot là, n'insistez plus. Si vous preniez la défense des réalités absolues, des dogmes immuables, vous entreriez dans la catégorie des rêveurs. Vous tomberiez dans la même défaveur que la vérité, si vous osiez la défendre.

Pour être agréable à ces sages, la pratique doit oublier les principes et vivre d'expédients.

.·.

Les apôtres de cette erreur ne sont pas gigantesques, et pourtant l'erreur par eux propagée est énorme, enveloppante, multiforme, démesurée.

Pour sa réfutation totale, je proposerais simplement la lecture de l'histoire universelle.

L'histoire universelle nous montre les peuples marchant à l'abri des vérités les plus hautes, ou dormant à l'ombre des erreurs les plus métaphysiques.

Qui donc a endormi la Chine dans son sommeil séculaire? C'est le philosophe Confucius.

Qui donc a endormi l'Inde? C'est le mystérieux Bouddha.

Qui donc a élevé les cathédrales de pierre et de granit sous la voûte desquelles se sont agenouillées les générations croyantes?

C'est la plus élevée des philosophies. La philosophie de saint Denys, de saint Augustin et de saint Thomas. Saint Thomas, ce penseur si sévère, si peu populaire par la forme de son langage; ce docteur si élevé, si profond, si *abstrait* aux yeux des hommes, a bâti un monument plus immortel que l'airain, à l'ombre duquel plusieurs générations humaines ont vécu, agi, combattu et prié, cru, espéré, aimé et triomphé.

— Voltaire croyait plaisanter. Il préparait quatre-vingt-treize ? Entre son rire et les larmes qui allaient couler, il ne saisissait aucun rapport. Entre ces ricanements et l'échafaud, il ne saisissait aucune liaison. Il abattait les têtes intellectuellement, et le couteau de la guillotine allait les abattre d'une autre manière. Il riait de l'autel, sans s'apercevoir qu'il démollissait à la fois les églises, les palais et les maisons. Il était inconscient du tremblement de terre qu'il préparait.

∴

Quelle est la métaphysique la plus ardue qui soit au monde ? Notre siècle l'a vue éclore dans le cerveau de Kant et dans celui d'Hegel. Le transcendantalisme ne semblait pas fait pour séduire les peuples. Et, dans le fait, les peuples n'ont lu ni Kant, ni Hegel directement. *La critique de la raison pure* est un livre qu'on ne trouve pas dans toutes les mains. La France, par son caractère spécial, semblait spécialement garantie contre les aspérités du transcendantalisme.

La nature de leurs idées, la sévérité de leurs formes semblaient rendre ces conceptions allemandes totalement inaccessibles à l'esprit français : et cependant la France, qui n'a jamais lu Kant est, à son insu, pénétrée de l'esprit du philosophe de Kœnigsberg. La France fait de la philosophie allemande, comme le bourgeois gentilhomme faisait de la prose, sans le savoir.

En voulez-vous la preuve ?

Que dit en substance la philosophie allemande hétérodoxe ?

J'abrège et j'éclaircis autant que possible. Elle borne la certitude humaine à une connaissance subjective, c'est-à-dire relative, particulière, incertaine. Le subjectif, c'est notre impression.

L'objectif, ce serait la vérité absolue, dans son essence propre, laquelle nous serait inconnue, étrangère, inaccessible.

Nous ne connaîtrions que le phénomène, c'est-à-dire la chose apparente.

Le Noumène, c'est-à-dire la chose en elle-même, nous demeurerait incognoscible.

Eh bien ! cette théorie, si étrangère à l'esprit français, a parfaitement pénétré le sentiment et la pratique de nos contemporains !

Est-ce que nous n'entendons pas, est-ce que nous ne lisons pas tous les jours des paroles qui sonnent à peu près comme celles-ci ?

« La vérité ! Qu'est-ce que la vérité ? Pour moi, c'est mon opinion ; et pour vous, c'est la vôtre. »

Cela court les rues ! Eh bien ! ce qui court les rues, c'est la philosophie de Kant ! Quiconque regarde la vérité comme une opinion est, sans s'en douter, disciple de Kant.

La foule humaine, qui ne sait rien et qui surtout ne sait pas la métaphysique, est informée par les erreurs métaphysiques de quelques hommes dont elle ignore même le nom.

La foule est une nation envahie par des conquérants qu'elle ne connaît pas.

Ce sont les principes qui mènent le monde, sans que le monde sache par qui il est mené.

La plus légère négation religieuse se traduit par des catastrophes matérielles et épouvantables.

Vous niez le dogme : vous vous croyez dans le domaine des théories sans conséquence ; le sang va couler ; vous serez effrayé des effets ; vous ne voyez pas les causes.

Voilà l'actualité, plus saisissante que les courses de taureaux. Voilà l'actualité réelle et dévorante. Aveugle qui ne la voit pas.

XXXI

DE LA CARICATURE.

Comment expliquer l'état d'un homme qui se met au travail pour faire une caricature ?

Cet homme sait dessiner, bien ou mal ; mais enfin il dessine. Il fait une caricature. Il pourrait donc faire autre chose : il pourrait au moins tenter autre chose. Comment se décide-t-il pour la caricature ?

L'homme a faim et soif de beauté. Tantôt comme instinct, tantôt comme sentiment, tantôt comme passion, tantôt comme principe, l'amour de la beauté le pousse, même à son insu, dans toutes les directions les plus contraires. La beauté est son pain, et le célèbre cri : *Panem et circenses* montre que la société païenne, comme toute société d'hommes, exigeait la beauté. Elle croyait la trouver au cirque : mais son immense erreur laissait voir au fond d'elle un besoin vrai. Comme condition de vie, l'homme met la beauté sur le même rang que le pain.

Jusqu'à présent l'explication s'éloigne, au lieu de s'approcher. Si l'homme aime la beauté, comment aime-t-il la caricature !

L'homme aime la beauté; il a besoin d'admiration; mais il peut arriver et il arrive, par une certaine descente intellectuelle et morale, à l'impuissance d'admirer. Alors la faculté d'admirer, tournée contre elle-même, se change en raillerie. Pour faire retomber sur les autres le poids de son impuissance, l'homme tâche de ravaler ce qu'il n'est plus digne de contempler. Ne pouvant satisfaire le besoin de son cœur, au lieu de s'en prendre à son cœur et de le convertir, il s'en prend aux personnes et aux choses du dehors. Il fait comme un homme qui, n'étant plus capable de boire ni de manger, se moquerait du pain et du vin.

Car l'homme ne peut rester neutre vis-à-vis de ses nécessités. Il faut qu'il les subisse ou qu'il tente contre elles une révolte violente.

L'instinct de la conservation est certainement un des cris les plus impérieux de toute créature. Quiconque est né, veut vivre. Cependant le suicide est fréquent.

Depuis sa chute, une certaine rage pousse l'homme à insulter dans certains moments tout ce qu'il veut, tout ce qu'il aime, tout ce qu'il adore.

Dans ces moments-là, l'homme, qui veut la vie et la beauté, fait la cour à la mort et fait la cour à la laideur.

Quand on regarde l'histoire, on s'aperçoit que

le sublime provoque chez l'homme deux besoins absolument contradictoires, ou plutôt un besoin et un plaisir, le besoin d'admirer et le plaisir de ravaler.

Si un drame magnifique éclatait sur un de nos théâtres, il aurait dans quinze jours cinquante parodies.

La parodie est la revanche de la chute.

Le réalisme n'est que la négation de l'art, ainsi que l'a établi le P. Félix. Mais la négation ne suffit pas à l'homme. Il lui faut la parodie.

L'art est la manifestation sensible de l'idéal. L'art saisit le réel et l'informe, suivant les lois de la beauté.

Le réalisme, qui est la négation de l'art, oublie l'idéal et imite le réel. Mais, au-dessous du réalisme, voici venir la caricature, qui déforme le réel, suivant les caprices de la laideur.

L'art ne trouve pas le réel assez pur et lui confère, dans la mesure de ses forces, ce qui lui manque pour être idéalement beau.

La caricature ne trouve pas le réel assez impur et lui confère, dans la mesure de ses forces, ce qui lui manque pour être idéalement laid.

La caricature est donc une contrefaçon de l'art.

Comme l'art, elle emploie le réel à ses fins ; comme l'art, elle refuse de l'imiter. Seulement, au lieu de l'informer, elle le déforme ; au lieu de devenir plus vraie que lui, elle devient absolument fausse. Comme l'art, la caricature choisit dans le réel. Seulement, ils font deux choix contraires : l'art réduit la réalité à son type ; la caricature réduit la réalité à sa déchéance. L'art spiritualise la matière, sans lui enlever sa substance matérielle ; la caricature matérialise l'esprit, tout en conservant, dans l'intérêt de la vraisemblance, les attributs qu'elle lui reconnaît.

La passion de dénigrer rencontre dans la caricature la satisfaction la plus facile et la plus à portée. La parole exige toujours un certain effort. Pour se moquer il faut chercher quelque part les éléments de sa moquerie. Il faut l'ombre d'une raison, ou d'un prétexte, ou au moins d'une occasion. Il y a toujours une dépense quelconque, un effort, une recherche, et cette dépense d'esprit peut relativement être très grande.

Mais le caricaturiste qui, au lieu de parler, dessine, n'a besoin, pour se moquer, d'aucun prétexte. Tout le monde a une figure, donc il peut, même sans occasion, se moquer de tout le monde.

Et plus le sujet de la caricature est grandiose ou sacré, plus la caricature devient facile. Comme toute dégradation, la caricature enseigne. Elle enseigne la grandeur de l'art qui doit transfigurer, et la corruption de l'art qui veut défigurer.

Voici un fait que je vais, en terminant, indiquer sans commentaire.

Il y a un artiste qui a lu la Bible. Ayant entrevu, à travers la majesté des siècles, à travers la majesté antique, la majesté humaine, la majesté royale, la majesté divine de l'Écriture; ayant entrevu, parmi les souvenirs les plus graves de l'humanité, les figures qui représentent Jésus et Marie, les figures d'Adam, d'Ève, de Joseph et de Judith, cette lecture inspira à cet artiste la pensée de représenter ces personnages d'autrefois, hérissés de poils, avec des corps, des têtes, des attitudes et des visages de singes.

Ayant réalisé son projet, l'artiste ne cacha pas les œuvres que la lecture de l'Écriture-Sainte lui avait inspirées. Il les exposa dans une des galeries les plus fréquentées de Paris. Elles étaient là, étalées aux regards. Le peuple chrétien, racheté par le sang du Calvaire, s'arrêtait devant la boutique.

XXXII

HAMLET EN OPÉRA.

Hamlet en opéra ! Si la nature des choses criait quand on lui fait violence, on eût entendu un cri s'échapper de quelque part. Pourquoi la pensée de mettre Hamlet en musique irrite-t-elle le sens commun ? Il n'est pas sans intérêt de le dire en quelques mots.

La musique est expansive, non pas par accident, mais par nature, et même par essence. Son essence est une expansion. A ce point de vue, elle présente avec les larmes une magnifique ressemblance. La musique est une expansion, un débordement, un transport. Elle participe de la flamme ; elle participe de l'encens, et son poids l'attire au ciel. Elle a l'amour pour caractère et la joie pour patrie. Sa tristesse, qui est quelquefois immense, ne fait pas exception à cette dernière loi.

Les Psaumes de la pénitence peuvent se chanter, parce que la douleur qu'ils expriment se détache sur un immense fond de joie. Leur tristesse implore la joie, la pressent et la produit. Le *Credo* peut se chanter, parce qu'il n'est pas seulement l'exposé d'une doctrine ; il raconte le sujet de la joie ; il proclame la Bonne Nouvelle comme étant une vérité.

Or, qu'est-ce qu'Hamlet ? Hamlet, c'est l'effort de la concentration ; c'est le chef-d'œuvre de la tristesse ; c'est la tristesse qui, au lieu de se hâter vers la joie, se replie sur elle-même, lourde, terne, suffocante et dévorante. Hamlet, c'est le silence dans ce qu'il a de plus impitoyable ; c'est la dureté du cœur dans ce qu'elle a de plus invinciblement noir. C'est un charbon qui s'éteint, et qui ne veut pas devenir diamant. La parole elle-même abandonne Hamlet pour le livrer sans défense aux cruautés de sa rêverie.

Si cet homme, sourd et à peu près muet, répugne déjà à la parole, à quel degré sera-t-il incapable de la musique ?

On a dit quelquefois qu'Hamlet est essentiellement homme. On a calomnié l'homme.

Placé entre le ciel et l'enfer, l'homme dans sa nature ordinaire, dans sa manifestation habituelle a des ouvertures et des aspirations, des fraîcheurs et des lumières, des jeunesses et des espérances qui aident l'attraction supérieure, et que le poëte anglais a durement refusées à son triste héros. Il l'a confiné dans les régions basses, qui semblent profondes parce qu'elles sont étouffées. Hamlet est contraint dans le monde des vivants. Il n'est à l'aise qu'avec les morts. Ses aspirations le conduisent au milieu des tombeaux, non pour prier, mais pour rêver. Essayez par la pensée de le voir à genoux dans les cimetières, qu'il affectionne; vous essayerez en vain. On ne pourrait le voir que debout, dans l'attitude orgueilleuse d'une stérile interrogation. Cet homme questionne toujours, mais sa question froide reste et doit rester sans réponse. Si l'on pouvait concevoir Hamlet à genoux, on pourrait concevoir le chant sur ses lèvres; car, en ce cas, sa douleur aspirerait vers une consolation, et son âme irait en haut. Mais, parce qu'il est condamné à être toujours debout, Hamlet est condamné à ne pas chanter, et l'arrêt qui le condamne est juste en vérité.

On a écrit des volumes sur Hamlet, des volumes sur Shakespeare; on a toujours senti que le dernier mot n'était pas dit, et il ne pouvait pas l'être. Cette porte ne pouvait être ouverte que par la clef qui ouvre tout.

Il faut avoir la notion de l'enfer, telle que le christianisme, qui possède les secrets de tous les abîmes, peut seul la donner, pour connaître le vrai nom de Shakespeare.

Tous ses drames ne sont qu'un drame, et l'attrait de l'abîme d'en bas est la force qui met en mouvement ce drame unique et entier. Il reste les débris d'une gigantesque nature; mais cette nature a perdu ses droits sur la joie et sur la musique.

Où donc irait-il chercher l'harmonie ou les larmes, ce mystifié hautain et sec, autour de qui les morts semblent encore vivants, et les vivants semblent déjà morts?

Dans sa vie intérieure, il parodie le recueillement ; dans sa vie extérieure, la justice ; dans l'une et l'autre, la profondeur. Mais on ne trompe pas l'œil clairvoyant de l'amour. Hamlet n'a pas le droit sur la musique, et la musique le sait bien, elle qui est faite pour consoler.

Si Hamlet ne chante pas, qui donc chantera dans ce drame ? Sera-ce la reine ? Il ne lui est pas même permis d'y songer. Le repentir peut chanter, mais non pas le remords ! Entre le repentir et le remords, la distance est infinie, car le repentir espère et le remords n'espère pas. Le repentir croit au pardon ; le remords croit à la perte irréparable, et chacun d'eux est entraîné dans la direction qu'il choisit. Celui qui, au lieu de se livrer au repentir, se livre au remords, refuse le pardon à un homme, et cet homme, c'est lui-même. Celui qui refuse un pardon demandé semble livrer son prochain au remords, et celui qui pardonne le livre au repentir.

L'antiquité est avide de remords ; c'est pourquoi elle chantait peu. Le repentir est une mélodie qui célèbre la gloire de Dieu sous la figure de la miséricorde.

Si Hamlet et la reine sont voués au silence, est-ce Ophélia qui chantera ? Encore moins, s'il est possible. Il ne lui reste pas ce qu'il faut de pureté pour produire une harmonie. Ophélia est froide comme la folie, et corrompue comme la tristesse. Si Hamlet était le type du jeune homme, Ophélia serait le type de la jeune fille ; mais c'est le contraire qui est vrai. Le cœur héroïque et le cœur virginal sont ignorés du monde d'en bas; dans ce drame ténébreux, l'homme est mollasse, et la femme flétrie.

Shakespeare a du goût pour le désespoir et du goût pour l'obscénité. Le désespoir est son travail, l'obscénité son repos. Il se délasse dans l'obscénité qui remplit ses petites scènes, des violences du désespoir qui remplit ses grandes scènes.

Quelques paroles sublimes, quelques scènes profondément humaines sont égarées entre ces deux monstres et vite étouffées par eux.

Parmi les plus irréconciliables ennemis qui soient au monde, il faut citer la musique et la grossièreté. Celle-ci n'a pas figuré dans l'opéra. L'opéra, qui a tant de défauts, n'a jamais été grossier.

Le désespoir et l'obscénité ne se ressemblent pas en apparence, et ne s'appellent pas logiquement; mais ils s'appellent en fait, parce qu'ils sont deux émanations d'en bas.

Peu d'œuvres, sur cette terre, ont eu autant qu'Hamlet, la puissance d'éveiller l'écho.

Il y a quelque chose de géant et de royal dans la nature de Shakespeare. Mais, comme l'orgueilleux d'autrefois, il marche à quatre pattes et son œil est fixé à terre. Or les oiseaux chantent, mais les quadrupèdes ne chantent pas.

XXXIII

L'HISTOIRE; LA LÉGENDE; LE CONTE; LE ROMAN.

Le récit a cent mille formes. Il a été de tout temps une des habitudes, un des besoins, une des joies de l'humanité. Il est impossible de se figurer un peuple qui dans son enfance, ou dans sa jeunesse, n'ait pas compté parmi les joies de sa vie des récits faits ou entendus. Et ce qui est vrai des peuples est vrai des individus. Figurez-vous un enfant qui n'ait été charmé, bercé, endormi, réveillé par aucun conte! Peut-être cet enfant souffrira toute sa vie de cette absence. Le récit, qui a une telle place dans la vie de l'enfant, n'en a pas une moins grande dans la vie de l'homme. Seulement cette place n'est pas la même.

Peut-être ici, comme presque partout, trouverons-nous trois formes à la chose qui nous occupe et trois phases dans son histoire.

Il y a d'abord la Parabole qu'on appelle aussi Légende.

C'est, je crois, la première forme du récit.

La Parabole peut avoir et a ordinairement un fond vrai historiquement. La parabole a son point de départ dans la réalité : seulement ce point de départ réel, ce fait initial est oublié. Le fait, peut-être prosaïque et vulgaire, est oublié, noyé dans la poésie de la parabole. Le fait disparaît devant l'enseignement qu'il contient. Le fait s'évanouit devant la chose qu'il représente. Le récit fait oublier son corps pour ne faire penser qu'à son âme. Les personnages, ordinairement réels à l'origine, s'évanouissent devant les idées qui les soutiennent, perdent leur limite individuelle, et deviennent les types généraux.

La légende, qui touche la parabole, diffère d'elle, en ce qu'elle est moins vraie.

Dans la Légende, le fait primitif est sensiblement altéré. Cette altération peut même aller jusqu'à la falsification complète. Si la Légende est donnée pour vraie quand elle ne l'est pas, elle peut tromper très profondément une société encore jeune, et l'erreur qui vient d'elle peut retentir de générations en générations, parce que cette erreur se présente sous une forme aimée.

Après la Parabole vient le Conte. La Parabole avait très peu de détails. Le Conte en a beaucoup plus. Le Conte ressemble à la Parabole et il n'en diffère peut-être que par le ton et la longueur. Il a souvent plus d'incidents, et il a toujours beaucoup plus d'étendue. La Parabole est d'une extrême simplicité ; elle touche les choses par le sommet, elle ne prend pas le temps de les décrire. La légende a son caractère général et historique; elle s'occupe, par exemple, de la naissance d'un peuple et de ses destinées; elle prend Romulus et Rémus à l'instant de la louve et elle les conduit jusqu'à l'instant de la tempête. Nourri par une louve et disparaissant au milieu d'une tempête, Romulus est un personnage parfaitement adapté au style de la Légende; mais ce qui le rend parfait dans ce genre, c'est qu'il fonde Rome. Grâce à cette énorme fondation, la Légende qui s'attache à lui comme individu resplendit sur lui comme un fondateur. Individu, il serait le sujet d'un Conte; fondateur, il est le sujet d'une Légende. Je n'examine pas du tout la vérité historique qui supporte ce Conte ou cette Légende. Importante au point de vue de la critique historique, la réalité, plus ou moins authentique du fait initial, ne tombe pas actuellement sous notre examen.

Le même personnage peut devenir l'objet ou le sujet d'un travail historique, d'un conte, d'une légende.

Et les mêmes faits pourront servir à ces trois récits.

En général, l'exemple est pris dans des époques très éloignées. Il est pris en Orient, il est pris loin de nous. La distance du temps et la distance de l'espace aident beaucoup le conte et la légende. L'histoire prend n'importe où ses sujets. Mais il me semble que la différence des genres peut éclater plus sensible et plus intéressante, si, par hasard, un personnage adapté à l'histoire, au conte et à la légende, allait se trouver près de nous. Ce personnage existe et s'appelle Napoléon. L'histoire serait prodigieuse de difficultés. Il faudrait une impartialité parfaite; il faudrait une critique assez sûre et assez haute pour vérifier scrupuleusement les détails, et pour ne jamais perdre de vue les ensembles. Il faudrait un regard d'aigle et un regard de lynx. L'œuvre reste à faire.

L'Histoire n'a pas dit sur cet homme son dernier mot. Les défenseurs et les accusateurs ont prononcé beaucoup de paroles. Chateaubriand a vu beaucoup plus haut que les autres. Mais il n'a qu'effleuré le sujet. Il faut à un tel verdict des *considérants* dignes de lui. Ces *considérants* n'ont pas encore été prononcés, et l'accusé reste sur son banc. Il attend toujours son arrêt.

Le Conte n'aurait pas de jugement à rendre. Il s'emparerait de Napoléon comme individu, et aurait réussi, s'il avait exprimé sa physionomie.

La Légende s'est déjà emparée de lui, et, chose inouïe! elle n'a pas attendu sa mort. Jamais la légende ne fut si pressée de se jeter sur une proie quelconque. La Légende l'a dévoré vivant. Elle l'a considéré non pas en lui-même, mais dans ses rapports avec les nations. La Légende se passe d'exactitude historique; on lui demande seulement une vérité spirituelle, poétiquement énoncée. Si j'osais, je dirais que *la Légende a pour sincérité l'émotion.*

Un vieux soldat préférerait la Légende à l'histoire.

Un homme politique préférerait l'histoire à la Légende.

Le Poëte les voudrait toutes les deux.

Après la Légende, vient le Conte. Quand la société a beaucoup vieilli, elle aime les romans. Le Roman, c'est la passion des sociétés vieilles.

Il y a des exceptions. Mais, si je prends le mot dans le sens le plus général, le Roman raconte des faits qu'il invente. Il ne se jette pas, comme la Légende, sur l'humanité, pour chanter les origines et les grandeurs des nations. Il ne se jette pas, comme le Conte, sur l'homme, pour étudier l'individu dans sa profondeur, dans son âme, dans sa conscience. Il se jette sur les gens nombreux et sur les circonstances multiples pour les grouper d'une façon curieuse et intéressante. Je le répète, il y a des exceptions ! Mais, si je regarde le roman vulgaire, l'entassement des aventures me paraît être son danger ordinaire et son écueil favori.

Je sortirais du sujet et des limites et des dimensions d'un article, si j'étudiais le roman actuel dans tous ses effets moraux. Je parle ici du genre et du caractère intellectuel.

Le roman est beaucoup plus facile que le conte parce qu'il se contente en général, à beaucoup moins de frais. Son idéal, quand il en a un, est beaucoup moins élevé, et le champ qu'il cultive est beaucoup plus étendu. Il est beaucoup moins difficile sur le choix des aliments qu'il présente au public; son danger est trop connu pour que j'insiste ici beaucoup sur lui.

Les romans sont innombrables et la raison de cette multitude coule, comme une conséquence, des principes qui viennent d'être posés.

Si les contes sont plus rares c'est qu'ils supposent toujours dans l'esprit qui les entreprend, une intention rare elle-même, je veux dire l'intention d'associer constamment un type à un individu, un idéal à un fait. Il y a peu de montagnes très hautes sur le globe, et la sphère du conte est restreinte par son élévation même.

Près du berceau des peuples, il y a des légendes. Près du berceau des enfants, il y a des contes.

Le plaisir de raconter et d'entendre raconter n'abandonne pas l'homme; quand l'enfance s'en va. Mais ce plaisir varie et devient plus exigeant. L'enfant n'est pas difficile sur les conditions du récit. Il lui faut des faits bizarres et un peu de frayeur à l'entour. L'enfant n'a aucun goût pour la simplicité. Si l'enfant devient homme (ce qui est fort rare), il lui faudra des faits substantiels. Qu'est-ce que la substance du fait, sinon l'idée qu'il porte en lui? C'est alors dans la maturité de l'âge, que les hommes et les peuples ont besoin de l'art. Pour se reposer des affaires qui rendent l'homme à la fois bruyant et muet, nous avons besoin d'aller respirer l'air dans les domaines de la Parole. Or, la *Parole* et la *Parabole* s'expriment presque par le même mot. Plus tard, quand ils ont atteint la décrépitude, les individus et les peuples réclament, comme les enfants, des faits à outrance; mais ce ne sont plus des faits de même nature. Il leur faut d'autres condiments. La décrépitude est inférieure à l'enfance et n'a pas à son service de secours humain dans l'avenir.

XXXIV

LES HOMMES OU LA HAINE.

La chose du monde qui prospère le plus ici-bas, c'est l'érudition. Entre les sept péchés capitaux, celui qui règne le moins, c'est la paresse. Il faut rendre justice à tout le monde : Paris travaille énormément. Penché sur le globe terrestre, Paris fait d'immenses efforts pour lui arracher un à un ses secrets. Si la science avait suivi les ordres de Bossuet, si elle s'était tournée vers l'amour, Paris aimerait énormément.

Paris a jeté sur l'histoire des regards si étrangement investigateurs que les siècles passés nous sont quelquefois plus connus que le siècle présent. L'histoire a trouvé moyen, non-seulement de dessiner le passé, mais d'animer le paysage et de faire remuer les personnages. Il y a des hommes à Paris qui ont changé de siècle, comme on change de climat. D'autres ont vaincu l'espace ; ceux-ci ont vaincu le temps. Ayant changé d'époque, ils sont parvenus, non-seulement à nous montrer les choses d'autrefois, mais à nous faire respirer l'air qui circulait autour des personnes. M. Augustin Thierry, s'il eût été fidèle, eût rendu, dans cette direction, de rares et d'importants services. M. Michelet en eût rendu d'autres. M. Augustin Thierry, oublieux de lui-même et de toute chose présente, eût jeté sur le passé un regard minutieux et impartial. Il fût devenu le contemporain des premiers rois de France, et il nous eût fait assister à la formation des empires, comme le journal d'aujourd'hui nous fait assister à l'événement d'hier. Il eût oublié de bonne foi les siècles qui le séparaient de Philippe-Auguste, et nous eût montré l'Église informant les nations, comme si le fait venait de se passer. Il nous eût fait présent de l'histoire ancienne, comme on fait les honneurs de chez soi.

M. Michelet, au contraire, eût tout jugé à partir de lui et de nous. Cet égoïsme du regard, qui n'est pas celui du cœur, aurait eu de sa part une grandeur mêlée de tendresse. Il eût tout vu dans la lumière du XIX° siècle transfiguré. Quelque chose de prophétique eût peut-être animé le passé. M. Augustin Thierry nous eût montré le travail souterrain des formations, M. Michelet nous eût fait assister aux couronnements des hauteurs.

Le premier nous eût représenté les couches des terrains, le second la crête des montagnes, non pas la dernière crête peut-être, mais du moins les avant-dernières.

L'histoire littéraire n'a pas été moins scrutée que l'histoire politique. Depuis les rapsodies grecques jusqu'aux épopées françaises, que de champs défrichés ! Comme on a découvert des planètes inconnues, on a fait sortir de terre des littératures inconnues. Une armée de travailleurs s'est abattue sur le moyen-âge.

On croyait il y a deux cents ans, on croyait il y a cent ans, que le moyen-âge n'avait rien fait. L'immense travail intellectuel et moral qu'a fait l'humanité du vi^e au xvie siècle, s'est dégagé peu à peu de l'ombre noire qui le cachait. Comme un voyageur qui, arrivé la nuit dans une ville inconnue, y découvrirait le matin une immense cathédrale gothique, avec ses tours et ses clochers, le xixe siècle s'est aperçu avec quelque étonnement que de grands monuments aux fondations profondes surgissent de la nuit, et qu'il était temps de regarder là. Le xviiie siècle croyait qu'en sortant de l'antiquité pour entrer dans le moyen-âge, l'homme était sorti d'une cité magnifique, populeuse, vivante, éclairée et rayonnante pour entrer dans une forêt obscure où la vie et le mouvement ne sont pas. Nous avons cru cela longtemps ; nous avons cessé de le croire.

La littérature ancienne a été mieux jugée parce qu'elle a été mieux connue. Autrefois le théâtre grec était ignoré et adoré. Il a perdu le même jour ces deux positions. Il s'en faut de beaucoup que les illusions que nous faisait l'antiquité se soient dissipées toutes. Cependant l'œuvre est en train de s'accomplir. L'étude de la cité romaine a rendu à peu près impossibles les tendres regrets qu'inspirait jadis Brutus aux philosophes, et le microscope que l'Allemagne a braqué sur la langue grecque, s'il a induit quelques dupes en adoration, n'a pas manqué d'avertir plusieurs hommes de bonne foi.

Gœthe faisait sa prière devant une statue de Jupiter ; mais cette monstruosité-là s'est tournée contre elle-même, et le nom de Jupiter est devenu, grâce à elle, plus ridicule.

Cette adoration était bien faite pour tuer du même coup l'homme et le Dieu.

Mais une classe d'hommes a été absolument exclue de la grande inquisition que la science a faite sur l'histoire.

C'est la classe des saints, des écrivains ascétiques, des mystiques orthodoxes.

L'homme veut connaître toutes les richesses humaines, et il faut l'approuver, l'encourager dans cette recherche, qui serait juste si elle n'était exclusive ; mais il veut oublier les richesses divines, et ceci serait étonnant si le secret de la haine ne nous était connu.

En face des trésors divins que l'Église possède et qu'on ne veut pas regarder, la haine faisant effort sur elle-même, comme pour triompher des dernières faiblesses de sa nature, revêt le manteau de l'indifférence, car l'indifférence est le chef-d'œuvre de la haine.

Parmi les canonisés, parmi les béatifiés, parmi les héros de la langue et de l'action chrétienne, il en est quelques-uns qui sont les plus grands poètes du monde.

On a essayé de rire de la bienheureuse Angèle de Foligno ; mais quand un écrivain, de ceux que l'on écoute, l'a comparée à Dante, et a admiré en elle le grand poète, les rieurs les plus attitrés ont eu quelque peine à continuer leurs fonctions. Ils ont mieux aimé parler d'autre chose.

Pourquoi donc les grands hommes de la lumière et de la chaleur, les grands hommes de l'activité, si les ailes de la colombe les ont touchés de trop près, sont-ils exceptés de la curiosité actuelle ? Pourquoi, au moins à titre de grands poètes, n'ont-ils pas leur place au banquet de l'histoire et de la littérature ?

C'est que l'instinct de la haine avertit ceux qui haïssent qu'il y a chez ces oubliés quelque chose de supérieur à toute supériorité, quelque chose de plus grand que la grandeur, et de plus divin que la musique. C'est la présence en eux du surnaturel chrétien qui, aux yeux de la critique rationaliste, les a placés hors la loi.

La haine n'a jamais le regard de l'aigle, mais, quand elle grandit jusqu'à l'indifférence, elle a le regard du lynx : elle est de race féline. La haine reconnaît ses ennemis, même de loin. Elle suit le mysticisme vrai, comme le cheval suit l'odeur du lion. Elle le suit comme lui, sans réfléchir, sans voir, par instinct ; comme lui, elle se cabre ; comme lui, elle a peur, et comme lui, elle rue.

Il y a ici une merveille importante à constater.

S'agit-il d'un faux mystique, d'un illuminé hétérodoxe : à l'instant la haine le regarde, le reconnaît pour un des siens et l'adopte. Il vient de la terre du mensonge, c'est son compatriote. Le mystique a sa place parmi les amours de la haine. Mais cet amour, clairvoyant comme l'autre, ne s'égare jamais sur le vrai mysticisme.

Il y a un beau livre à faire, qui serait intitulé : *Histoire de la Haine*, et, dans ce livre, un beau chapitre : *La Haine est infaillible.*

Les hommes de la haine ne sont pas théologiens. Ils n'ont pas appris, par la science, à distinguer le vrai et le faux mystique. Mais leur instinct remplace l'étude, l'instinct de leur révolte conduit leur amour vers l'égaré, et leur colère vers le fidèle.

L'égaré leur paraît grand; le fidèle leur paraît fou.

La curiosité est une des lois qui régissent la critique rationaliste; mais cette loi casse comme du verre, quand il s'agit d'un grand poète trop chrétien. La haine passe sans regarder. Elle aime mieux ne pas voir les qualités naturelles qu'elle admirerait ailleurs! Pourvu qu'elle puisse vouer à l'oubli les beautés surnaturelles, elle est contente, et à ce prix tout lui plaît, même l'ignorance, qu'elle déteste en autre lieu ! L'ignorance, partout ailleurs, lui déplaît et lui fait honte. Elle rougirait d'ignorer, là où l'homme seul est en jeu, le détail le moins important. Mais, s'agit-il des opérations divines, la haine devient fière d'ignorer, elle se pare de sa honte. Elle rougirait de savoir. Elle détourne la tête. Tout ce qu'elle admirerait ailleurs comme poésie, elle le repousse ici comme fanatisme, et elle le repousse sans regarder, et sa colère revêt les apparences du dédain.

Il n'est pas impossible de rencontrer certains hommes au xix° siècle, qui possèdent à peu près la somme des connaissances humaines. Mais, tout à coup, pendant qu'ils parlent ou écrivent, on voit apparaître en eux une lacune, un vide, un trou. C'est qu'on approchait des choses divines, et ils ne savaient pas les premiers éléments de cette science. Leur ignorance semble surnaturelle comme le sujet sur lequel elle porte. Ce n'est pas de l'ignorance pure, c'est de l'aveuglement. Leurs lumières naturelles et générales mettent en relief cet aveuglement particulier. A force d'être profonde, singulière et posée en saillie par les lumières avoisinantes, cette ignorance aveuglée trahit une haine secrète, que l'on devine d'abord, que l'on voit ensuite et que l'on comprend.

Or, cette haine, un peu plus tard, est instructive, elle a le don du discernement mystique, si elle reconnaît l'hérésie, elle se change en amour et admire subitement.

C'est que Dieu n'est pas là.

Si elle passe à côté d'un saint, elle redevient colère, et insulte subitement. Elle rend hommage à sa manière. Elle insulte : c'est que Dieu est là.

XXXV

LE TALENT ET LE GÉNIE.

Talent et génie ! ce sont là deux mots très intéressants à étudier et à distinguer. Il ne s'agit pas de se livrer à une dispute de mots. Il s'agit d'éclaircir et d'approfondir deux idées, qui, si elles s'éclairaient, éclaireraient du même coup la critique littéraire, historique et philosophique.

Les hommes de talent et les hommes de génie sont deux armées différentes, souvent en guerre l'une avec l'autre. La première est nombreuse, si je regarde l'histoire du monde. La seconde compte peu de soldats, et souvent ces rares soldats sont sans armes.

Et cependant, un homme de génie est quelque chose de plus que les milliards d'hommes de talent.

La confusion des uns et des autres embarrasse la critique. La distinction bien faite entre les uns et les autres aiderait la justice à éclairer l'art, la science et la vie.

Le talent et le génie qui diffèrent à tous les points de vue, diffèrent très essentiellement sur ce point : le talent est une spécialité, le génie est une supériorité générale.

Un homme possède le sentiment de l'art à un tel degré d'élévation et de profondeur que la conception du beau s'élève en lui à la hauteur du génie. Il promènera ce regard d'aigle sur toutes les hauteurs de l'art. Il pourra concevoir la peinture, la pénétrer, l'animer, l'approfondir; il pourra donner au peintre le plus habile des conseils inspirés, et cependant il ne saura pas toucher un crayon. Mais l'esprit de l'art lui aura dit ses secrets. Il sera le plus grand des critiques. Il écrira avec génie. Le génie est un torrent qui déborde et qui fertilise toutes les contrées.

Le talent, au contraire, reste chez lui. Le musicien le plus consommé pourra être, s'il n'a que du talent, complètement étranger aux choses de la peinture et aux choses de la parole.

Le talent s'applique à une chose et se circonscrit à elle.

Le génie plane sur toutes.

Voilà pourquoi le talent est, vis-à-vis des hommes, dans une position si commode. Il produit une petite œuvre dans laquelle il brille. Tout de suite il a fait ses preuves. Il a exhibé ses certificats.

Le génie, au contraire, oblige les hommes à le deviner. Or, pour deviner, il faut aimer, et, généralement les hommes détestent l'homme de génie.

Le génie ne se prouve pas par une œuvre extérieure.

Il se révèle intimement et magnifiquement aux yeux dignes de lui, faits pour le voir.

Public dans ses manifestations, et destiné à la splendeur visible, il est néanmoins très secret dans sa hauteur et très intime dans sa profondeur. Ce qu'on voit de lui est peu de chose. Sa gloire vient du dedans.

Je trouve dans un livre nouveau quelques renseignements et quelques vues sur le génie et le talent. Ce livre, dû à la plume de M. Jeanniard du Dot, écrivain catholique et littérateur érudit, contient beaucoup d'érudition et beaucoup de méditation.

Je suis bien loin d'admettre toutes ces conclusions littéraires, et tous les procédés de sa critique. Mais son livre, recommandé et précédé par une lettre de Mgr l'évêque de Nantes, est un livre sérieux et digne d'attention. Il contient, dit l'auteur, de longues années d'étude, et je n'ai pas de peine à le croire.

« L'usage du xviie siècle, nous dit-il, était de prendre au hasard les mots : *Talent*, *Génie* et même *Esprit*. Boileau trouvait du génie à Saint-Amant, et Louis XIV appelait Fénelon un bel-esprit chimérique. »

L'observation est juste. Ces mots ne se sont dessinés que plus tard.

Dans son chapitre de l'Inspiration, M. Jeanniard du Dot interroge les autres et lui-même sur le Génie. Qu'est-ce que le Génie ?

Je lui reproche, d'abord, de n'avoir pas méprisé comme elle le mérite la définition célèbre et insensée de Buffon.

« Le Génie, dit M. de Buffon, est une longue patience. »

M. du Dot appelle cela une « demi-vérité. » C'est simplement une absurdité. C'est le contre sens d'un homme ou plutôt d'un monsieur qui n'a jamais su ce que c'était que le génie et qui, par une malice du hasard, a été poussé ce jour-là sur l'antipode de la vérité.

Je crois bien que M. de Buffon, parlant du génie comme un aveugle des couleurs, a dit la première chose qui lui est venue à la pensée. Mais j'admire qu'il ait pu atteindre du premier coup à une contre-vérité aussi directe, aussi absolue.

Et j'admire aussi la naïveté des hommes qui se répètent ces choses-là les uns aux autres avec un air de respect, parce qu'elles ont été dites par M. de Buffon.

La patience est parfaitement et absolument le contre-pied du génie. Le génie est un certain coup d'aile, et un certain coup d'œil. Il est un coup d'œil fixé sur un éclair et plongeant dans un abîme. Il est une intuition qui a précisément pour caractère d'être supérieur aux lois du temps. Ce qu'il voit dans un éclair, c'est précisément ce que ne verront jamais les hommes patients, pendant la durée des siècles. La lenteur le tue, le retard est pour lui le plus mortel des poisons.

Parler de patience à propos du génie, c'est une erreur qui touche au prodige, et qui ne semble pas naturelle à l'homme.

Autant vaudrait engager un dindon à devenir un aigle, et lui faire espérer qu'à force de temps, le dindon finira par y parvenir.

Mais vous vous trompez de toutes les manières à la fois. Le dindon, qui n'a pas la possibilité de devenir un aigle, n'en a pas non plus le désir.

Et, puisque ce mot de désir vient sous ma plume, je dirai que le désir est une des forces qui ressemblent le plus au génie.

Peut-être quelque part ces deux mots sont synonymes.

Peut-être le désir est-il le génie en puissance.

Peut-être le génie est-il le désir en acte.

Puisqu'il s'agit de définir le Génie, M. du Dot cite la définition de Marie-Joseph Chénier, et en propose une lui-même.

Voici celle de Marie-Joseph Chénier :

Le Génie est une *raison sublime*.

Sans atteindre, comme M. de Buffon, à une contre-vérité absolue, Marie-Joseph Chénier n'a pas touché le but.

Le Génie et la Raison sont deux créatures, non pas contradictoires, mais absolument différentes entre elles.

Le génie a des coups d'aile que la raison ne connaît pas, et la raison pourrait progresser longtemps, sans arriver, si elle était seule, ni à réaliser, ni même à comprendre le génie. Le P. Faber a pris pour épigraphe d'un de ses livres les deux lignes que voici :

> La raison sans cesse raisonne
> Et n'a jamais guéri personne.

Le génie, lui, n'a pas précisément pour habitude de procéder par déduction. Il voit ou il ne voit pas, mais quand il voit, c'est tout à coup.

Pour apprécier à sa juste valeur la parole de M. de Buffon, il faut se figurer Napoléon sur un champ de bataille, sa lorgnette à la main. La situation est critique; il faut décider en un clin d'œil une manœuvre qui décidera de tout. Une certaine inquiétude parcourt l'état-major. Où est l'empereur ? Quels sont les ordres ? En une seconde, Napoléon voit et ordonne. La bataille est gagnée.

Il a eu une longue patience, dirait M. de Buffon.

Un orateur soulève et entraîne une assemblée, qui frémit à un seul de ses mots ou de ses regards.

Il a eu une longue patience, dirait M. de Buffon.

Enfin M. du Dot propose lui-même sa définition.

Selon lui, le génie est une aptitude à l'inspiration d'où résulte l'habitude, et que l'habitude augmente à son tour.

L'habitude n'ayant rien à faire avec le génie, M. du Dot aurait dû s'en tenir au premier mot de sa trop longue phrase : le génie est une aptitude à l'inspiration.

Réduite à ces termes, la définition vaut beaucoup mieux que celle qu'il cite. Le génie est, en effet, une aptitude à l'inspiration. Ce n'est pas tout lui-même; mais c'est quelque chose de lui-même.

« Celui qui n'a de génie qu'une fois en passant, dit M. du Dot, n'est pas ce qu'on appelle un homme de génie, mais l'habitude, d'autre part, ne signifie pas la continuité ».

L'habitude n'a rien à voir ici. L'habitude, quand on parle du génie, est une étrangère qui ne vaut pas la peine d'être nommée.

Un des caractère du Génie, c'est d'être extrême en toutes choses. Il est violent par nature, et intolérant par essence. Il n'a pas ce don précieux d'aimer à peu près également toutes les personnes et toutes les choses. Il n'a pas la prudence qui consiste à se tenir au milieu de toutes les pensées et de tous les sentiments. Il n'a pas l'équilibre de l'indifférence. Oh ! l'indifférence ! comme elle est équilibriste ! comme elle est impartiale entre le vrai et le faux, entre le bien et le mal !

Le Génie est armé d'une partialité terrible, comme une épée à deux tranchants ! Non seulement il aime le bien, mais de plus il hait le mal ! Cette seconde gloire lui est inhérente tout autant que la première. J'insiste, il hait le mal, et cette sainte haine est le couronnement de son amour.

Une des meilleures manières, non de définir, mais de faire deviner l'homme de génie, serait cette parole : « Il est le contraire de l'homme médiocre. »

Peut-être une définition complète du génie est-elle impossible, parce que le génie fait éclater toutes les formules.

Il est tellement son nom à lui-même qu'il n'en peut pas supporter d'autres. Son nom est le génie, son atmosphère est la gloire.

Aucune périphrase n'équivaut à son nom, aucune atmosphère ne remplace son atmosphère.

Il refuse de se laisser enfermer dans une définition. Il brise tous les cadres. Il est le Samson du monde des esprits; et quand vous avez cru le circonscrire, il fait comme le héros juif : il emporte avec lui sur la montagne les portes de sa prison.

# XXXVI

LES DEVOIRS DE LA CRITIQUE.

Le XIXe siècle, comme presque tous les orgueilleux, s'attribue des mérites imaginaires et oublie les mérites vrais. Il est fier des erreurs qu'il proclame, et presque oublieux des vérités qu'il sait. Enivré de ses grandeurs fausses, il traite ses grandeurs vraies comme des choses sans conséquence.

Or, parmi les grandeurs vraies qu'il semble jusqu'à présent négliger, il faut compter la haute critique littéraire. Il l'a mise au jour, et, depuis quelque temps, il a presque l'air de ne plus la reconnaître.

Accablé sous le poids de ses occupations et surtout de ses préoccupations (car ce sont celles-ci plutôt que celles-là qui accablent), il a presque l'air d'oublier la critique, sa fille glorieuse, et il est urgent de la lui rappeler.

La critique historique est née depuis soixante ans. Autrefois on racontait l'histoire; maintenant on l'interprète. On l'interprète, bien ou mal, mais enfin on l'interprète.

Autrefois, l'histoire était la nomenclature des

dynasties, le récit des batailles et la constatation des dates.

Maintenant l'histoire ne se borne plus à raconter ; elle commente. Elle ne s'arrête pas aux évènements. Elle en recherche les causes et les effets. Elle cherche la liaison des idées et des faits.

Un travail analogue s'est accompli dans la critique littéraire.

Autrefois, elle s'attachait aux mots et aux procédés. Elle distinguait le genre *simple*, le genre *tempéré* et le genre *sublime*.

Pour elle, le sublime, au lieu d'être un transport, était un procédé.

Maintenant la critique littéraire, dans le livre, cherche l'idée, et, dans l'écrivain, cherche l'homme.

Dans l'homme elle étudie le milieu social qui l'a fait naître ou mourir, qui a encouragé ou combattu ses aptitudes.

Par là, elle rejoint la critique historique et la critique philosophique.

Critique littéraire, critique historique et critique philosophique cherchent maintenant les principes qui doivent les régir. Elles cherchent ces principes dans le domaine de la vérité, ou dans le domaine de l'erreur. Elles les demandent à la foi, ou elles les demandent à l'incroyance. Mais, en somme, elles les cherchent quelque part.

La critique dont il sera surtout ici question, est l'application des principes à la littérature. Cette haute conception de la parole écrite était peu connue de l'antiquité classique. L'antiquité aimait beaucoup le drame et l'art, mais ne raisonnait pas sur eux. J'en excepte Platon, qui avait le génie oriental et le génie moderne. Platon a la contemplation qui caractérise les Orientaux, et la science qui caractérise les temps où nous vivons. S'il n'avait pas nos connaissances spéciales, il avait nos dispositions scientifiques.

Comme l'Orient, Platon contemple. Comme un moderne, il SE contemple.

A part lui, l'antiquité, même quand elle faisait de grandes œuvres, n'avait pas le grand regard analytique et synthétique qui les juge, qui les examine, qui les compare entre elles. Elle avait quelquefois l'expérience du génie, elle en avait rarement la conscience.

Mais, sans remonter jusqu'à elle, si nous parlions du siècle dernier, nous serions étonnés du champ qu'il offrirait à nos découvertes. Ce champ ne serait ni vaste ni beau, mais profondément curieux, et utilement instructif.

Nous y trouverions l'absence absolue de principes.

On sait généralement un peu (je dis un peu) que le XVIIIe siècle manquait de principes philosophiques et religieux. Mais on ignore absolument à quel point il manquait de principes littéraires, parce qu'on ignore, absolument, à quel point les principes littéraires sont liés aux principes philosophiques.

Voltaire, à ce point de vue, est aussi intéressant qu'ignoré. Nous nous sommes laissé dire que Voltaire est un grand critique littéraire.

Ce préjugé est bon à détruire; il contient une erreur et une erreur malfaisante. Cette destruction nous montrerait à quel point était aplatie la tête des encyclopédistes. Elle encourageait la critique, en lui montrant quel chemin elle a déjà fait depuis cent ans.

En général, les Voltairiens n'aiment pas qu'on leur cite Voltaire. Il y a bien longtemps que je fais cette expérience, amusante autant qu'instructive. Les Voltairiens veulent qu'on laisse Voltaire dans le brouillard lointain de leur vieille admiration. L'idolâtrie a de ces faiblesses; elle aime à s'agenouiller sans regarder l'idole, car quelquefois l'idole n'est pas belle. Les genoux s'en accommodent; les yeux ne s'en accommoderaient pas.

Quand l'homme est incroyant et révolté, c'est étonnant comme ses genoux s'accommodent facilement d'une idole quelconque. Ils se précipitent d'eux-mêmes pour toucher terre, ces pauvres genoux! Mais malheur aux yeux de l'adorateur, si son regard rencontre la face de l'idole! C'est pourquoi les citations de Voltaire embarrassent tous les Voltairiens. C'est un embarras salutaire à eux-mêmes et aux autres, auquel il est très bon, pour eux et pour nous, de les exposer quelquefois.

Les Voltairiens savent-ils ce que Voltaire pense du mobile qui fait les grands artistes! Ecoutons Voltaire trahir un de ses secrets :

« Mandeville, dit-il, croit que sans l'envie les

arts seraient médiocrement cultivés, et que Raphaël n'aurait pas été un grand peintre s'il n'eût été jaloux de Michel-Ange. Mandeville a peut-être pris l'émulation pour l'envie. Peut être aussi l'émulation n'est-elle qu'une envie qui se tient dans les bornes de la décence. »

J'admire ce détour par lequel Voltaire fait semblant de combattre une opinion honteuse pour se rallier à peu près à elle deux lignes plus loin. J'admire encore plus la justice qui a châtié cet homme en l'obligeant à se trahir et à nous livrer son secret.

Comment avait-il l'âme faite, ce critique, qui a pu confondre le transport de l'inspiration avec le froid calcul de l'envie, ou, si vous aimez mieux, de l'émulation ? Le bonheur du grand artiste, c'est d'admirer un autre grand artiste. Ils se complètent l'un par l'autre. La marque du grand artiste, c'est la joie partagée. Mais, pour Voltaire, il en était autrement, et je le remercie d'avoir eu la naïveté de nous le dire. Son inspiratrice, à lui, c'était l'envie, contenue peut-être dans les bornes de la décence et qualifiée d'émulation.

Voltaire cite la superbe définition du Beau que donne Platon, et il la cite pour se moquer d'elle. Et il ose ajouter :

« Interrogez le diable ; il vous dira que le beau est une paire de cornes, quatre griffes et une queue. Consultez enfin les philosophes : ils vous répondront par du galimatias. »

Je m'arrête, n'osant pas continuer la citation,

par respect pour le lecteur; je ne veux pas vous faire entendre Voltaire faisant entrer en scène le crapaud et lui demandant ce qu'il pense du beau. Je vous l'ai fait entendre interrogeant le diable, et je crois que cela suffit.

Voilà donc quelle conception avait de la beauté l'homme qui représenta la poésie aux yeux du xviiie siècle !

Voilà la critique dans sa déchéance, voilà Voltaire. La critique du dix-huitième siècle ne visait que les mots.

La critique du xixe siècle vise les choses. C'est un grand progrès; mais il n'est pas un progrès suffisant. Il faut maintenant que la critique vise les idées.

La critique de Voltaire abaisse les personnes et les choses qu'elle touche. La critique actuelle constate l'état des personnes et des choses qu'elle touche.

Il faut maintenant qu'elle élève les personnes et les choses qu'elle touchera.

Telle est, je crois, son essence; tel est son esprit; tel est le but qu'elle doit viser.

Quel est le chemin qui conduit là? Quel est le procédé? Quelle est la route?

Tout homme a son habitude.

Mais tout homme a son type.

L'habitude est souvent laide; mais le type est toujours beau.

La critique se borne ordinairement à examiner l'homme tel qu'il est, à constater ses habitudes.

Il me semble qu'elle doit s'élever plus haut. Elle doit chercher le type de l'homme qu'elle étudie ; elle doit le lui montrer.

Si l'homme qu'elle étudie est resté fidèle à la ligne droite, elle doit le constater avec joie. Si l'homme qu'elle étudie s'est égaré, elle doit lui dire : Voilà le chemin que vous avez suivi, ET VOILA LE CHEMIN QUE VOUS AURIEZ DU SUIVRE. La critique doit étudier la maladie de l'auteur qu'elle analyse, afin de découvrir la nature du remède. La critique doit étudier l'homme, non-seulement dans la chute qu'il a faite, mais dans l'ascension qu'il aurait dû faire. Elle doit étudier l'écrivain tel qu'il est, et lui montrer comment il devrait être. Elle ne doit pas seulement constater, elle doit redresser.

En général, l'homme tombe dans la direction la plus directement contraire à celle où il devait monter.

L'homme qui était le plus fait pour aimer, s'il s'égare, s'il tombe, devient capable d'une haine exceptionnelle.

Chaque homme, chaque écrivain a auprès de lui une montagne qui l'attend et un abîme qui le menace. S'il est tombé dans cet abîme, la critique doit lui dire : Tu es tombé ; mais elle doit lui montrer du doigt la montagne et lui dire : Souviens-toi ; regarde, il est encore temps. L'esprit a sa charité comme le cœur. Sa critique doit vivre à la fois de justice et de charité. La justice avertit ; la charité relève.

XXXVII

LE MOUVEMENT DE L'ART.

Je constatais l'autre jour le mouvement de la critique. Occupée au siècle dernier des mots, des détails, des points et des virgules, elle s'est élevée graduellement. Son regard plus large embrasse plus de choses : elle considère l'homme, le milieu social, les mœurs, les nations, les croyances. Elle tend à étudier les idées elles-mêmes, à interroger, dans l'écrivain qu'elle étudie, la vérité qu'il a servie ou qu'il aurait dû servir, l'erreur qu'il a adoptée et qu'il aurait dû combattre.

Il est fort curieux et hautement instructif d'étudier le mouvement de l'Art et de la littérature créatrice pendant les deux mêmes siècles.

L'Art et la critique ont exécuté deux mouvements contraires.

L'Art et la littérature visaient autrefois l'idéal. Ils pouvaient le viser fort mal ; mais ils le visaient toujours. Parcourez le poème lyrique, le poème épique, le poème dramatique, le roman. Vous trouverez partout l'auteur en quête d'un idéal. Les siècles passés, dans leur effort artistique et littéraire, ont aspiré à la poésie. Cette poésie a été tantôt vraie et tantôt fausse. Souvent les écrivains ont pris l'abstrait pour l'idéal et l'emphatique pour le sublime. Souvent, dans leur amour du *héros*, ils ont oublié l'*homme*. Dans leur amour de l'élégance, ils ont oublié la simplicité. Souvent, dans leur amour de la distinction, ils ont oublié la réalité. Mais, toujours, quel qu'ait été le succès de leur effort, cet effort a été dirigé vers une conception quelconque de la beauté et de la poésie.

Qu'a fait le dix-neuvième? Il s'est élevé contre cette antique habitude qui tenait à la nature même de l'Art, à sa vie et à son essence. Pour la première fois depuis le commencement du monde, il a osé dire : Le beau, c'est le laid.

Et il est allé chercher ses types en dehors de la beauté.

La révolution qui s'est opérée il y a cinquante ans, et qui s'est appelée le romantisme, a brisé les formules qu'on appelait les règles et qui emprisonnaient l'Art; en cela, elle a eu parfaitement raison. Mais elle a brisé la vie même de l'Art, qui est la recherche immortelle du beau, et elle a eu parfaitement tort. Après avoir supprimé les règles arbitraires, elle a supprimé les lois essentielles. Voulant violer les *règles*, elle a fini par les violer *régulièrement*, et elle a institué une règle nouvelle, qui est la violation même des règles précédentes. Jadis, la littérature n'osait pas appeler les choses par leur nom, dans la crainte que ce nom ne fût pas noble. Mais, dans sa révolution, la littérature a fait exprès d'appeler les choses par leur nom le moins noble, afin d'accentuer sa liberté nouvelle.

Elle a fait comme un collégien qui, au lieu de sortir simplement du collège, en briserait la porte au risque de se meurtrir et de s'ensanglanter les mains, afin de bien prouver qu'il en est sorti.

Jadis, la littérature osait nommer les génisses et n'osait pas nommer les vaches. La littérature en révolution a nommé continuellement les vaches et n'osait plus nommer les génisses.

Ainsi elle devenait captive de sa liberté. Les efforts qu'elle faisait vers l'indépendance lui bâtissaient une prison. Mais, comme cette prison était l'œuvre de ses mains, elle la prenait pour un théâtre, quelquefois pour un palais, quelquefois même pour un temple.

Cependant, le romantisme avait déplacé l'idéal; il ne l'avait pas supprimé. Son idéal était la fantaisie, par laquelle il avait remplacé les anciennes conventions de l'Art.

La fantaisie consiste dans l'absence des lois. Elle est infidèle par essence; le romantisme a été fidèle à l'infidélité qu'il adorait.

La nature est déchue. L'Art doit se servir d'elle pour la relever, pour marcher avec elle, à la conquête du beau.

Le romantisme, oubliant la déchéance, prit la nature pour modèle, au lieu de la prendre pour instrument.

Il oublia l'idéal vrai, mais il choisit un autre

idéal; il adora son caprice. L'imagination fut son cheval de bataille; et dans l'effort qu'il fit vers la réalité, ce fut sa propre fantaisie qu'il atteignit seulement. Il voulut exprimer la nature; mais la nature, que du reste, il étudiait fort peu, lui glissa entre les mains, et il ne peignit que lui-même. L'imagination, qui s'adorait elle-même, remplaça la réalité, comme elle avait remplacé l'idéal. Elle s'adora sous des formes bizarres. Elle s'adora dans le *grotesque*. Victor Hugo prit le grotesque au sérieux et le célébra avec une pompe plus grande que son objet. Jamais le grotesque ne s'était vu à pareille fête. Il dut être étonné des ovations dont il était couvert.

Mais ce pauvre grotesque finit par disparaître dans l'étourdissement de son triomphe et au romantisme succéda le naturalisme.

Admirez la logique des choses ! On avait découronné l'idéal; la révolution littéraire, prétendant adorer la nature, s'était adorée elle-même. Elle s'était posé le diadème sur la tête, et comme un esclave qui court pour se donner un air de liberté, la fantaisie caracolait.

Mais voici que la nature réclame la couronne qu'on lui avait promise. Elle dit au romantisme : ce n'est pas moi que tu adores; c'est toi même. Je veux être courtisée à mon tour réellement, personnellement.

Et voici que le naturalisme succède au romantisme. Zola dit à Victor Hugo : « Ote-toi de là, que je m'y mette. »

Les hommes ne sont pas toujours logiciens; mais ils obéissent toujours à la logique qui les conduit sans les éclairer.

Victor Hugo, essentiellement poète, était poursuivi, même malgré lui, par l'idéal. Son idéal, c'était son *moi*. Mais ce *moi* gigantesque lui donnait des éblouissements. La nature était noyée dans ce rêve pailleté d'or, où flamboyait jour et nuit le *moi* de Victor Hugo.

Zola, essentiellement prosateur, n'est tourmenté par aucune vision. Il ne cherche ni l'idéal, ni lui-même. Il ne peint que ce qu'il regarde.

La beauté, dans la maison de l'Art, est devenue une étrangère. L'Art s'étonne de ne plus entendre parler d'elle.

Dans la conception antique, l'Art levait les yeux.

Dans la conception romantique, l'Art regardait devant lui. Que voyait-il devant lui ? Était-ce la nature ? Pas le moins du monde. C'était lui-même extérioré. Il voyait son champ de course.

Il se contemplait lui-même. Il s'adorait dans sa projection. L'homme voit la nature à travers sa pensée. Très rarement il la peint comme ELLE est. Habituellement il la peint comme IL est. Or, le romantisme étant un système, il voyait la nature à travers les règles, ou, si vous voulez, les caprices de ce système intolérant.

Le génie du maître n'empêcha pas cette intolérance et ne fut pas empêché par elle. Victor Hugo, étant énorme, vit toute chose énorme.

L'énormité fut la loi de son regard, parce qu'elle était le caractère de sa personnalité.

L'Art, dans sa nature propre, avait donc levé les yeux. Dans le romantisme, il regarda devant lui, et se vit dans le miroir qu'il avait placé là.

Dans la conception naturaliste, l'Art baissa les yeux.

Le romantisme avait fait la proclamation des droits de la nature, mais il s'en était tenu aux discours.

Dans le naturalisme la nature revendique l'empire, réellement et en vérité.

Zola a tenu la parole que Victor Hugo avait donnée.

Ainsi la critique s'élevait vers les choses spirituelles, et l'Art se penchait sur les choses matérielles.

Jadis, le roman était rempli de ces évènements étranges, invraisemblables, qui ont donné naissance au mot *romanesque*. Depuis Balzac, les personnages du roman sont ceux que l'on coudoie tous les jours dans la rue. Les chevaliers qui délivraient jadis les princesses captives sont remplacés par des hommes d'affaires. Les passions sont calculatrices ; les romans évitent par dessus tout d'être romanesques.

Quant aux personnages de Zola, c'est à peine s'ils se voient dans la rue. Il faut les chercher dans leurs repaires.

Réaliser l'idéal et idéaliser le réel, telle est la fonction de l'Art.

Il ne doit jamais perdre de vue ni l'un ni l'autre des deux *éléments*, sans lesquels il cesse d'être.

Surveiller la mission de ce grand serviteur, encourager l'Art ou le redresser, avertir les hommes de ses élévations ou de ses défaillances, telle est la fonction de la critique.

La critique, malgré tous ses tâtonnements et toutes ses erreurs, semble *prendre* conscience d'elle-même.

L'Art, à la même époque, si je regarde une très grande partie de ses manifestations, semble *perdre* conscience de lui-même.

Ce chassé-croisé a quelque chose de frappant et d'étrange.

Les hommes combattent dans la nuit. Souvent l'Art et la critique se heurtent sans se voir. Je voudrais que ce double regard jeté sur lui et sur elle pût éclairer le champ de bataille.

Je causais un jour avec un peintre naturaliste, au lieu même où toutes ses œuvres étaient exposées et réunies. A propos d'une figure singulièrement laide, dans laquelle brillaient de grandes qualités d'exécution réaliste, je dis à l'artiste :

« Comment avez-vous choisi ce modèle? Avez-vous trouvé cela beau ? »

« — Beau ! me répondit le peintre. Qu'est-ce que c'est que cela ? Avez-vous jamais vu le beau ? C'est comme si vous veniez me parler de Dieu. »

Ceci est le mot de la fin.

XXXVIII

LES JOURNAUX.

Deux choses caractérisent la société actuelle, la curiosité et la précipitation. Elle veut savoir et elle n'a pas le temps d'étudier.

Que veut-elle savoir ? Est-elle avide de science ? Non. Elle est avide de faits. Elle veut savoir ce qui se passe. Elle est curieuse des évènements, et comme elle est aussi pressée que curieuse, elle n'a pas le temps de réfléchir sur ces évènements quotidiens, actuels, dévorants qui la préoccupent, sans l'éclairer.

De ces deux qualités constitutives, curiosité, précipitation, que résulte-t-il ? Il résulte la volonté de lire et le refus d'étudier longuement.

Autrefois, peu de gens lisaient. Mais ceux qui lisaient, lisaient pour étudier.

On lisait pour s'instruire et pour instruire les autres.

Maintenant, tout le monde lit, et tout le monde lit pour se tenir au courant des hommes, des choses et des faits quotidiens.

De là, l'importance nouvelle capitale, immense du journal.

Le journal est le signe caractéristique de la société moderne.

La curiosité pousse à la lecture.

La précipitation écarte des longues lectures.

Aussi le livre, le livre littéraire et scientifique, tend à perdre tous les jours son antique popularité. Plus va la foule, plus elle lit; plus elle lit, moins elle lit les livres et plus elle lit les journaux.

Ce mouvement a des conséquences incalculables.

Le journal, en effet, répond aux deux besoins de la foule; elle veut savoir et savoir vite.

Le journal lui apprend ce qui se passe et satisfait sa curiosité. Le journal le lui apprend en peu de mots, et satisfait sa précipitation.

Le journal revient souvent; c'est ce qu'il faut aux hommes du temps. Ils veulent les nouvelles fréquemment répétées. Ils veulent savourer la succession des faits. Ils veulent les dernières nouvelles, et ils veulent en même temps que tous ces renseignement successifs leur arrivent sans les fatiguer, et leur arrivent chez eux, sous une forme facile, légère, accessible matériellement, et accessible intellectuellement.

Le journal répond très bien à ces nombreuses exigences. Il est fréquent; il est rapide; il ne pèse pas. Il circule tout seul. Il a des pieds. Il a des ailes. Il va trouver les gens à domicile. Il les instruit chez eux bien ou mal; mais enfin il les instruit. Il les renseigne, et en les renseignant, il les enseigne avec plus de réalité que s'il exposait les idées, sans raconter les faits. Dans le journal, les idées pénètrent à la faveur des faits, et, par là, elles pénètrent plus profondément dans l'homme.

Le journal est le compagnon de la maison où il pénètre. Il est l'ami intime de la maison. Il est le conseiller pratique et quotidien, et la théorie vraie ou fausse qu'il apporte avec lui devient intime à la maison où elle pénètre comme une amie.

Le livre parlait aux hommes de loin, comme un professeur en robe. Le journal parle aux hommes de tout près, comme un ami qui vient dîner chez vous, et dont la conversation est d'autant plus pénétrante qu'elle est moins apprêtée.

Ainsi s'explique la faveur du journal.

De cette faveur résultent deux grands devoirs : un grand devoir pour le journal ; un grand devoir pour les lecteurs.

Le grand devoir du journal, c'est d'être réellement l'ami, l'ami éclairé de ses lecteurs.

Le grand devoir des lecteurs, c'est d'aimer leur ami.

Car, remarquez-le, on veut toujours être aimé de ses amis. Mais on ne songe pas toujours à les aimer soi-même.

Comme le disait un jour assez agréablement Alphonse Karr, chacun veut avoir un ami ; presque personne ne pense à être un ami.

Le journal, pour être l'ami du lecteur, doit lui apporter, avec tous les renseignements possibles, la lumière qui le doit éclairer. La lumière qui vient du journal est moins suspecte que celle qui vient du livre. Le livre semble vouloir imposer le système de son auteur.

Le journal semble vouloir seulement faire pénétrer en vous l'enseignement qui sort des faits quotidiens.

Le journal a cette puissance qui vient de la familiarité. Mais, plus il est puissant, plus il est obligé de mettre son autorité au service des idées grandes et vraies. Il faut qu'il fasse aux idées leur place à côté des faits. Il faut qu'il encourage toutes les hautes aspirations des lecteurs et des écrivains. Il faut qu'il s'ouvre à tout ce qui est grand, et qu'il se ferme à tout ce qui est petit. Mais il faut absolument que ses lecteurs considèrent comme des devoirs sacrés leurs devoirs envers lui.

C'est ici que j'engagerai les conservateurs à méditer profondément la parole de l'Évangile relative aux enfants de ténèbres, plus sages souvent dans le maniement de leurs affaires, que les enfants de lumière, dans l'exercice de leurs devoirs.

Si les conservateurs veulent interroger à ce sujet leur conscience, elle leur fera peut-être une réponse intéressante. Cette réponse, je ne suis chargé ni de la faire, ni de la préjuger. Elle regarde le lecteur et non l'écrivain.

Mais je ne puis m'empêcher de constater qu'il existe dans la société civilisée, des devoirs de différentes espèces. Nous avons des devoirs privés et des devoirs publics.

Les hommes consciencieux se préoccupent vivement des devoirs privés. Ils se préoccupent surtout de ne pas enfreindre les lois, et de ne pas faire les choses défendues.

Mais se préoccupent-ils également, avec la même confiance, des devoirs publics ? Voilà la question que je me borne à leur poser. La réponse ne peut venir que d'eux.

Plus les siècles marchent, plus l'homme est un être public.

Il y a environ deux cents ans, peu d'hommes, dans une nation, étaient des hommes publics. L'immense majorité vivait dans les choses privées et intimes, n'écrivant pas, lisant peu. Les relations personnelles étaient généralement intimes et bornées. Les armées, dans l'ordre militaire, étaient peu nombreuses. Les armées civiles peu nombreuses aussi. Les armées qui combattaient le combat doctrinal, les armées de la pensée et de la plume ne comptaient que quelques combattants. Le genre humain regardait et écoutait.

Aujourd'hui, tout le monde est sur le champ de bataille. Les armées militaires, dans les grands États et même dans quelques petits, comptent dans leurs rangs toute la jeunesse. Tous les jeunes gens de presque toutes les nations sont soldats. Le même phénomène se produit dans l'ordre civil et moral. Un nombre immense d'hommes à la plume à la main.

Les autres lisent.

Autrefois ceux qui lisaient étudiaient avec docilité et pour s'instruire. Maintenant tous les hommes lisent avec acharnement, pour juger.

Le combat est universel et n'a plus de spectateurs. Il n'a que des acteurs. Tout le monde a un rôle. Tous les artilleurs sont à leurs pièces.

Un nouvel état de choses impose de nouveaux devoirs.

La société où nous vivons oblige chaque homme à se déclarer, à se prononcer. Il est soldat involontaire. Eh bien ! vis-à-vis de la presse, je crois qu'un devoir immense et sacré s'impose à tous les hommes.

Une certaine presse, parce qu'elle flatte les passions, a, par là-même, un goût épicé. Elle attire l'œil par les couleurs voyantes qu'elle étale. Elle excite mille convoitises. Par là, elle tient l'attention de son public très éveillée.

La bonne presse, sobre et sévère par sa nature, s'interdit les éléments honteux, qui sont tous, de nos jours, des éléments de succès. Elle s'interdit mille peintures et mille intempérances qui attirent les hommes vulgaires et blasés.

Il ne lui reste que les esprits élevés qui aiment le vrai, le bien; il ne lui reste que ceux qui ont conservé le goût des belles choses, et souvent les belles choses sont des choses un peu secrètes, qui ont besoin d'attention pour être savourées.

Il faut donc que ce public intelligent comprenne et sente qu'il est chargé d'aimer, de soutenir, de favoriser, d'encourager la presse, saine, forte et sévère, autant et plus que l'autre public n'encourage l'autre presse.

Il faut que chaque homme intelligent se sente le combattant d'une grande bataille. Il faut que personne ne se désintéresse de la grande lutte morale où nous sommes tous engagés, par le fait involontaire de notre naissance dont nous n'avons pas choisi le moment. Par le fait d'être nés et de savoir lire, nous nous trouvons sur le champ de bataille de la presse quotidienne.

L'indifférence n'est pas permise.

L'indifférence n'est pas possible.

Chacun choisit nécessairement ses lectures. S'il ne les choisit pas dans le sens de la vérité, il pèche contre la vérité.

Les écrivains qui ont mis leur plume au service du vrai, ont en ce monde une rude tâche. Nombreux sont leurs sacrifices : nombreux doivent être leurs encouragements.

Le lecteur d'une œuvre légère peut lire légèrement. Le lecteur d'une œuvre sérieuse, d'un journal sérieux doit lire sérieusement.

Les hommes de lumière doivent rechercher l'honneur de soutenir ceux qui soutiennent la vérité, de défendre ceux qui la défendent, de combattre pour ceux qui combattent pour elle.

Or, si le rôle de l'écrivain est difficile, s'il exige un courage actif et quotidien, le rôle du lecteur est simple et aisé. Mais, si simple qu'il soit, il est absolument indispensable.

Le lecteur doit donner signe de vie à l'écrivain. Il doit l'animer du geste et de la voix. Il doit étendre la sphère d'action où l'écrivain travaille. Il doit agrandir le champ que l'écrivain laboure. Il doit rendre l'air plus sonore, plus retentissant autour de l'écrivain. Il doit, en multipliant les auditeurs, multiplier les fruits de la parole.

Une belle page est écrite. A qui est due cette belle inspiration? A vous, peut-être, lecteur qui ne vous en doutez pas! Vous avez peut-être, dans une autre occasion, encouragé l'homme qui était chargé de porter la parole devant vous, et pour vous, et pour la vérité.

Cet encouragement retourne vers vous aujourd'hui sous la forme d'une inspiration superbe dont vous avez été vous-même l'instigateur. La flamme que vous avez allumée revient à vous, plus ardente et plus glorieuse.

Si vous aviez négligé, dans une autre occasion, le noble et grand devoir de fournir le bois à la flamme qui veut éclairer, cette flamme serait morte d'inanition, et elle ne viendrait pas aujourd'hui vers vous, fière et brûlante, vous rendre avec usure la vie que vous lui avez donnée.

Toute vie est un échange. La vie universelle est un échange universel. Le règne végétal et le règne animal se communiquent l'un à l'autre l'air respirable, c'est-à-dire la vie.

Il faut que chacun donne, il faut que chacun reçoive. Il faut que chacun se sente responsable de tous les autres. Il faut que les passions qui peuvent soutenir ailleurs d'autres hommes, et dont je constate les efforts, il faut que ces passions soient remplacées, chez nous, par l'ardeur de la vérité, par l'autorité de la justice, par les munificences de la solidarité.

XXXIX

LE DÉFAUT DE LA CUIRASSE.

La science, au XIX⁰ siècle, a énormément travaillé ; elle a énormément découvert. Je me garderai bien de rabaisser ces découvertes, mais je crois très important d'en constater la nature.

Ces découvertes ont un caractère général, le caractère d'une préparation. Elles n'ont jamais, *jamais*, le caractère d'un résultat.

Elles tendent toutes à la suppression des distances. Elles opèrent un mouvement vers l'unité physique.

Et jamais, *jamais*, la division des hommes ne fut plus accentuée, plus manifeste, plus aiguë, plus criante.

La vapeur et l'électricité font ce qu'elles peuvent pour nous réunir, et jamais nous n'avons été plus intimement, plus profondément déchirés.

Le microscope et le télescope font des merveilles. Le champ de course des planètes, et la goutte d'eau, champ de bataille des insectes invisibles, nous ont livré leurs secrets. Grâce au verre, l'homme voit ce que ses yeux ne sont pas capables de distinguer. Il triomphe de l'infiniment grand et de l'infiniment petit.

Il voit, dit Joseph de Maistre, il voit l'amour et la haine des êtres.

Et que dirait de Maistre s'il vivait aujourd'hui ?

Que dirait-il en face des microbes, de leur influence, de leur action, de leurs secrets découverts ?

Il admirerait sans doute les préparations, mais son regard demeurerait étonné devant la faiblesse des résultats.

La décomposition des rayons des étoiles livre à l'homme d'invraisemblables notions sur les corps célestes.

Mais la science, si forte, si audacieuse, si fière devant les distances énormes qu'elle mesure, qu'elle constate et qu'elle cite, la science s'arrête tremblante et confuse devant un rhume, devant une altération, grande ou petite, de nos tissus ou de nos organes.

La science discute sur les microbes, je l'en félicite et je l'en remercie. Mais l'homme continue à mourir de la fièvre typhoïde.

Effroyable ironie ! L'homme visite l'homme et lui parle. Le chemin de fer rapproche les corps : le téléphone rapproche les voix. Et l'homme touche l'homme pour le frapper, et l'homme coudoie l'homme pour le haïr de plus près. Les hommes s'embrassent, mais c'est pour s'étouffer.

La science facilite et précipite les agglomérations humaines, mais elle est impuissante à réconcilier deux ennemis, et même, et surtout, deux amis. Les engins de mort sont multipliés et perfectionnés mille fois plus que les instruments de vie. L'art de tuer est mille fois plus sûr du succès que l'art de guérir. La vraie émulation, la vraie fraternité, c'est la fraternité des artilleries. L'artillerie peut se passer du christianisme; aussi sa prospérité est sincère.

Mais, par ailleurs, la fraternité, en dehors du christianisme, est un mot qui cache un piège. Hors du christianisme, la fraternité est simplement la chose qu'on réclame des autres. Au lieu d'être un don, elle est une exigence. Elle est la fureur de l'égoïsme qui crie, et que crie-t-il ? Il crie : Dévouez-vous, dévouez-vous ! adorez-moi, ou je vous tue !

La santé et la certitude, ces grandes exigences de la nature humaine, ne sont pas puissances soumises. Leur conquête n'est pas faite. La science ne les tient pas dans ses mains.

Je ne veux pas dire que la science perde son temps, car rien n'est inutile, et toute découverte est une utilité quelconque. Cependant l'utile a ses degrés. Il y a des exigences plus ou moins pressantes, et, parmi les plus pressantes, la santé et la certitude figurent éminemment.

Or, la science me semble d'autant plus fière que son objet est plus lointain.

Elle me semble d'autant moins assurée, d'autant plus hésitante que son objet est plus voisin, plus actuel, plus palpitant, plus vivant, plus pressé.

Plus le secours est nécessaire, urgent, moins nous le tenons.

Il est beaucoup plus utile de secourir un homme que de découvrir une étoile.

Il est beaucoup plus facile de découvrir une étoile que de secourir un homme.

On dirait que l'importance pratique d'une découverte est un obstacle à sa réalisation.

Il est plus facile de découvrir des planètes que des remèdes, et des microbes que des trésors. La science est plus curieuse que féconde, plus subtile que salutaire, plus ingénieuse que puissante.

Voilà le fait. D'où vient-il ?

Ici je trouve sur ma route ce grand explorateur des causes, Joseph de Maistre.

« Observez, dit-il, une belle loi de la Providence. Depuis les temps primitifs, dont je ne parle point en ce moment, elle n'a donné la physique expérimentale qu'aux chrétiens...

« La physique des anciens est à peu près nulle car non-seulement ils n'attachaient aucun prix aux expériences physiques, mais ils les méprisaient, et même ils y attachaient je ne sais quelle légère idée d'impiété.

« Lorsque toute l'Europe fut chrétienne, lorsque la théologie eut pris place à la tête de l'enseignement, le genre humain étant ainsi préparé, les sciences naturelles lui furent données. »

Si l'espace le permettait, je trouverais dans Joseph de Maistre et surtout dans la nature des choses mille preuves de cette vérité ; les sciences sont des rayons, la religion est le centre. La religion catholique a donné aux hommes la permission que les païens se refusaient, la permission de s'emparer de la nature. Le christianisme a livré le monde aux disputes des hommes ; mais il a gardé les clefs de la vie ou de la mort.

Aussi la science séparée, la science hostile ou indifférente pourra être chercheuse : elle ne sera pas vivifiante. Il faut que Prométhée accepte la rédemption. Il faut que la science respire dans son air respirable, qui est celui du sanctuaire. Qu'arriverait-il si elle se retrempait dans ses sources, qui sont les sources de la vie, si elle se plongeait dans le christianisme, pour se baigner dans la puissance ?

XL

DYNASTIE ET DYNAMITE.

Oui, vraiment, ces deux mots ont la même étymologie!

Cette fleur unique et double se rencontre dans le Jardin des racines grecques! Le même mot grec, qui signifie puissance, fait éclore, dans la langue française, la *dynastie* et la *dynamite*. On ne tarirait pas sur le rapprochement de ces deux mots. Mais il faut être bref.

Il est curieux, intéressant et instructif de suivre, à travers les âges et à travers les langues, les variations d'un même mot.

La puissance et la force sont des choses qui dominent le monde, et des idées qui le remplissent.

La puissance qui, dérivant du grec, δυναμις arrive en français sous la forme de la dynastie et de la dynamite, s'appelait *virtus* en latin.

Virtus, pour Rome, c'était la force, c'est-à-dire la *vertu* par excellence. Rome adorait la force. Nourrie par la louve, elle avait pour idéal Jupiter Stator. Rome était elle-même sa propre idole, c'était l'homme. *Vir* et *virtus* ne font qu'un. *Virtus* vient de *vir*. La force en latin dérive de l'homme. *Virtus* est le mot *vis* ou le mot *vir* qui s'allonge.

Jupiter Stator, patron de Rome, c'est la force qui arrête. Rome avait compris que l'arrêt est un des attributs de la force. Rome adorait la fixité.

Vir, c'est la force intérieure. *Virtus*, c'est la force en action. Pour les Romains, l'action avait pour caractère le courage. *Virtus* signifie surtout le courage militaire.

Mais voici que les choses se modifient. La langue va se modifier avec elles.

Je sens une vertu sortir de moi.

La vertu va signifier la force thaumaturgique, et plus généralement, la sainteté.

La vertu va devenir la correspondance de l'homme à la grâce.

Les vertus héroïques vont figurer dans les procès de canonisation.

Et elles vont prendre un sens absolument nouveau. Elles vont signifier les vertus morales et sanctifiantes, tandis que la vertu en latin et l'héroïsme en grec signifiaient des actes de courage et de violence, qui n'étaient pas toujours de nature à entraîner la canonisation de leurs auteurs.

Le mot héros, en grec, fournit même à la linguistique une observation bien importante et bien peu connue; il s'écrit avec un esprit rude. Et le même mot, écrit avec un esprit doux, nous conduit aux hommes les moins héroïques et les plus efféminés que l'antiquité puisse nous offrir.

Le héros, avec l'esprit rude, c'est Sparte.

Presque le même mot, avec l'esprit doux, c'est Athènes dans ses plus mauvais jours.

Ne perdons pas de vue notre point de départ. Revenons à *vis* et à *vir* et à *virtus*.

Les voilà qui se transportent dans la langue italienne, fille de la langue latine.

Et, faisant une excursion dans la langue française, ils produisent ce mot : un virtuose.

Si je me souviens du mot *virtus*, un virtuose devrait être un type de courage, un guerrier, un héros.

Mais, tel est le mouvement des mœurs et la transformation des langues qu'un virtuose, c'est un chanteur.

Voilà ce que Romulus n'aurait jamais prévu. Quand je dis Romulus, c'est Tacite qu'il faut entendre, car nous ne savons pas très bien comment s'exprimait Romulus. Nous savons seulement que son nom signifie Force.

Le mot *vir*, le mot *vis*, et le mot *virtus*, après des siècles de travail, ont composé le mot *virtuose*.

Quant à la puissance qui vient du grec, elle s'est considérée longtemps au point de vue politique. Elle s'est faite dynastie. Elle a parlé des Pharaons et des Ptolémées.

Puis, arrivant au XIXe siècle, en France, au milieu des sciences naturelles et physiques, le mot grec est devenu la dynamique.

La dynastie et la dynamique, rapprochées l'une de l'autre, ouvriraient de singuliers horizons sur le mystère des mots. La langue d'un peuple raconte son histoire. Les époques traversées se gravent dans le dictionnaire.

En creusant le sol terrestre, les savants découvrent les traces des siècles évanouis. Les squelettes des grands animaux disparus racontent l'histoire naturelle, telle qu'elle fut autrefois.

Ainsi l'étude des langues raconte l'histoire des peuples morts et des choses emportées. Les langues humaines ressemblent aux pyramides d'Egypte. Le désert garde les tombeaux des rois et le sépulcre des dynasties.

La dynamique est la science des forces.

Elle étudie le mouvement des corps soumis à l'action des forces mécaniques.

Le nom de sa puissance, qui vient du grec, a revêtu cette forme mathématique et physique.

Mais ce n'est pas tout : l'homme a inventé la *dynamite*.

La dynamite a été trop célèbre depuis quelques années pour qu'il soit nécessaire d'en expliquer les effets.

La chimie, maîtresse du XIXe siècle, la chimie, s'emparant de la puissance, s'est emparée du mot qui l'exprimait.

Elle a trouvé la force de nous faire sauter en l'air, et elle s'est précipitée sur la puissance pour lui arracher son nom et le donner à la chose qu'elle venait d'inventer.

Pendant que la dynamite donne la puissance à la mort, la médecine homœopathique, se cramponnant à la même racine grecque, poursuit le principe de vie par la voie de la *dynamisation*.

Mais c'est là le secret de quelques savants.

XLI

LE SENS DU MOT « LAÏQUE ».

Parler français est une grande chose. La langue est une souveraine dont les lois ne se laissent pas violer impunément.

Je vous défie bien d'ouvrir un livre, un journal, de jeter les yeux sur un papier quelconque, à l'heure qu'il est, sans y lire partout le mot : laïque. Ce mot a envahi le discours. Il arrive à propos et hors de propos ; il arrive tout seul, fier et terrible, armé du prestige que la mode lui donne. La mode est une fausse divinité qui tient dans ses griffes une fausse foudre, une foudre de carton. Il arrive aussi escorté, entouré d'autres mots, actuels comme lui : le *laïque* est souvent escorté du *gratuit* et de l'*obligatoire*. Il arrive alors, armé de la puissance des phrases faites, consacrées, elles aussi, dans le sanctuaire de la mode.

Qu'il arrive seul ou en compagnie, le mot laïque est employé *actuellement*, dans les cas multiples de sa floraison actuelle, avec un certain sens unique. Il signifie : étranger à la religion, et, comme étranger veut dire ennemi, hostile à la religion — *hostis* en latin signifie étranger et ennemi, — il est évident que le mot : *laïque* glisse de l'indifférence à l'hostilité. Et, par extension, il va très loin. Dans son usage actuel, il signifie irréligieux, impie, athée. L'habitude *actuelle* le pousse jusqu'à l'athéisme.

Maintenant parlons français.

En réalité, qu'est-ce que signifie, dans la langue française, l'état laïque ?

C'est l'état du *fidèle* qui n'appartient ni aux ordres religieux ni au sacerdoce.

Le laïque est le *fidèle* qui appartient au christianisme par la foi, par l'amour, le fidèle qui croit ce que croit l'Eglise, et qui est uni à elle.

Le sacerdoce ne constitue pas du tout, à lui tout seul, la société religieuse. Cette supposition serait même une pure absurdité. Essayez de vous figurer une religion dans laquelle tout le monde serait prêtre. Le sacerdoce dirige la famille religieuse. Seul, il ne la constitue pas.

Dieu partage le gouvernement de son peuple entre Moïse et Aaron. Moïse est le laïque.

Est-ce que par hasard vous trouveriez à Moïse un air d'impiété ?

Il est le *fidèle* par excellence et le *laïque* par excellence. Je remonterai, si vous voulez, jusqu'à Abraham, et je redescendrai dans l'histoire, partout où vous voudrez, et, sur quelque point que je m'arrête, je rencontrerai l'innombrable légion des laïques saints et canonisés.

Mais voici où va triompher le mot laïque dans son acception véritable, française, grammaticale historique.

Le vénérable Thaulère a laissé une trace profonde dans l'histoire religieuse du moyen-âge.

Telle était la puissance oratoire de ce prédicateur prodigieux que ses auditeurs, frappés jusqu'à la moëlle des os, restaient quelquefois immobiles et comme privés de sentiment, après ses discours. La profondeur de leur recueillement prenait l'apparence de l'évanouissement et presque de la mort.

Eh bien ! Thaulère était le disciple d'un laïque, fort célèbre dans l'histoire du moyen-âge, mais qui ne porte pas, dans cette histoire, d'autre nom que celui-là : *Le Laïque*. Il n'est connu que comme *Laïque*, et cette dignité de *laïque*, de fidèle laïque, a tellement pénétré son nom qu'elle l'a remplacé et qu'il n'en porte pas d'autre.

Je me figure l'étonnement de Thaulère et de son maître si une vision prophétique leur eût montré le mot : laïque, dans le sens qu'il porte aujourd'hui ?

On dirait, en ce moment-ci, que la société laïque signifie une société sans Dieu.

La société laïque est simplement la société des fidèles, non engagés dans le sacerdoce, et unis entr'eux par une foi commune.

Ne méprisons pas la langue française. Elle veut être respectée et elle a raison : car elle est respectable. Ses volontés ne sont pas des caprices. Elles tiennent à la nature des choses. Les choses sont cachées sous les paroles, comme la sève sous l'écorce, et quand on viole la langue qui les recouvre, les choses crient du fond de leur retraite.

Ceux qui, pour écarter l'élément religieux, veulent introduire partout le laïque, ressemblent partout à des hommes qui pour écarter l'élément militaire introduiraient partout le soldat.

Figurez-vous un révolutionnaire qui tiendrait à peu près ce langage : Je déserte le régime militaire. Plus de maréchaux ! Plus de généraux ! Plus d'officiers ! Plus d'armée ! Tout le monde sera soldat.

Une objection s'élève, timide comme l'évidence ; car elle est timide, la pauvre évidence ! une objection s'élève : Mais, messieurs, les soldats font partie de l'armée : ils en sont la substance !

— Taisez-vous, répond le révolutionnaire.

Plus de régime militaire ! Plus d'armée ! Partout des soldats !

Plus de religion ! Partout des laïques !

La langue humaine ne parle pas au hasard. Il faut compter avec elle comme avec une puissance. Les mots signifient quelque chose.

Si toute langue a droit au respect, la langue française y a peut-être un droit particulier. Elle est la fille légitime des grandes langues antiques, des langues universelles. Elle est elle-même, dans un certain sens, une langue universelle. Elle a des titres sacrés au respect universel, et nul ne la viole impunément. Nul ne la viole sans porter le trouble dans les idées, dans les affaires, et dans l'histoire du genre humain.

Le XVIII° siècle, qui a séparé toutes choses, a imaginé que le laïque était l'ennemi du prêtre. Et, à ce propos, je ferai remarquer encore l'habileté des fils des ténèbres.

Nos ennemis nous attaquent radicalement, par le fond des choses. Ils visent au cœur : ils savent que là se distribuent les coups mortels.

Les conservateurs, au contraire, sont très souvent portés à croire que le point principal du combat, c'est le détail. Ils ne voient pas toujours qu'en toute occasion, en toute lutte, en toute crise, ce qu'il y a de principal, c'est le principe.

Le principe sauvé, l'application locale viendra toute seule.

Voltaire a renversé la société chrétienne et même la société humaine.

Comment s'y est-il pris? Est-ce que, par hasard, il a violemment attaqué les gouvernants et les gouvernements?

Mais au contraire! Il a été le plus plat des valets et le plus commode des flatteurs.

Voltaire n'a jamais articulé une parole contre les puissances établies. Seulement, il a ébranlé les principes sur lesquels repose la société, et la société s'est écroulée.

Si Voltaire avait employé sa vie à lutter sur un point, son nom serait oublié.

Mais il s'est attaqué à la foi chrétienne elle-même, et la société s'est sentie atteinte et endommagée dans le principe de vie.

Au commencement de ce siècle, Joseph de Maistre exposait avec une grande profondeur et une grande magnificence les plus hautes vérités de l'ordre universel.

Quel accueil a-t-il reçu des conservateurs?

Ses livres ne trouvaient pas d'éditeurs, et lui-même grelottait, à Saint-Pétersbourg, sans manteau. Ses livres, que tous auraient dû se disputer l'honneur de faire connaître au monde, ne semblaient ni aussi importants, ni aussi intéressants, ni aussi actuels, que le moindre événement de cette époque agitée.

Si cependant les conservateurs avaient fait aux *Soirées de Saint-Pétersrbourg* l'accueil qu'elles méritaient, qui sait s'ils n'en auraient pas été singulièrement récompensés depuis soixante ans?

Si les croyants avaient reçu De Maistre comme les incroyants ont reçu Voltaire, que serait-il arrivé?

De Maistre était un laïque.

Ces deux hommes méritent, comme types et comme enseignement, d'être regardés au point de vue des actualités du devoir.

XLII

LES AVEUX ACTUELS DE LA SCIENCE.

Il me semble que l'orgueil est prodigieux dans ses effets. Chaque fois qu'il s'offre à mon regard, je crois le voir pour la première fois. Il me semble que je n'ai jamais compris de quoi il est capable, que je commence aujourd'hui seulement, et que demain peut-être je le comprendrai mieux.

On croit vulgairement que l'orgueil consiste dans la haute idée que l'homme a de lui-même, et que l'humilité nous rabaisse. C'est le contraire qui est vrai. L'humilité exalte l'homme. L'orgueil le prépare à toutes les prostrations.

A voir combien les hommes sont orgueilleux, on pourrait croire que ces fiers et grands personnages, chatouilleux et délicats, ne supporteront pas volontiers les relations que Darwin établit entre les singes et nous. Mais, quand on considère de plus près la nature de l'orgueil, on arrive à cette conclusion : l'orgueil admet volontiers la doctrine la plus humiliante, pourvu que cette doctrine soit fausse. L'orgueil ne repousse que la vérité; il se plaît dans l'erreur, et il s'y plaît tellement que l'erreur la plus avilissante est quelquefois celle qui lui sourit le plus; car l'erreur avilissante est toujours irréligieuse, et l'orgueil tient avant tout et par dessus tout, à être irréligieux.

Il faut citer quelques phrases : il faut étudier Darwin dans Darwin lui-même pour mesurer cette doctrine.

« Il est notoire, dit-il, que l'homme est construit sur le même type général, sur le même modèle que les autres mammifères. Tous les os de son squelette sont comparables aux os correspondants d'un singe, d'une chauve-souris ou d'un phoque. Il en est de même de ses muscles, de ses nerfs, de ses vaisseaux sanguins, et de ses viscères internes. Le cerveau, le plus important de tous les organes, suit la même loi. »

S'il en est ainsi, si l'homme présente une telle ressemblance avec la chauve-souris et avec le phoque, ce serait précisément le cas d'exalter l'âme humaine qui, malgré ces analogies physiques, creuse de tels abîmes entre ces créatures. Plus la ressemblance physique serait prouvée, plus la distance morale deviendrait éclatante.

Cependant Darwin continue :

« Vulpian, dit-il, fait la remarque suivante : les différences réelles qui existent entre l'encéphale de l'homme et celui des singes supérieurs sont bien minimes. Il ne faut pas se faire d'illusions à cet égard. L'homme est bien plus près des singes anthropomorphes par les caractères anatomiques de son cerveau, que ceux-ci ne le sont non-seulement des autres mammifères, mais même de certains quadrumanes, des guenons et des macaques. »

Eh bien alors, Vulpian, Darwin et vous tous, vous devez affirmer et préconiser la nature spirituelle de l'âme, puisque les caractères anatomiques du cerveau ne suffisent pas pour expliquer la différence essentielle, immense, la distance incommensurable que l'âme établit!

Darwin cite un certain nombre d'animaux ayant accompli, à sa connaissance, des actes remarquables, des actes révélateurs, des actes qui prouvent une certaine prudence, une certaine habileté. Personne ne songe à nier ces faits. Mais plus ils sont réels, plus ils sont nombreux, plus ils attestent une certaine limite qu'ils ne franchissent pas, qu'ils ne franchiront jamais.

Vous donnez des œufs à des singes. Ces singes les écrasent d'abord très maladroitement, et le contenu de l'œuf s'échappe. Puis, si vous continuez l'expérience, il paraît que le singe apprend petit à petit la manière de s'y prendre. Il frappe doucement contre un corps dur l'extrémité de l'œuf et enlève avec ses doigts les fragments de la coquille.

Eh bien! quand cela serait, et quand d'autres faits plus bizarres viendraient corroborer celui-là, l'abîme qui sépare l'homme de l'animal resterait tout aussi énorme, tout aussi infranchissable. Un singe peut être adroit et les leçons de l'expérience peuvent augmenter son adresse. Il peut apprendre à ouvrir et à manger un œuf. Mais peut-il avoir une idée? Peut-il concevoir la vérité en tant que vérité, l'idéal en tant qu'idéal? Jamais! Jamais!

Un chien, dit quelque part Joseph de Maistre, peut savoir qu'il est venu ici aujourd'hui, et hier, puis avant-hier, il ne peut pas savoir qu'il y est venu *trois* fois.

Le chiffre, le nombre *trois* lui échappe nécessairement.

Et la parole, la parole articulée, ce prodigieux et magnifique organe de la pensée spirituelle, est-ce qu'elle ne suffirait pas, à elle seule, pour terminer toute discussion et pour interdire à jamais entre l'animal et l'homme l'ombre d'une confusion quelconque, grande ou petite?

Cependant Darwin a osé écrire :

« En ce qui concerne l'origine du langage articulé, je ne puis douter que ce langage ne doive son origine à des imitations, et à des modifications accompagnées de signes et de gestes, de divers sons naturels, des cris d'autres animaux et des cris instinctifs de l'homme lui-même. »

Cette affreuse conception n'est pas seulement une hypothèse sans preuve; elle est la dégradation absurde de la parole humaine.

La parole n'est pas un essai; elle est un don de Dieu.

Eh bien! communiquez à un orgueilleux cette doctrine d'abaissement : au lieu de s'indigner et de se cabrer, il l'acceptera avec un certain plaisir.

Le plaisir naîtra de l'erreur, considérée en elle-même, parce que l'erreur est irréligieuse, et que l'orgueil est simplement une hostilité de l'homme contre la vérité. Au contraire, parlez à un orgueilleux des grandeurs de l'homme, de sa nature sublime, de sa création, de sa rédemption, de sa destinée immortelle, l'orgueil, au lieu d'applaudir, comme on pourrait l'en croire capable, d'après les idées vulgaires qu'on se fait de lui, l'orgueil se cabrera; l'homme, dira-t-il, n'est pas si grand qu'il le prétend. Dieu ne s'occupe pas de lui. Et d'ailleurs, que savons-nous de Dieu?

Car, l'orgueil, qui fait volontiers profession d'être philosophe et théologien, quand il s'agit de combattre la vraie philosophie et la vraie théologie, se récuse subitement dès qu'il s'agit de les accepter. Quand il s'agit de nier, il se déclare compétent. Mais, dès qu'il faudrait affirmer, il proclame son incompétence.

Je croirais avoir fait une œuvre utile, si j'arrachais à l'orgueil ce masque de grandeur dont il se sert pour nous tromper. Il est l'erreur; donc il est l'abaissement. Il n'élève jamais. Il précipite toujours.

Mais, présentez-moi, je vous en supplie, si vous en connaissez, un homme humble. Je vais lui proposer les idées et les actes les plus hauts, je vais lui proposer les fins les plus sublimes, et il comprendra et il acceptera.

Et plus il sera humble, et plus il aspirera aux élévations les plus hautes. L'humilité est en elle-même et par elle-même une ascension vers le sublime.

L'explication de ce phénomène est aussi simple qu'inaperçue, aussi intéressante qu'oubliée.

C'est que l'humilité maintient l'homme en état de vérité. Or, qu'est-ce que la vérité ?

C'est le but de la créature.

La créature humaine étant destinée à une participation magnifique et surnaturelle de la vie divine, plus elle vise à la perfection, plus elle est dans la vérité.

L'humilité, c'est la réponse à l'appel de Dieu, et comme Dieu appelle très haut, l'humilité est sublime dans ses visées et ses désirs.

Voltaire humilie l'homme, il lui rappelle continuellement toutes les hontes de sa nature, et les orgueilleux, qui devraient le rejeter avec mépris comme un insulteur, les orgueilleux sont à genoux devant lui ! Ils sont à genoux devant lui, parce que Voltaire déteste la vérité. S'il humilie l'homme, ce n'est pas pour lui montrer sa chute et sa misère, c'est pour l'y enfoncer, c'est pour l'y confiner, c'est pour le dispenser des efforts nécessaires au combat et à la victoire. Voltaire insulte l'homme et l'orgueil applaudit, parce que cette insulte est en même temps une insulte à l'homme, et une insulte à Dieu. Et, pourvu qu'on insulte Dieu, l'orgueil veut bien qu'on insulte l'homme.

Dans le discours de la réception de M. Pasteur à l'Académie M. Renan n'a pas craint de dire :

« Je ne sais pas bien si je suis spiritualiste ou matérialiste. »

Et l'orgueil applaudit, et cet aveu, si humiliant dans la bouche d'un philosophe, n'étonne ni celui qui le fait ni ceux qui l'entendent.

C'est qu'aussi, dans le même discours, ayant nommé la Providence, il explique ainsi la parole qui vient de lui échapper. « J'entends par ce mot, dit-il, l'ensemble des conditions fondamentales de la marche de l'Univers. »

Cette Providence-là est supportable pour les hommes du xix° siècle, et l'orgueil a applaudi.

Le discours d'un philosophe, chef d'école, déclarant solennellement, à l'Académie française, qu'il ne sait pas bien s'il est spiritualiste ou matérialiste, la mort de Darwin qui ne savait pas bien non plus tant de choses qu'un enfant doit savoir, ces actualités de la *science* hétérodoxe ouvrent de grands horizons sur la nature humaine.

Pauvre nature humaine ! Comme elle a besoin, pour être grande, d'appeler l'humilité à son secours ! Un ancien empereur disait : « Il n'y a de grand que l'homme à qui je parle, et dans le moment où je lui parle. »

Il faut corriger cette phrase et dire : « Il n'y a de grand que l'homme à qui Dieu parle, et dans le moment où Il lui parle. »

Dans ce moment où Dieu lui parle, l'homme est humble, parce qu'il est grand ; c'est pourquoi la Vierge Marie disait au genre humain que toutes les nations la proclameraient bienheureuse, parce que le Tout-Puissant a fait en elle de grandes choses.

XLIII

UN REGARD A L'ORIENT.

Le xixe siècle est le siècle des contradictions.

Il offre ces deux caractères si éminemment opposés l'un à l'autre : il *veut* l'unité et il *fait* la division.

Dans l'ordre littéraire, dans l'ordre philosophique, dans l'ordre social, dans l'ordre religieux, on peut constater cette double tendance, aussi parfaitement simultanée que parfaitement contradictoire.

La critique du xixe siècle, si nous la regardons d'un côté, nous apparaîtra comme le chef-d'œuvre de la division. Si nous la regardons d'un autre côté, elle nous apparaîtra comme une aspiration ardente et égarée vers l'unité.

Dans les siècles précédents, la littérature séparait les *genres*. Il y avait le Poète Epique, le Poète Lyrique, le Poète Dramatique, le Poète Satyrique, le Poète Comique.

Maintenant il n'y a plus que le Poète.

Le Poète est tenu maintenant à comprendre et à sentir l'unité de la Poésie.

Et la Poésie, parce qu'elle se rapproche de son unité, la Poésie tend à redevenir synonyme de création.

La création a pour objet l'Univers, et le mot : Univers contient deux mots : Unité, Variété.

La Poésie a pour objet son univers à elle, qui est aussi l'Unité dans la Variété. C'est pourquoi elle embrasse tout.

La petite critique, qui a abouti à Voltaire, séparait toutes choses. Elle séparait les genres, elle déterminait à la Poésie ses domaines qu'elle faisait étroits et circonscrits. Elle oubliait l'Unité dans l'Art, comme dans la Science, comme dans la Vie. C'est là qu'aboutit l'oubli du christianisme, quand il atteint sa perfection. L'Unité, même naturelle, échappe aux regards de l'aveugle.

Dans la haute antiquité, même chez les Grecs, la commune origine des choses avait gardé conscience d'elle-même. Mais que dire des Hébreux ? David était à la fois le type du Roi et le type du Poète. Salomon, le type du Roi et le type du Savant.

Les Hébreux ne croyaient pas qu'un homme cessât d'être pratique parce qu'il était contemplatif et inspiré.

Le XVIIIe siècle a cru qu'un homme n'était plus bon à rien, quand il vivait dans le voisinage et dans la lumière de la divinité.

Le XIXe siècle a la conscience sourde de l'Unité.

C'est pourquoi la Critique est sortie de ses mains, armée de pied en cap.

Mais cette conscience sourde n'a pas produit l'œuvre qu'elle contient, et cette fournaise où l'Unité s'élabore, n'a pas vu sortir de ses entrailles le feu, le germe de vie qu'elle travaille, mais qu'elle ne produit pas.

On dirait une usine immense où doivent se fondre les instruments de vie, mais où se fondent les instruments de mort, qui s'évertue à préparer des charrues, et qui produit des canons.

Dans ce monde de la critique, le regard du XIX° siècle cherche l'Unité, parce qu'il embrasse le monde, mais il ne la trouve pas, parce qu'il ne sait pas où est caché le secret de l'Unité, dans ce monde énorme et vague qu'il regarde, sans le contempler.

Car, pour voir, il suffit d'avoir les yeux ouverts; mais pour contempler, il faut accepter et posséder la Lumière de Vie, sans laquelle tout est mort, l'Homme, l'Histoire et la Nature.

Le XIX° siècle veut bien regarder ces trois choses, l'Homme, l'Histoire et la Nature. Mais il ne veut pas les regarder à la lumière de la croix, centre et foyer de la chaleur divine.

C'est pourquoi son regard se promène, vague et curieux, non pas encore profond ou contemplatif. Il va et vient, au lieu de marcher. Il regarde, au lieu de contempler. Il réunit tous les éléments de la contemplation, mais il ne les coordonne pas. C'est pourquoi il s'arrête avant la contemplation elle-même. Il prépare d'immenses matériaux pour quelqu'un qui doit venir, mais il ne les met pas en œuvre. Aussi tous les hommes ont l'air de se dire les uns aux autres : Est-ce vous qui devez venir, ou faut-il en attendre un autre ? Et, jusqu'ici, ils auraient pu se répondre les uns aux autres : Nous préparons les voies.

L'Histoire a fait comme la littérature, la critique et la philosophie. Elle a immensément travaillé. Mais, elle aussi, elle est restée immobile devant les monuments qu'elle a élevés. Ses mains les ont élevés, mais son souffle ne les a pas animés. Le souffle est l'acte de la vie. Et de même que la lumière manque aux tableaux, quand ce n'est pas de la croix qu'elle part, le souffle manque aux statues, quand l'esprit divin n'est pas dans la poitrine du statuaire.

Aussi l'Histoire demeure-t-elle sans conclusion. Elle était jusqu'ici l'histoire séparée, isolée des batailles et des assassinats : elle était la nomenclature des dates et des accidents, et l'histoire d'un pays semblait étrangère à l'histoire des autres pays.

Maintenant l'Histoire a le droit de s'écrire par une lettre majuscule. Son regard s'est étendu. Il s'est étendu en hauteur, en profondeur, en largeur. Il ne s'arrête plus aux faits et aux dates. Il veut pénétrer dans les choses et dans les causes.

Il fouille les institutions, pour leur demander leur esprit. Il fouille les événements pour leur demander d'où ils viennent et où ils vont. Il ne leur demande pas encore par qui ils sont conduits.

Il n'a oublié qu'une chose, c'est de placer les lumières assez haut pour éclairer les ensembles.

Ce regard de l'histoire actuelle découvre la solidarité des nations; mais il n'a pas encore nommé Celui en qui elles sont solitaires, Celui en qui tout réside, Celui dont parle saint Paul, *in quo omnia constant*.

Comme le terrain du travail est plus vaste, le champ de la division s'est agrandi. Les éléments du conflit se sont multipliés, et l'Unité, qui n'a pas encore apparu, semble plus loin que jamais.

L'Unité semble plus éloignée que jamais, parce que les amoncellements de matériaux qui l'attendent sont plus nombreux que jamais, et, comme elle n'a pas encore soufflé sur eux, la division apparaît seule dans ce rassemblement énorme de pièces juxtaposées déjà, mais non pas encore réunies.

La haute antiquité avait jeté des regards universels sur les choses et sur le monde. L'art antique était né plein de conscience, et la conscience d'un être, c'est toujours son unité. Dans Homère, l'histoire, comme l'art, a des tendances universelles.

L'Orient et l'Occident sont en présence dans l'*Iliade*.

L'histoire ancienne s'ouvre à Hélène, femme de Ménélas, qui alluma la guerre de Troie.

L'histoire ancienne finit réellement en même temps que le monde païen, à une autre Hélène : celle-ci s'appelle sainte Hélène, et c'est la mère de Constantin.

Les relations de l'Orient et de l'Occident suivirent deux fois les destinées des deux Hélènes.

Deux civilisations semblèrent s'élever sur leur tombeau.

Car, en général, les événements historiques ont pour origine apparente un homme, et pour origine plus réelle une femme. Mais ils ont toujours pour point de départ absolument réel, un esprit.

Dans les moments les plus vulgaires de l'histoire humaine, l'Orient et l'Occident semblent s'oublier.

Dans les moments les plus solennels de l'histoire humaine, l'Orient et l'Occident se regardent.

Dans les moments les plus décisifs, l'Orient et l'Occident se touchent.

Ils se frappent ou s'embrassent.

Constantin ne fut pas aussi grand que sa situation. Chargé d'inaugurer un monde, il manqua la fête de l'inauguration. Premier empereur chrétien, il ne donna pas au monde l'exemple qu'il lui devait.

Son christianisme fut extérieur, incomplet,

superficiel ; il forma un monde extérieurement, incomplètement, superficiellement chrétien. Constantinople devint Byzance. L'Occident et l'Orient se séparèrent.

A l'époque de saint Louis, voici, entre l'Orient et l'Occident, un nouvel échange de regards. Saint Louis était très occidental; mais il était trop grand pour ne pas regarder vers l'Orient.

Mais les croisés furent indignes des croisades, et les croisades n'aboutirent qu'à des résultats incomplets.

Saint Bernard prêcha la croisade avec toute l'énergie de sa parole. Sa croisade échoua! Il faut lire, dans la correspondance du saint, à quel point cette épreuve fut terrible pour lui. La liberté humaine s'étant mise en travers de l'activité divine, la croisade qu'il avait annoncée, avec l'audace de sa foi souveraine, ne réussit pas suivant son espérance !

On dirait qu'une certaine force tend à renouer les liens de l'Occident et de l'Orient, et qu'une autre force tend à les rompre.

Napoléon Ier eut de vives aspirations vers l'Orient. Constantinople, disait-il, c'est l'Empire du monde.

A Sainte-Hélène, parlant de l'expédition d'Egypte, il donnait son échec devant Sainte-Jean-d'Acre comme le plus grand malheur de sa vie.

— Saint-Jean-d'Acre enlevé, disait-il, l'armée

française volait à Damas et à Alep. Elle eût été, en un clin d'œil, sur l'Euphrate. Les chrétiens de la Syrie, de l'Arménie se fussent joints à elle; les populations allaient être ébranlées.

J'aurais atteint, ajoutait-il, Constantinople et les Indes. J'eusse changé la face du monde. Je prenais l'Europe à revers. La vieille civilisation européenne demeurait cernée. »

Et il terminait en disant: « j'ai manqué ma destinée. »

La question qui unit et qui divise les Orientaux et les Occidentaux est bien supérieure à une question politique. Elle est du nombre de celles que la Providence s'est réservée. Elle a les caractères d'un secret, et je dirai presque qu'elle a les proportions d'un mystère.

En général, l'analyse est plus spécialement le domaine de l'homme; la synthèse touche de plus près les choses divines.

Les époques ordinaires et les hommes ordinaires scrutent les détails: ils coupent en mille morceaux les objets qu'ils examinent. Ils réussissent plus facilement, parce que le champ de leur action est plus limité, et que, dans la limite, l'homme se sent plus fort; il se sent chez lui.

Les hommes extraordinaires, quel que soit le théâtre de leur activité, dans l'art, dans la science, dans la spéculation ou dans la pratique, visent à la synthèse, et leur succès est plus difficile, parce que le secours divin est plus immédiatement et plus visiblement nécessaire.

L'homme est plus fier un microscope à la main qu'un télescope devant les yeux; quand il est aux prises avec la synthèse, l'homme se sent plus faible et plus loin de chez lui.

La haute science et la haute antiquité ont de grandes affinités l'une avec l'autre; ces affinités sont surtout évidentes s'il s'agit de l'antiquité sainte.

Voici une parole très antique et essentiellement actuelle: elle domine l'histoire du monde. — « Que Dieu dilate Japhet, disait Noé, qu'il habite sous les tabernacles de Sem et que Chanaan soit son esclave! »

Les tentes de Sem, qui représentent ici l'Orient, sont désignées par ce mot de tabernacles. C'est que l'Orient c'est le repos, et rien n'est profané dans le repos. Le repos est un sanctuaire; chez lui Japhet travaille et ne se repose pas. L'Occident est le terrain du travail. Japhet, qui tend toujours à se dilater, se souvient de la bénédiction de Noé, et les tabernacles de Sem ne sont pas sortis de sa mémoire. Il y pense, même malgré lui, parce qu'il est dans sa vocation d'y penser. Il y pense tantôt bien, tantôt mal, mais il ne peut guère s'abstenir d'y penser.

Cette préoccupation est chez lui un de ces profonds souvenirs d'enfance dont on ne se défait pas, et qui persistent dans la vieillesse, immortels comme l'âme où ils ont été plantés ; l'Occident et l'Orient semblent avoir besoin de sortir d'eux-mêmes. Leur repos serait peut-être de se transporter l'un dans l'autre. Japhet, s'il faisait aux tabernacles de Sem une visite amicale et pacifique, y trouverait les souvenirs de Noé, rajeunis par les siècles. Les premiers jours du monde n'apparaîtraient plus si lointains.

L'Occident entrerait dans le repos, l'Orient dans le travail.

Les fils de Noé se retrouveraient en présence, à genoux sous la même bénédiction.

XLIV

EXAMEN DE CONSCIENCE

Vous connaissez l'histoire d'Ésope, chargé par son maître de lui présenter sur sa table ce qu'il y a de meilleur au monde : l'esclave bossu lui sert une langue, puis une autre langue, puis une troisième langue. L'assaisonnement variait seul; la chose ne variait pas. Le maître impatienté, change de fantaisie. — « Voyons, dit-il à l'esclave, présente-moi maintenant tout ce qu'il y a de plus mauvais. » Et Ésope lui sert une langue, puis une langue, puis une troisième langue.

Le maître s'irrite. « Voyons, dit l'esclave, la langue n'est-elle pas ce qu'il y a au monde de meilleur et ce qu'il y a au monde de plus mauvais ? C'est par elle que tout le bien et tout le mal arrivent dans la société des hommes. »

Ah ! si Ésope avait connu l'imprimerie, il eût cherché et trouvé je ne sais quelle ingénieuse façon de servir sur la table de son maître les vingt-quatre lettres de l'alphabet ! Je ne doute pas que la pâtisserie, ingénieusement préparée, ne puisse rendre ce service.

La langue est bornée dans son opération. La

sphère où elle se meut est étroite. Elle parle à peu d'hommes à la fois. Ésope pouvait cependant, faute de mieux et faute de pire, la présenter à son maître.

Mais s'il avait connu l'imprimerie ! Un de mes étonnements, c'est l'absence d'étonnement quand nous considérons cette puissance énorme. C'est qu'aussi nous ne la considérons pas. Voilà peut-être l'explication de notre quiétude. Nous nous en servons; nous la subissons; mais nous ne la regardons pas agir sur nous-même et sur les autres, avec une stupéfaction digne de sa grandeur. Nous sommes vis-à-vis d'elle actifs ou passifs. Dans les deux cas, nous sommes négligents.

Si la presse faisait, pour la première fois, sous nos yeux, son apparition sur la terre, peut-être notre attention se concentrerait *un moment* sur elle.

Si cette puissance inouïe sortait tout armée sous nos yeux, pour la première fois, d'un cerveau quelconque, peut-être un peu d'épouvante accompagnerait son entrée en scène.

Si cette souveraine, qui tient dans les plis de sa robe traînante, la vie et la mort des nations, étalait devant nous, pour la première fois, ses pompes et ses œuvres, peut-être serions-nous avertis que le monde va désormais tourner sur un axe nouveau.

Mais la presse nous a bercés sur ses genoux dans notre enfance. Elle a été la compagne bonne ou mauvaise, de notre vie tout entière ; elle a suivi pas à pas nos jours, peut-être aussi nos nuits, et elle nous a dissimulé l'énormité de son importance, par la fréquence de ses visites et la continuité de ses opérations.

Quand la vie et la mort entrent quelque part, nues, visibles, reconnaissables, armées de leurs noms et de leurs insignes, avec l'apparat et la solennité de leur nature, les têtes se découvrent sur leur passage. On se dit : Les voilà ! Et chacun, suivant la portée de son regard, mesure leur sphère d'action.

Mais la presse ! La presse dissimule la vie et la mort avec une habileté étrange. Elle cache la vie et la mort sous les apparences les plus familières qui soient au monde. Ces apparences sont d'autant plus redoutables qu'elles sont plus simples, plus accessibles, plus discrètes. La presse cache la vie et la mort sous les *espèces* d'une feuille de papier. O terrible feuille de papier !

Elle est d'autant plus redoutable qu'elle ne le dit pas !

Elle se présente avec la bonhomie d'une visiteuse innocente, qui vient vous raconter les nouvelles du jour.

Elle se présente sous cette forme simple : le journal.

..

Un journal ! quoi de moins effrayant en apparence ? Il est à bon marché, quelquefois à très bon marché : il ne pèse pas. Il tient sous une bande légère que la main déchire et brise presque sans s'en apercevoir. Et moins il a d'appareil, plus il a de puissance. Il est l'ami de la maison. Il glisse dans le sang des hommes et des peuples la vie et la mort si doucement que les hommes et les peuples ne sentent ni la vie ni la mort glisser dans leurs veines. Ils les boivent sans s'en apercevoir.

La presse insinue la vie ou la mort, et l'insinuation est d'autant plus redoutable qu'elle est insensible. Le pain ne dit pas : Je suis le pain. Le poison ne dit pas : Je suis le poison. Tout est masqué; tout est caché. On ne sait ce qu'on boit et ce qu'on mange.

Si j'insiste sur cette distinction qui dissimule aux hommes l'importance de la presse, c'est qu'elle a, comme la presse elle-même, des conséquences énormes, incalculables et inaperçues.

Ces hommes nombreux et prudents, qu'on appelle les conservateurs, et qui très souvent s'appellent eux-mêmes *les bons*, ces hommes consciencieux, et qui réfléchissent, à beaucoup de leurs devoirs, je suis heureux de le proclamer, ont-ils suffisamment réfléchi à ce devoir énorme, essentiel, qui leur incombe vis-à-vis de la presse ?

L'importance monstrueuse de ce devoir risque comme l'importance de la presse elle-même, de passer inaperçue.

L'homme consciencieux s'occupe beaucoup de

ses devoirs privés. Mais s'occupe-t-il, avec un intérêt aussi vif et aussi profond, de ces devoirs nouveaux que la société nouvelle où nous vivons crée à chacun de ses membres ? Et parmi ces devoirs se trouvent, en première ligne, les devoirs vis-à-vis de la presse.

..

Beaucoup d'hommes semblent se désintéresser de la vie publique. Ils se retranchent avec une modestie regrettable, derrière le mur de la vie privée. Que la presse parle bien ou qu'elle parle mal : qu'elle distribue la vie ou qu'elle distribue la mort, on dirait que cela ne les regarde pas.

Prenez-y garde ! le désintéressement est complètement impossible !

Que vous le vouliez ou non, vous faites partie de cette société, à qui sera distribué demain matin, à une heure fixe, le pain ou le poison. Prenez-y garde ! Que vous le vouliez ou que vous ne le vouliez pas, vous êtes forcément membre de l'humanité, membre de la nation, qui mangera le pain ou le poison, et vous subirez forcément les conséquences de sa nourriture, ou les conséquences de son empoisonnement !

Prenez-y garde ! La solidarité est la loi de ce monde ! Il vous est aussi impossible de vous désintéresser de la presse bonne ou mauvaise, que de vous désintéresser du froid ou de la chaleur, de la santé ou de la maladie qui circule dans l'air, que de vous désintéresser de votre vie, que de vous désintéresser de votre mort, que de vous désintéresser des lois qui vous régissent, des aliments qui vont vous nourrir, ou de l'arsenic qui va vous empoisonner.

Alexandre Dumas a dit :

« Ce sont les mauvais livres qui font sensation. C'est comme les dîners que l'on ne digère pas ; aux dîners que l'on digère on ne pense plus le lendemain. »

Il est impossible de trop citer et de trop méditer cette parole. Elle explique peut-être ce qui est demeuré jusqu'ici sans explication. Elle explique l'amour des hommes pour ceux qui leur font du mal. Elle explique l'histoire moderne.

Mais si elle explique, elle ne justifie nullement. Il est affreux que le mal fasse tant de mal et que le bien fasse si peu de bien ! Cette disproportion monstrueuse s'explique (toujours sans se justifier) par l'attention profonde et durable qu'on accorde au mal, par l'oubli facile et rapide que l'on accorde au bien.

De quel droit gardez-vous votre mémoire toute entière pour ces aliments dangereux et mauvais qui se sont fixés dans votre souvenir, par le mal qu'ils vous ont fait ? Et de quel droit réservez-vous l'oubli, un des maux les plus incurables, pour ces aliments réparateurs qui vous ont dispensé de songer à eux, parce qu'ils n'ont apporté aucun trouble en vous ?

L'injustice de l'homme envers les soutiens physiques et moraux de sa vie quotidienne est un des plus tristes phénomènes de notre nature, et je croirais avoir fait une œuvre importante si j'attirais aujourd'hui l'attention sur cette injustice meurtrière !

∴

Il y a des hommes qui consacrent leur existence à fournir aux autres hommes les éléments de leur vie morale. Quand ces éléments auront donné la maladie ou la mort, les distributeurs de poison seront récompensés par l'attention, par le souvenir des malades ! Les regards se tourneront vers eux. On constatera leur action. On admirera leur puissance. On les redoutera toujours. On les aimera souvent.

Quand, au contraire, les éléments de vie auront distribué la santé, la force, alors chacun ira à ses affaires et profitera du bien qu'on lui a fait, sans se souvenir des mains bienfaisantes, et les distributeurs de la vie auront l'oubli pour récompense ! Et prenez garde encore ! Ils ne vous distribueront pas la même vie, avec la même abondance, s'ils sont oubliés, car l'oubli produit son effet ; il décourage.

L'oubli tue du même coup les oublieux et les oubliés.

Milton disait :

« Celui qui tue un homme ne tue qu'un homme. Celui qui tue un livre, tue quelquefois une idée, et il faudra peut-être un grand nombre de générations humaines pour réparer le mal qu'il a fait. »

Je voudrais faire entendre cette parole à tous les hommes à la fois. Je la sens dans le fond de mes entrailles avec une telle intensité que je ne suffis pas à l'impression qu'elle me cause. Je voudrais la faire partager. Je voudrais être maître des échos pour lui donner le monde à remplir.

Oui, il est impossible, absolument impossible de mesurer le mal que fait l'oubli, et le bien qu'il empêche. L'homme qui parle a besoin d'être écouté. Il a même besoin de se sentir écouté. Son éloquence grandira dans la mesure où les autres seront entraînés par lui. Celui-là seul fait du bien qui parle avec ardeur, et l'ardeur de la parole a faim et soif de l'écho.

Je voudrais pouvoir m'adresser à la fois à tous ceux qui lisent, c'est-à-dire à tous les hommes, puisque tout le monde lit désormais ; je voudrais pouvoir non seulement dire à tous les hommes, mais leur faire comprendre et sentir cette vérité, la plus inconnue des vérités, à savoir qu'ils sont dépositaires d'un mandat sacré, dont ils ignorent la plupart du temps la nature et l'existence, mais qu'ils ont cependant dans les mains un mandat de justice, pour choisir entre les écrivains, pour encourager les uns et pour décourager les autres.

.·.

Joseph de Maistre demandait à un général :
— « Qu'est-ce que c'est qu'une bataille gagnée ?
Le général répondit :

— « C'est une bataille que l'armée croit gagnée. »

Cette parole est profonde.

Dans la mêlée, quand les deux armées sont étourdies de la fumée de leurs canons, dans l'énivrement de la mort, dans la cohue du carnage, il y a un moment où une armée se dit : La victoire est à moi.

Et dès ce moment-là, cette armée est victorieuse. La conviction ne constate pas seulement la victoire : elle la fait. Une armée qui se sent actuellement victorieuse, devient actuellement invincible. Il en est de même dans les combats de l'esprit.

L'écrivain militant qui se sent victorieux devient invincible. Le sentiment de la victoire donne l'attitude de la victoire, et l'attitude de la victoire, c'est la victoire elle-même.

Or, cette attitude de la victoire, c'est le public qui la donne à l'écrivain, et le public c'est chacun de nous. Il ne faut pas abandonner aux autres ce devoir sacré d'encourager et de soutenir l'écrivain qui dit la vérité. Il faut que chacun se dise à lui-même, réellement et personnellement :

— « Je suis le public. Je suis revêtu d'une magistrature redoutable. Entre les livres, entre les journaux qui s'offrent à moi, je *choisis*. Ce choix est un jugement, et un jugement en dernier ressort. Les écrivains comparaissent devant un tribunal sans appel et ce tribunal, c'est moi.

Tel homme qui vit à cent lieues d'ici, et que je

ne connais pas, recevra des mains de la presse la vie ou la mort, et c'est moi qui vais lui donner l'une ou l'autre.

Car c'est moi qui vais choisir le pain ou le poison qui va circuler. C'est moi qui vais donner à tel ou tel écrivain l'autorité, l'encouragement, l'énergie, l'éloquence, le courage de dire des vérités difficiles, ou c'est moi qui vais lui enlever ces choses. Ce n'est pas tout : mon mandat est plus étendu.

Je ne choisis pas seulement la nourriture des hommes du présent, je choisis celle des hommes de l'avenir. Je vais en ce moment allumer ou éteindre tel foyer de lumière, dont le rayonnement ou l'extinction se fera sentir à la postérité. Je vais planter des arbres qui feront la majesté des campagnes futures...

Mes arrières-neveux me devront cet ombrage,

Ou bien je vais rompre d'avance, d'une main distraite, les chênes avant la grandeur, et les roses avant l'éclosion. »

Je voudrais que chaque homme se parlât ainsi et que la conscience se rappelât les grands devoirs oubliés, et les grandes fautes de l'omission.

XLV

LA PAIX.

La paix! Ne vous fiez pas à ce premier mot! Jamais titre ne fut plus trompeur. Je veux célébrer aujourd'hui la Paix universelle, mais remarquez-le bien vite, je prends le mot de Paix, dans le sens négatif, dans le sens où il signifie l'absence de guerre.

Je prends ce mot dans le sens où l'Évangile le condamne, quand il dit : Je ne suis pas venu apporter la Paix, mais le glaive. Cette Paix condamnée me paraît représenter assez bien l'état actuel des esprits.

Il est mille fois entendu que ces paroles ne s'appliquent pas à tout le monde. Il est mille fois entendu que, dans cette paix, qui est un sommeil, beaucoup veillent. Il en est qui sont éveillés. Il en est qui agissent. Il en est qui prient. Il en est qui pleurent. Je dors, mais mon cœur veille, pourrait dire l'Humanité. Il en est qui sont le cœur de l'Humanité. Ceux-là veillent pendant qu'elle dort.

Mais parlons des dormeurs. Ceux-là ont certainement aujourd'hui un caractère particulier, et ce caractère-là, c'est le calme, c'est la parodie du repos éternel. C'est la paix du tombeau ; mais enfin c'est une paix quelconque, et c'est ce que je voulais constater.

A d'autres époques, je crois qu'il faudrait dire à toutes les époques, le monde intellectuel a été un champ de bataille.

A toutes les époques, l'homme a profité de la permission qui lui a été donnée, le jour où le monde a été livré à ses disputes. A toutes les époques, toutes celles au moins dont j'ai connaissance, on pourrait à peu près indiquer le champ de bataille qui était actuellement choisi pour le combat des esprits. Toute l'antiquité a été une lutte philosophique. Si haut que remonte l'histoire de la pensée humaine, elle ne se souvient pas d'avoir connu la paix dans son enfance, et, encore moins, dans sa jeunesse. Partout religion contre religion et philosophie contre philosophie.

Partout des écoles, partout des maîtres, partout des disciples. La Grèce n'est qu'une école de philosophie, composée de plusieurs sectes qui se disputent sans interruption. Rome n'est pendant longtemps qu'une armée, et cette armée, qui campe sur le champ de bataille matériel, n'a pas le temps de se livrer aux combats de l'esprit. Mais le jour où la victoire lui a donné la tranquillité physique, Rome n'ayant plus de peuple à vaincre, entre dans l'école de la Grèce, et se livre, comme elle, aux combats de l'esprit. Rome, un certain jour, change de champ de bataille. Ses dieux guerriers auxquels elle attribuait ses victoires, ses dieux familiers ne lui suffisent plus. Ils deviennent même suspects, ils sont révoqués en doute. Rome déclare bienheureux ceux qui peuvent connaître les causes, pénétrer dans leurs secrets. Rome déclare bienheureux ceux qui ont foulé aux pieds toutes les superstitions.

Felius qui potuit rerum cognoscere causas,
Atque metus omnes et inexorabile fatum
Subjecit pedibus, strepitumque Acherontis avari.

C'en est fait. Voilà la philosophie qui entre. Rome est une arène où l'on se dispute. Lucrèce va paraître. Mais la Rome de la louve aimait à verser le sang, et quand le Christ lèvera la tête, elle s'enivrera du sang des martyrs. La guerre intellectuelle fera couler des flots de sang, qui teindront la poussière du Colysée.

Et depuis dix-huit cents ans! Quelle guerre acharnée se sont déclaré les croyants, les incroyants, les vrais croyants, les faux croyants, les demi-croyants, les philosophes, les innombrables philosophes qui ont encombré, des cadavres de leur philosophie, le champ de bataille de la pensée! Les peuples attendaient, haletants, à la porte des conciles, les décisions qui allaient sortir de l'auguste assemblée. Les foules se passionnaient.

La philosophie a entraîné les masses.

Du temps de saint Bernard, c'était un évènement public que l'arrivée d'une doctrine nouvelle. Les hommes frémissaient à la vue d'une idée qu'ils ne connaissaient pas encore. Les réalistes et les nominaux ont agité le monde. Il y eu des guerres de religion. La science du droit passionnait aussi. Du temps de Dumoulin, c'était un évènement que l'ouverture d'un cours de droit.

L'Éloquence entraînait. La Poésie enivrait. L'Humanité, en cherchant bien dans ses souvenirs, y peut trouver l'Amour. Elle y peut trouver la Colère. Elle y peut trouver les entraînements d'une foule subjuguée par un grand orateur, par un grand poète. Elle peut même se souvenir de l'enthousiasme d'un géomètre. Elle peut se souvenir de cet Archimède qui oubliait tout, parce qu'il criait : « J'ai trouvé ! »

Mais ce sont des souvenirs, et si l'humanité se regarde dans son état d'aujourd'hui, elle se trouvera pour la première fois sans lutte, et pour la première fois sans enthousiasme.

Sur quel champ de bataille, je vous prie, est engagé le combat intellectuel ? Nulle part, absolument.

Parlez philosophie, on rira; parlez littérature, on croira que c'est de *Nana* qu'il est question. On avait encore, il y a quelques années, la querelle des classiques et des romantiques.

Elle est morte, non pas parce que les hommes ont senti la question du Beau mal posée, mais parce qu'ils se sont désintéressés de la question du Beau. La question du Beau leur est devenue indifférente. Ils ne l'ont pas résolue, ils l'ont abandonnée. On ne discute plus sur l'art, parce que l'art est devenu un de ces étrangers dont on ne parle pas. L'histoire raconte qu'autrefois les populations s'ébranlaient, quand un dogme était menacé. Il faut un acte de foi pour croire au témoignage de ces ardeurs passées, tant elles nous paraissent extraordinaires. Le schisme qui divisait la chrétienté, l'hérésie qui l'égarait partiellement, sont impossibles aujourd'hui. L'hérésie se heurterait à droite contre la foi, à gauche contre l'indifférence.

Hérésie, veut dire choix; or, la foi ne choisit pas, l'indifférence non plus. La foi prend la religion tout entière, l'indifférence la méprise tout entière. L'hérésie qui accepte un dogme pour en rejeter un autre, suppose une disposition d'esprit qui n'existe plus sur la terre.

Le schisme qui organise une religion non catholique, ayant un autre chef que le Souverain Pontife, suppose aussi un genre d'égarement qui n'a plus cours aujourd'hui.

L'ex-Père Hyacinthe a commencé cet anachronisme : il a cru qu'il y avait place sur la terre pour l'entreprise qu'il méditait. Il n'a pas compris la *simplicité* de notre situation actuelle qui demande l'adhésion totale ou la révolte absolue. Prenez l'homme le plus irréligieux et supposez sa conversion. Il ne s'adressera pas à l'homme le plus voisin de l'ancienne erreur qu'il vient d'abjurer. Il s'adressera au prêtre le plus entièrement, le plus absolument catholique. Il ne choisira pas des fragments de vérité. S'il s'agenouille, ce sera devant la vérité pleine et entière.

Nous assistons aujourd'hui au désossement des doctrines intermédiaires. Elles s'effacent petit à petit. Elles n'ont plus ces défenseurs philosophiques qui disputaient pied à pied un point quelconque de doctrine, comme deux corps d'armée se disputent un terrain sur un champ de bataille.

Dans le monde des esprits, le combat n'est engagé sur aucun point de la ligne.

Il ne restera bientôt plus que deux camps dans la plaine, le *oui* et le *non*. Les vérités se serrent les unes contre les autres, et sont une vérité. Les erreurs se serrent et se condensent pour former l'erreur. La synthèse se fait. Cette synthèse n'est pas l'œuvre scientifique et volontaire de l'homme. Elle résulte du fait lui-même qui met en relief ces deux choses : la foi d'un côté, l'indifférence de l'autre.

Cette paix que je signale chez les hommes qui ont perdu la vérité me paraît un symptôme caractéristique de l'heure actuelle. L'inquiétude de la recherche a disparu ; et ceux qui n'ont pas la vérité n'ont plus, comme autrefois, le goût de s'en disputer les fragments ou de s'en disputer les ombres.

XLVI

DONNEZ-NOUS AUJOURD'HUI NOTRE PAIN QUOTIDIEN.

Le Pain est un des plus grands mystères du monde. La quatrième demande du Pater semble être quelque chose de plus qu'une Parole particulière. Elle est le cri volontaire ou involontaire, conscient ou inconscient, de toute Créature. Elle est dite ou sous-entendue. Les animaux la prononcent inconscients et muets, par le fait même d'avoir besoin.

Avoir besoin est le fait universel de la Création. *La créature, c'est celle qui a besoin.* Aussi la demande semble être l'instinct même de quiconque vient au monde. L'Ecriture qui parle de tout, parle des petits corbeaux, comme s'ils étaient spécialement pauvres et affamés. David parle formellement de l'invocation faite par les petits corbeaux. Il remercie formellement le Seigneur de les avoir entendus. Job demande qui prépare au corbeau sa nourriture? Le besoin qui est, chez les êtres conscients, le point de départ de la Prière, est, chez les êtres inconscients, une sorte de Prière inconsciente. Et qui sait, même chez les hommes, quel cri peut sortir d'une plaie béante, d'un besoin simplement montré, d'une misère étalée ? La voix du besoin semble avoir une intimité particulière avec toute créature vivante, et la créature quelle qu'elle soit, arrive au monde, demandant *son* Pain. Le sien ! le sien ! non pas celui d'une autre !

Le Pater, dont il faut peser chaque parole, nous apprend à demander *notre* Pain.

Le pain de chacun; c'est ce qu'il faut à chacun. Le Pain diffère comme le besoin, comme la nature, comme le caractère, comme l'aptitude, comme le désir de toute créature. Le Pain de l'une d'elles pourrait être le poison de l'autre. Aucune feuille de forêt ne ressemble à sa voisine; aucun homme ne ressemble à son voisin. Mon Pain n'est pas le vôtre; le vôtre n'est pas le mien. Il y a autant d'espèces de Pain qu'il y a de créatures dans la création. Car tous les besoins varient suivant les natures, et il n'y a pas deux natures absolument identiques.

Il n'est pas dans le monde invisible deux âmes qui se ressemblent parfaitement. Le Pain Invisible, celui qu'il faut aux âmes, varie comme l'autre. L'homme, si mendiant par sa nature, ce prodigieux indigent qui a un corps affamé et une âme affamée, qui a besoin de tout, parce qu'il tient à tout, et qui supplie de tous côtés, parce que sa misère emplit à la fois le monde physique et le monde moral, l'homme a un épouvantable besoin de Pain; et le Pain qu'il demande est épouvantablement varié, multiple et multiforme.

Il ne vit pas seulement de Pain matériel. Quand il dit : *mon* Pain, ce mot-là a, dans sa bouche, une quantité effroyable de significations. Il lui faut mille et mille Pains, et que ces mille et mille Pains aient mille et mille goûts. Il lui faut le Pain substantiel ; il lui faut le Pain supersubstantiel. Le premier est le symbole du second. La manne, dans le désert, était un Pain et signifiait un autre Pain. Elle était une réalité, et elle était un symbole. Elle avait tous les goûts. Car l'homme, qui a besoin de tant de Pains, a aussi besoin d'en sentir les goûts. Le goût du Pain fait partie du Pain, si par ce mot : Pain, j'entends le besoin satisfait. Car le goût est l'appropriation du Pain à chaque nature, et la saveur entre dans le rassasiement.

Plus un homme est grand, plus il lui faut de Pain pour vivre, de Pain, au singulier, de Pains, au pluriel. C'est pourquoi les grands Hommes, comme je l'ai déjà dit, sont de si grands misérables. Il faut aux grands Hommes tous les Pains ordinaires, et puis il leur faut, en outre, des Pains extraordinaires. Quand les grands Hommes disent : NOTRE Pain, ce mot, déjà si terrible prend, sur leurs lèvres, une signification mille fois plus étendue, et, par conséquent, plus effrayante. Plus le besoin s'étend loin, plus il est redoutable. Les conquêtes entrent dans la substance du Pain des grands Hommes. L'Amérique était le Pain de Christophe Colomb. Mais pour conquérir ce pain-là, remarquez que d'abord il lui a fallu, pendant de longues années, tous les autres.

Et le découragement dit à l'homme : Je te conduirai au tombeau, avant l'heure de ton Pain à toi.

C'est pourquoi, demandant notre Pain, nous le demandons quotidien, et nous le demandons *Aujourd'hui*.

Quotidien, car nous en aurons besoin tous les jours ; mais, aujourd'hui ! Oh ! oui ! aujourd'hui, aujourd'hui ! Car nous en avons un besoin absolu aujourd'hui. Demain ne suffirait pas, car il serait en retard, et la vie a des exigences qui se traduisent par : aujourd'hui.

Il faut un Pain aux grands Hommes. Il faut un Pain aux Prophètes, et je ne sais pourquoi le corbeau, qui apparaît dans l'Ecriture, comme demandant son Pain, réapparaît aussi, comme apportant le sien à Elie.

« J'ai donné aux corbeaux des ordres relatifs à ta nourriture. »

Et les corbeaux lui apportaient son Pain.

Le pain quotidien est indiqué ici avec précision et abondance.

Le tableau est d'une grandeur extrême et pourrait tenter un peintre.

Elie est au désert, près d'un torrent. Il est garanti de la sécheresse par le torrent et de la famine par les corbeaux. Les corbeaux sont exacts ; ils lui apportent sa nourriture deux fois par jour, le matin et le soir. Dans les Écritures, il y a généralement des mots qui s'appellent, quand on voit paraître l'un d'eux, l'autre va venir.

Quand le nom du pauvre arrive, le nom de Dieu n'est pas loin.

Quand le corbeau et le Pain arrivent, le torrent n'est pas loin. Elie est nourri par les corbeaux et abreuvé par les torrents.

Et dans les proverbes, il y a une malédiction étrange et terrible :

« Celui qui rit de son père et qui méprise sa mère, que son œil soit arraché par les corbeaux des torrents et dévoré par les petits de l'aigle. »

Le corbeau des torrents nourrit Elie ; il lui apporte deux repas par jour. Le corbeau des torrents nourrit aussi les petits de l'aigle.

Le corbeau arrache l'œil qui a ri, l'œil qui s'est moqué, et ce sont les aiglons qui le dévorent.

Le corbeau qui est l'instrument de la justice vis-à-vis du moqueur, devient l'instrument de la miséricorde vis-à-vis de l'aiglon affamé.

Le corbeau, dans tout cela, n'a pas d'intention. Mais il sert d'instrument. Il demande son Pain et il porte leur Pain aux Prophètes et aux aigles. Quand il a trouvé, après le déluge, son Pain sur la terre, il a averti Noé, en ne revenant pas, que le déluge était fini. Et ce Pain, dont il est toujours question, le corbeau qui le trouve toujours, ne le prépare jamais. Il n'a pas de prévoyance. Il est cité par l'Evangile, comme celui qui ne sème jamais.

Joseph, dans l'Ecriture, est le représentant du Pain. Par trois mots bien courts, *Allez à Joseph*, les siècles et les nations, les individus, les peuples et les races sont invités à s'adresser à lui, et au Joseph de la seconde Epoque, dont il est l'image et le précurseur. Les mots de l'Ecriture ont ces effets substantiels et prolongés. Les siècles les entendent les uns après les autres, et leur procession les suit. L'administration du Pain, confiée aux deux Joseph, leur fait une place à part dans l'économie de l'univers.

Le roi d'Egypte apparaît grand, quand il institue Joseph maître des hommes et des choses :

« Je suis Pharaon : personne ne remuera désormais, sans ta permission, le pied ou la main en Egypte. »

Il fait acte de souveraineté, et cet acte est une abdication. « Je suis Pharaon. » Il affirme naturellement sa souveraineté : il en prend conscience, il la proclame et il s'en sert superbement pour remettre la puissance entre les mains de celui qui a l'esprit.

C'est, alors qu'il est, qu'il se sent, et qu'il se prouve Pharaon, souverain seigneur.

Le Pain est ici présenté comme le résumé de toute chose : Nul ne remuera le pied ou la main sans sa permission. Le maître du Pain est le maître de la vie et du mouvement.

Le Pain semble représenter la réalité. Par une harmonie singulière, le rêve joue, comme on l'a tant de fois remarqué, un rôle immense dans la vie de Joseph, l'homme du Pain.

Joseph a pour compagnons de captivité le grand Panetier et le grand Echanson. Tous deux ont un songe. Le Rêve et le Pain se rencontrent encore dans la personne du grand Panetier. Un discours remarquable fut prononcé sur ce sujet par l'abbé Tardif de Moidré.

L'abbé Tardif, penseur profond, peu connu des hommes ordinaires, a été enlevé à l'admiration de ses amis, par une mort prématurée.

Selon l'abbé Tardif, le Pain et le Vin représentaient les deux parties du sacrifice, le Pain, la mort de l'Homme pécheur; le Vin, la vie de l'Homme ressuscité.

Le grand Panetier représentait le sacrifice, en tant qu'il est la mort, et le tombeau du vieil Homme.

Le grand Echanson représentait le sacrifice, en tant qu'il est la vie et la résurrection de l'Homme nouveau.

Et les jugements de Pharaon, confirmant leurs deux rêves, confirmaient leurs deux symboles et leurs deux destinées.

L'Ecriture est une table chargée de Pain et de Vin.

Elle ne parle directement de l'Eucharistie qu'en peu de mots. Mais elle la prophétise à chaque instant. Elle la prophétise à chaque instant, et le symbole la prépare de longue main.

Bethléem veut dire : maison du Pain.

Les Festins tiennent, dans l'histoire des peuples, une place énorme, et la famine une place énorme, dans l'histoire de leurs malheurs.

Et dans l'histoire de leur jugement !

J'avais faim et vous m'avez donné à manger, j'avais soif et vous m'avez donné à boire.

Ou :

J'avais faim et vous ne m'avez pas donné à manger, etc., etc.

Mais pour nourrir les autres, il faut que nous soyons nourris nous-mêmes. Donnez pour que nous donnions. Donnez-nous aujourd'hui notre Pain quotidien.

XLVII

LES SUICIDES.

On n'entend parler que de suicides ! Suicides d'hommes, suicides de femmes ! suicides d'enfants ! suicides de vieillards !

Un jour un lycéen de dix-huit ans ! L'autre jour un vieillard qui avait, je crois, dépassé quatre-vingts ans !

A tous les âges de la vie, on prend la vie en horreur. Et ce phénomène monstrueux se produit à l'époque même où l'on réclame avec un acharnement passionné le bonheur dans la vie !

On veut jouir ; on le veut absolument. La vie de ce monde apparaît comme le théâtre de toutes ces jouissances tant désirées ! La vie de ce monde est le moyen de ces jouissances, les seules que l'on désire.

Le matérialisme actuel la présente comme l'unique fin, l'unique but de quiconque veut jouir. Elle est la condition de toute jouissance, puisqu'elle est présentée comme le dernier effort de quiconque la possède. Elle devrait donc être gardée avec un soin jaloux, avec un acharnement furieux ; il faudrait préserver cette source unique de la jouissance ; il faudrait la faire couler le plus longtemps et le plus abondamment possible.

Et cependant, que fait-on ?

Au lieu de l'entretenir, on la tarit.

Le suicide est vraiment, dans le temps où nous vivons, une épidémie et une anomalie qui mérite bien quelques réflexions.

Comment ! vous ne croyez pas à la vie éternelle, et vous dissipez tout à coup légèrement, vainement, rapidement, en une seconde, l'unique existence à laquelle vous croyez ! Vous ne croyez pas à l'éternité ! Vous ne possédez que le temps, et vous jetez, vous brisez, vous gaspillez cette unique propriété, et vous perdez avec elle tout ce que vous avez à perdre !

Je ne parle pas en particulier de chacun des individus qui viennent de céder à l'horrible tentation. Chaque jour les colonnes des journaux contiennent les noms de nouvelles victimes, victimes volontaires qui s'immolent sans savoir le nom de la divinité, je veux dire de l'idole qui leur demande leur sang et leur âme ! Je ne parle individuellement de personne. Je ne parle pas de cette pauvre enfant, dix-neuf ans (suivant les uns, vingt-deux ans, suivant les autres), je ne parle pas de cette pauvre actrice dont le coup de pistolet vient de retentir si loin et si longtemps.

Je ne juge aucune des victimes en particulier. Je constate seulement le phénomène général, et je remarque quelle contradiction étrange il présente avec les désirs des hommes actuels.

Le suicide semble être l'actualité du jour ; et les hommes actuels ne désirent que cette vie, et les jouissances de cette vie ! — Cependant ils méprisent cette vie qu'ils adorent ; ils la quittent capricieusement, et ils la quittent douloureusement. Car remarquons-le, tous ces amateurs ardents des jouissances humaines affrontent les douleurs les plus épouvantables pour se procurer une mort qui, dans la pensée matérialiste, n'est suivie d'aucun bonheur possible.

Qu'on choisisse le poignard, le pistolet, la noyade, la pendaison, ou tout autre moyen de supplice, le supplice est toujours terrible. Non-seulement le suicidé refuse la vie, avec les chances possibles de jouissances qu'elle pouvait encore lui réserver, mais de plus il se précipite sur une mort nécessairement épouvantable. Il ne recule ni devant sa propre torture, ni devant le chagrin de sa famille et celui de ses amis.

Le suicide, c'est l'héroïsme à l'envers.

C'est l'héroïsme retourné contre lui-même.

C'est la chose que Satan substitue à l'héroïsme.

Dans la vie naturelle de l'homme il y a des traits d'héroïsme. Dans la vie surnaturelle de l'homme, il y a un héroïsme plus haut qui s'appelle la sainteté.

Satan, que Tertullien appelle le singe de Dieu,

Satan qui parodie toujours veut aussi avoir son héroïsme. Il veut inspirer quelque chose qui soit la singerie de l'héroïsme, comme lui-même est le singe de Dieu. Il veut que l'homme brave la mort en son nom, puisque l'homme brave quelquefois la mort pour d'autres que pour lui.

Alors il inspire le suicide, il le jette à pleines mains, il le répand avec profusion, sur la terre, et le suicide devient l'*actualité*.

C'est qu'en effet le suicide, c'est la négation totale, parfaitement pratiquée.

Le suicide, c'est la négation totale réduite en acte.

Et la négation totale, c'est précisément aujourd'hui la prétention du mal. L'intention de Satan et de jeter sur la terre la négation totale.

Autrefois, il se contentait d'une négation partielle. Aujourd'hui, il veut inspirer aux hommes une négation complète.

Autrefois, il se contentait d'une hérésie. Hérésie veut dire choix. Il choisissait entre les vérités. Il n'en repoussait que quelques-unes. Maintenant il veut l'athéisme et la négation absolue.

C'est pourquoi nous assistons aujourd'hui à la fin, à la mort, à l'extermination lente, progressive, mais certaine et évidente, des choses qui tenaient le milieu entre la vérité complète et l'erreur totale. Les hérésies proprement dites n'existent plus. Elles n'ont plus de consistance. Elles s'évaporent. Parmi leurs antiques adhérents, les uns s'en vont vers l'athéisme, les autres vers le catholicisme.

Les uns descendent, les autres montent. Mais presque personne ne peut plus rester à mi-côte comme autrefois. Le pauvre M. Loyson s'est complètement trompé d'époque quand il a voulu se séparer et cependant, fonder quelque chose sur le terrain de la séparation. Cette entreprise, possible peut-être au xvi° siècle, est complètement impossible au xix°.

Il n'a plus assez de croyances pour être catholique orthodoxe. Il lui en reste infiniment trop pour plaire aux incroyants. Les incroyants sont complets dans leur incroyance et veulent qu'on soit complet comme eux. M. Loyson a essayé de prendre une position mitoyenne et, par conséquent, impossible dans un siècle où les choses se dessinent et se divisent absolument, dans un siècle où le *oui* et le *non* tendent tous deux vers la plénitude.

Pendant des siècles, l'ennemi a chicané l'Eglise. Maintenant, il ne la chicane plus : il la repousse.

Pendant des siècles, on s'est disputé autour de tel ou tel dogme.

Maintenant l'ennemi a changé de tactique. Au lieu de *choisir*, comme l'hérésie, il repousse en masse, comme l'athéisme.

Voilà pourquoi les luttes de détail sont stériles aujourd'hui. Il n'y a plus de discussions partielles. Il n'y a plus de questions nombreuses. Il n'y a qu'une question, qui est la question vitale des sociétés.

Autrefois la politique disait : Il n'y a plus de Pyrénées.

Maintenant la religion peut dire : Il n'y a plus de frontière.

Il n'y a plus de lutte locale. Dans tous les pays de l'Europe, et dans tous les pays du monde, la question est absolument la même, unique, invariable : Il s'agit de dire *oui* ou *non* à l'Eglise catholique, tout entière, et à son symbole indivisible.

La lutte du bien et du mal, à mesure que les siècles marchent, se fait plus gigantesque.

Les vérités se serrent ; les erreurs se serrent. Toute chose aspire à la synthèse.

Les intermédiaires s'effacent peu à peu, et les deux athlètes vont bientôt apparaître en présence visibles et nus, la cité du bien et la cité du mal.

Eh bien ! le suicide présente fort bien la négation radicale dans ses résultats matériels. Le suicide, c'est la négation totale qui se fait visible aux yeux du corps. La vie sensible que le suicide détruit est tout ce que les yeux du corps peuvent saisir de la vie universelle, et le suicide les attaque toutes les deux. Il détruit la vie visible, et il nie, il repousse, il méconnaît la vie invisible. Il est donc la négation de toute vie, négation pratique et effective de la vie temporelle, négation théorique et complète de la vie éternelle.

L'homme a l'instinct de la croyance et l'instinct de la conservation. Le suicide fait violence à ces deux instincts. Il nie toute chose et repousse la vie en bloc, comme fait l'athéisme dans son genre.

Or, ce suicide, qui semblerait un crime exceptionnel, parce qu'il fait horreur à la nature des choses, est répandu avec une telle profusion qu'il est devenu l'actualité, comme je le disais, l'actualité du jour et celle du journal. Il pénètre en Bretagne, dans la catholique Bretagne, qui l'ignorait autrefois. Il n'y a réellement plus qu'une question au monde :

Voulez-vous la vie ou voulez-vous la mort? Si vous voulez la vie, vivifiez ceux qui combattent pour elle. Soutenez les hommes de la vie. Je vous le dis et je le demande à tous les hommes, au nom de Dieu.

Je le demande aux hommes au nom de Dieu, par leur vie, qui est le présent, par la vie de leurs enfants, qui est l'avenir, et par le sang de Jésus-Christ, et par ses paroles qui ouvrent, à droite ou à gauche, les deux portes de l'éternité.

XLVIII

L'HORIZON.

Depuis quelques jours, la politique et la Bourse pèsent plus lourdement peut-être qu'à l'ordinaire sur les pensées et sur les conversations des hommes.

Mais veuillez faire une remarque. Si, dans un salon où leurs préoccupations règnent en souverains, quelqu'un les abandonne pour porter ailleurs l'entretien, un certain soulagement apparaît sur les visages. Si quelqu'un se présente, apportant un autre sujet de discours, celui-là est le bienvenu. Il est accueilli par un certain remerciement, implicite ou explicite, comme s'il détendait les nerfs des auditeurs.

Quand vous avez enjambé la politique et la Bourse pour vous promener sur un autre terrain, on dirait presque que vous avez fait une bonne action.

Mais si vous les avez escaladées pour regarder leurs domaines d'une certaine montagne, d'où la vue soit ronde, vous sentez autour de vous que le soulagement change de nature. Les hommes étouffaient, et vous venez de leur offrir un peu d'air respirable. L'air est pur sur les hauteurs, et les hommes s'étouffent les uns les autres quand ils demeurent en bas pour converser ensemble.

L'impression sentie par les causeurs, les lecteurs l'éprouvent aussi. Quand ils ont dévoré les nouvelles du jour, ils éprouvent le besoin de dévorer autre chose. Quand ils ont sucé Paris et Lyon, le Paris et le Lyon d'aujourd'hui, ils éprouvent le besoin de se jeter sur quelqu'autre point du temps et de l'espace.

A regarder toujours de près, on devient myope. Les vues fatiguées ont besoin de s'étendre. Les grands horizons reposent les regards. Ceci est parfaitement vrai dans l'ordre physique et parfaitement vrai dans l'ordre moral.

La myopie physique, si fréquente dans les villes, est très rare à la campagne, parce que la campagne étend le domaine du regard. Quant à la myopie morale, elle est fréquente partout.

La politique est la monnaie de l'histoire. Mais, si elle absorbe tous les regards sur le fait actuel qu'elle leur présente, au lieu d'éclairer l'histoire, elle la masque et l'éclipse. La politique, comme toute chose, a besoin d'être vue d'un peu haut. Pour comprendre un spectacle, il faut le dominer.

Les paysages ne se déroulent que devant ceux qui viennent de gravir une hauteur. Leur découverte est la récompense de l'ascension. Sur la hauteur, on trouve l'étendue du regard et l'air respirable. Enfermée dans un fait unique et voisin, l'âme étouffe. Il lui faut l'air et la lumière que donnent les vues d'ensemble. L'accident isolé est une machine pneumatique où l'esprit s'éteint : l'histoire universelle serait un soulagement.

On étudie beaucoup l'histoire au siècle où nous vivons. Mais on étudie très peu l'histoire universelle.

Je m'explique.

On étudie l'histoire d'un peuple, puis l'histoire d'un autre peuple. Mais on songe très peu, surtout s'il s'agit de l'histoire ancienne, à comparer les époques et à suivre, à travers les nations, la marche générale des choses.

Cependant la simultanéité des événements contient d'importantes leçons, parce qu'elle indique le concours des circonstances qui se groupent pour favoriser ou pour combattre l'évolution des peuples et des idées. Les grandes nations, surtout dans l'antiquité, nous apparaissent comme séparées les unes des autres. Ce ne sont pas elles qui sont séparées. C'est nous qui, très souvent, les regardons séparément. Très ordinairement les histoires des peuples anciens nous apparaissent décousues, et c'est notre étude de l'histoire universelle qui a été décousue.

Comme remède à ce mal, il existe un livre excellent : c'est l'*Atlas d'Histoire Universelle*, par M. l'abbé Courcy. Cet ouvrage précieux contient un tableau chronologique et synchronique, où l'histoire générale de tous les peuples est présentée simultanément. M. l'abbé Courcy a jeté sur l'histoire un regard élevé et profondément catholique. Il l'a prise à sa naissance. Il raconte la création du monde d'après la grande tradition pure et les grandes traditions mélangées. Puis il fait passer sous les yeux du lecteur, siècle par siècle et année par année, le spectacle des différentes nations que l'on voit en regard les unes des autres, et dont on suit à la fois les mouvements simultanés.

Ainsi le lecteur suit tous les peuples rassemblés sous son regard à la même époque du monde, et l'histoire universelle se déroule sous ses yeux. Dans des notes utiles et savantes, M. l'abbé Courcy commente les évènements que le texte indique. Ce commentaire éclaire d'une lumière historique et religieuse les faits qui se déroulent. Les personnages historiques qui agissent dans le tableau sont racontés, discutés, commentés dans les notes philosophiques qui accompagnent le tableau.

Je crois que tous les hommes, quel que soit leur degré d'instruction, peuvent gagner beaucoup à cette étude facile et profonde d'histoire comparée.

Le tableau chronologique et synchronique découvre dans l'histoire universelle des aspects nouveaux, que l'histoire partielle et détaillée laisse dans l'ombre et dans l'oubli. Tout le monde sait par exemple que l'empire d'Assyrie est tombé, tout le monde sait que Rome a été fondée par Romulus, tout le monde sait qu'Isaïe a prophétisé. Mais tout le monde ne rapproche pas ces trois évènements, tout le monde ne remarque pas qu'ils sont simultanés ; c'est le tableau synchronique de l'histoire universelle qui découvre cette rencontre de trois évènements qui redoublent de grandeur, si le regard les contemple dans leur simultanéité. L'empire d'Assyrie qui tombe, c'est un monde qui s'écroule ; Rome qui se fonde, c'est un monde qui sort du néant ; Isaïe qui prophétise, c'est la voix de la Vérité éternelle s'élevant sur les ruines et sur les berceaux des nations. Cette grande voix d'Isaïe, qui domine le monde, s'élève précisément à cette heure solennelle où Ninive et Rome se rencontrent à travers les siècles.

Ninive meurt, Rome s'élève ; Ninive mourante voit le berceau de Rome. On dirait que Ninive fait à Rome le legs de la puissance, qu'elle n'a plus rien à faire quand Rome vient au monde, qu'elle la constitue son héritière et s'endort de son dernier sommeil, emportant avec elle l'activité orientale, quand l'activité occidentale va s'éveiller sur les bords du Tibre. Cette descente et cette ascension rappellent ces soirées où, dans un ciel pur, on voit du même regard le coucher du soleil et le lever de la lune.

Les deux astres sont suspendus en face l'un de l'autre, comme s'ils mettaient une certaine affectation à se réunir un seul instant sous le même regard ; puis le soleil se couche dans la mer, la lune s'élève dans le ciel.

Entre l'Orient et l'Occident, entre Ninive et

Rome, entre l'astre qui se couche et l'astre qui se lève, la voix d'Isaïe s'élève pour enseigner à la fois l'Orient et l'Occident, pour éclairer le passé et pour éclairer l'avenir. Au milieu des hommes et des peuples, dans le centre des choses, dans le conflit de la vie et de la mort, représenté par la naissance de Rome et la chute de Ninive, Isaïe annonce l'Attendu du genre humain, le Désiré des nations ; et comme le Christ sera le centre vers lequel convergeront l'Orient et l'Occident, et toutes les forces du monde, la voix de son prophète s'élève entre l'Orient et l'Occident, et prépare déjà la place qu'il occupera lui-même.

Dans les temps plus modernes, nous voyons la découverte de l'Amérique et la découverte de l'imprimerie offrir une coïncidence singulièrement remarquable. Deux mondes découverts presque à la fois ! Christophe Colomb et Jean Guttenberg ouvrent à la pensée humaine les portes de deux univers nouveaux. L'Amérique, comme si elle sortait tout à coup du fond de la mer, apparaît dans l'histoire du monde, et la pensée humaine, comme si elle venait de découvrir tout à coup la foudre, fond sur le monde de toutes parts. Armée désormais de l'imprimerie, la pensée humaine ne se contente plus de l'ancien monde.

Il lui faut le monde nouveau. Christophe Colomb vient au secours de Guttenberg ; Guttemberg vient au secours de Christophe Colomb. L'homme franchit l'Océan ; l'imprimerie va le franchir. L'imprimerie va multiplier les armes de la pensée; la découverte de l'Amérique va multiplier les sujets de la pensée. Les forces de la pensée humaine sont immensément multipliées par l'imprimerie. La voix porte plus loin. Il faut que son domaine s'étende, que son empire grandisse. Son domaine s'étendra : son empire grandira. Voilà l'Amérique préparée.

A l'heure actuelle, l'imprimerie, par la multiplicité de ses usages et la force de son action, semble presque découverte une seconde fois.

Le journal est au livre ce que le livre était au manuscrit, c'est-à-dire une énorme multiplication.

Quand on regarde l'histoire universelle, dont la beauté résulte de ces gigantesques coïncidences, et quand on voit la vapeur, l'électricité, le téléphone et toutes les merveilles qui naissent sous nos pas, il me semble qu'on peut regarder cette civilisation nouvelle, fille de la science, comme une immense actualité.

Les évènements de l'ordre moral qui correspondent aux évènements de l'ordre scientifique n'ont pas encore éclaté. Les découvertes de la science rapprochent les hommes et les peuples. Dans l'ordre des pensées et des sentiments, le rapprochement ne se fait pas encore sentir.

Ce grand rapprochement matériel, préparé et réalisé par la science, ne peut manquer d'avoir sa signification dans l'ordre intellectuel, son contre-coup dans l'ordre moral.

L'unité veut jouer son drame sur la terre. Les découvertes de la science ont posé le décor de ce drame immense. Mais il faut que l'homme moral apprenne son rôle et le remplisse. Son rôle, c'est de dire : *oui*. Maintenant, l'homme dit : *non*. L'homme s'oppose au drame dont il est le grand acteur. Il faut qu'il apprenne à dire *oui*, *oui* à la vérité, *oui* à la charité. Sa grande science, c'est de dire : *oui*. L'autre prépare : celle-ci couronne.

XLIX

LES HOMMES PRATIQUES.

Nous croyons avoir secoué les préjugés. Ils nous serrent, nous compriment, nous oppriment et nous étouffent. En voici un que je veux prendre à partie. Il est relatif aux hommes pratiques.

Interrogez à fond presque tous les esprits. Vous y trouverez, soit à l'état vague, soit à l'état précis, soit dans la région consciente, soit dans la région inconsciente, une impression qui, si elle parlait, parlerait à peu près en ces termes :

« Défiez-vous des hommes supérieurs. Les hommes supérieurs ne sont pas des hommes pratiques. Les hommes supérieurs sont dangereux : ce sont des poètes, des rêveurs. Ils ne savent pas manier la chose humaine. Ils ne connaissent pas la réalité. »

Parmi les erreurs répandues, il en est peu d'aussi énormes, et il en est peu d'aussi fatales.

Les idées et les faits ne sont ni séparés ni séparables. Les idées et les faits s'enchaînent et se produisent. Il n'y a pas deux vérités, contraires l'une l'autre.

Le préjugé en question voudrait réserver la

théorie aux hommes supérieurs et la pratique aux hommes vulgaires. Il voudrait circonscrire les deux domaines, condamner les hommes supérieurs à la théorie isolée et les hommes vulgaires à la pratique isolée.

Or, tout isolement est un exil, et tout isolement est une prison. La théorie sans pratique est une souffrance inféconde.

La pratique sans théorie est une absurdité, féconde en catastrophes.

Les principes, du moment qu'ils sont vrais, n'ont qu'une chose à faire, c'est de s'appliquer.

Les choses humaines, du moment qu'elles sont justes, n'ont qu'une chose à faire, c'est de réaliser les principes.

Que veut dire principe? Principe veut dire commencement. Le principe est la base de toute opération extérieure. Toute opération qui n'a pas eu pour point de départ un principe est un monument sans fondement qui va s'écrouler.

Les hommes supérieurs vivent dans la familiarité des principes. Le préjugé veut qu'ils s'arrêtent là et ne s'occupent pas d'applications. Pourquoi donc? Un homme voit les principes et vit avec eux. Pourquoi donc voulez-vous lui interdire la vue des conséquences? Pourquoi réservez-vous la vue des conséquences à ceux qui n'ont pas la vue des principes?

Dans l'ordre matériel, si vous voulez voir loin, vous montez à une tour, sur une éminence.

Dans l'ordre moral, au contraire, quand il s'agit de voir loin, d'inspecter, de préparer un champ de bataille, d'organiser, de diriger un combat, vous vous défiez de celui qui est placé haut et qui a la vue longue. Vous donnez votre confiance à celui qui s'est enfermé dans une cave, et qui est myope.

La lorgnette de Napoléon était célèbre et terrible sur les champs de bataille. L'Europe tremblait devant elle.

Mais quand il s'agit du combat de la vie, où il est si nécessaire de voir loin, de prévoir, de préparer, d'appeler un secours, de conjurer un péril, vous donnez votre confiance à celui qui n'a ni lorgnette ni regard.

Les hommes, quand ils ont à juger un regard, donnent leur défiance à l'aigle et leur confiance à la taupe.

Et pourtant, s'il y a quelque chose de vrai au monde, c'est que le regard élevé est en même temps le regard profond. Celui-là seul peut voir la fin qui a vu le commencement, c'est-à-dire le principe.

Celui-là seul peut juger les choses, qui peut juger les hommes chargés de ces choses. Pour le maniement des affaires proprement dites, la connaissance des hommes est rigoureusement nécessaire. Or, la connaissance des hommes suppose un regard profond.

Pour le maniement des affaires, il faut compter avec les vertus humaines et avec les vices humaines. Il faut compter avec les passions, avec les faiblesses, avec les défaillances. J'allais presque dire il faut compter *sur* les défaillances.

Pour le maniement des affaires il faut connaître la profondeur de la chute humaine. Et pour connaître la profondeur de la chute humaine, il faut la voir de très haut. Il faut voir l'homme de très haut pour savoir jusqu'où l'homme peut descendre.

Il faut voir de très haut et de très loin pour choisir les objets de sa confiance et de sa défiance. Pour voir bien les effets, il faut avoir bien vu les causes. Pour compter les chances de chute, d'erreur et de mensonge, il faut être plongé soi-même dans la lumière et dans la vérité.

Le regard ténébreux ne perce pas les ténèbres.

Le regard qui perce les ténèbres, c'est le regard qui est chargé et armé des flèches de la lumière.

Le regard qui refoule les ténèbres c'est celui qui tombe d'assez haut pour écraser, pour traverser, pour diviser les obstacles.

C'est pour cette raison que l'antiquité, souvent si profonde dans son langage, appelait du même nom le poète et le prophète.

La langue française conserve elle-même une certaine ressemblance à ces deux mots. Elle leur laisse la même initiale et leur accorde la rime. Or, dans la langue française, la rime n'est pas un hasard.

Elle est un mystère : le mystère même de la

poésie. C'est pourquoi l'homme, à qui la rime obéit, est un des rois de la langue française.

La langue française a donc conservé, comme elle l'a pu, et dans la forme qui lui est propre, l'identité du poète et du prophète. L'antiquité, plus familière avec la langue primitive, affirmait d'une façon plus familière aussi et plus primitive la même identité.

Eh bien! dans le maniement des affaires, quel serait le don le plus utile? Quel serait le plus pratique?

Ce serait très certainement la prophétie. Elle vous dirait qui va vous aider et qui va vous trahir.

Eh bien! il y a une prophétie naturelle (car nous ne sommes pas sur le terrain mystique). Il y a une prophétie naturelle en vertu de laquelle l'homme supérieur, l'homme théorique, le poète, si j'ose l'appeler par ce nom, prévoit des revirements soudains, des échecs imprévus, des catastrophes subites, qui surprennent tout le monde, excepté lui. J'ai vu ceci, non pas une fois, mais souvent. Dans les catastrophes d'un certain genre ce sont les hommes d'affaires qui sont stupéfaits. Le penseur n'est pas surpris.

J'ai vu plusieurs fois des hommes d'affaires se tromper grossièrement sur le terrain des affaires, parce que, ne connaissant pas les hommes, ils ne connaissaient pas les choses soumises à ces hommes, et dépendantes de ces hommes choisis par eux.

J'ai vu des hommes supérieurs, des hommes de

grand regard, avertir les hommes d'affaires, et n'être pas écoutés d'eux.

Leur qualité d'hommes supérieurs et théoriques, qui eût dû appuyer leurs paroles, les infirmait, au contraire, parce que le préjugé disait : « Vous n'êtes pas des hommes pratiques. » Et l'évènement donnait raison à l'homme supérieur, au théoricien.

Dans la pratique de la vie, il y a toujours beaucoup à deviner. L'intuition joue un rôle énorme.

Le calcul sans intuition trompe beaucoup.

Sur tous les champs de bataille, la victoire est plus souvent aux ordres de l'intuition qu'aux ordres du calcul.

Habituellement, la victoire n'est pas la résultante d'une longue suite de calculs.

La victoire est une proie. C'est la proie d'un coup d'œil.

Et bien ! je crois que les hommes pratiques, à qui je ne conteste aucune de leurs qualités réelles et utiles, font preuve d'une suprême habileté, quand ils admettent chez eux, avec droit de cité, l'homme du regard, l'homme de la théorie, l'homme de l'intuition.

L'homme d'affaires est souvent dévoré par les affaires. Il a besoin d'une tête qui ait le temps de réfléchir.

L'homme qui a le temps de réfléchir a besoin du bras de l'homme qui a l'habitude d'agir.

L'un a besoin de l'autre. Chacun a besoin de tous.

L'isolement de l'un et l'isolement de l'autre perd les deux isolés.

La réunion de l'un et de l'autre sauverait les deux réunis.

L'homme d'affaires a souvent un certain dédain pour le penseur. Le penseur a souvent un certain dédain pour l'homme d'affaires.

Ce double dédain suppose, contient et engendre une innombrable quantité de sophismes théoriques, d'erreurs intellectuelles et de catastrophes pratiques.

Si les hommes savaient l'immense besoin qu'ils ont les uns des autres, la charité leur deviendrait moins difficile.

Le mot : *Aimez-vous les uns les autres* semble au premier abord un conseil purement moral et religieux. Regardez au fond. Vous verrez qu'au point de vue de l'utilité la plus pratique, la plus matérielle, c'est un des conseils les meilleurs qu'on puisse donner, même aux hommes d'affaires.

Les choses les plus hautes sont en même temps les plus nécessaires.

Elles sont nécessaires en haut, nécessaires en bas, nécessaires partout. Parce qu'elles sont universelles, elles sont universellement nécessaires. La vérité, la charité, nécessaires au missionnaire qui va verser son sang dans une tribu d'idolâtres, nécessaires à l'orateur sacré qui domine la foule réunie, à Notre-Dame, nécessaires au théologien qui éclaircit les plus hauts problèmes de la destinée humaine, sont nécessaires à l'homme politique qui prépare un projet de loi, nécessaires à celui qui cherche dans son cabinet la meilleure solution d'un cas difficile.

La vérité et la charité sont les principes élémentaires quand on n'a essayé de rien, et les ressources finales quand on a essayé de tout. Cherchez ailleurs : vous ne trouverez pas d'autre *expédient*.

Cela revient à dire qu'il n'y a qu'un Dieu.

Il n'y en a pas deux. Il y en a un.

Poète, qui veut dire prophète en latin, veut dire en grec *créateur*.

Le poète est celui qui fait. La traduction exacte de son nom en grec donne en français : *homme pratique*.

Si le langage de l'antiquité est beau celui du christianisme l'est davantage encore, étant plus voisin de la source du Sublime.

Or, quand le christianisme veut nous parler d'un homme très élevé par les dons de Dieu, il nous dit que cet homme est *édifiant*. *Édifiant* veut dire construisant, c'est-à-dire homme pratique. Je sais que ce mot *édifiant* a été diminué par des emplois indignes et appliqué à des niaiseries. Qu'importe ! Restituons aux mots leur grandeur.

Pour le christianisme, les vertus, même intérieures, sont des actes pratiques, féconds même au dehors. Avez-vous remarqué ce mot sublime : *acte de contrition*? Pour l'homme qui ne réfléchit pas, la contrition (qui veut dire *brisement*) semblerait être un amoindrissement, une déperdition de forces, un dissolvant.

Or, l'acte de contrition est, aux yeux du christianisme, l'acte de force par excellence, celui qui ouvre le ciel.

Le langage humain et le langage chrétien étonneraient nos regards par leurs beautés, si l'habitude n'était pas là pour fermer nos yeux.

L'homme pratique c'est l'homme *édifiant*.

Le ciment est dans sa main.

Quant aux ouvriers du dehors, quand ils paraissent construire, ils démollissent. Les palais et les cités s'écroulent, quand ils les touchent.

L

L'ANNIVERSAIRE.

Deux actualités se pressent sous ma plume, deux recensements : — le recensement du 18 décembre 1881, — et le recensement du 25 décembre, 1881 ans plus tôt. Celui-ci, le recensement de cette date lointaine est fêté par un anniversaire, qu'on nomme Noël dans les cinq parties du monde. Le recensement de l'Empire romain se faisait il y a 1881 ans, et ce fut cette solennité qui remplit les hôtelleries de Bethléem, où ne put trouver place cette femme qui s'appelait Marie et qui cherchait un réduit quelconque pour mettre au monde l'Enfant-Jésus, celui à qui Bethléem ne donna pas de place pour naître, et à qui Jérusalem ne donna pas de place pour mourir. La crèche et la croix furent toutes deux en dehors des deux cités, inhospitalières à la naissance, inhospitalières à la mort.

Depuis un mois, le recensement a provoqué beaucoup de paroles et même beaucoup de cris. Tout en ce monde a un côté sérieux, mais presque tout en ce monde a un côté plaisant. Beaucoup de gens ont vu le recensement par son côté plaisant, et les concierges, s'ils aiment à entendre parler d'eux, ont dû être contents, depuis un mois.

.·.

Mais il me semble que le recensement a un caractère sérieux et même solennel. Ce sont les nations qui font leur inventaire. Il me semble voir le général des généraux passer en revue son armée. Et quelle armée ! Celle-là comprend tout le monde, et nul n'est exempt de ce service militaire qui s'appelle la vie humaine. Oui, la vie est un combat, et personne n'en peut douter, surtout au XIXe siècle. Le recensement oblige chaque individu à dire son nom devant le genre humain; chacun de nous répond : Présent, et cette revue militaire ne manque pas d'une certaine grandeur.

Le recensement du 18 décembre avoisine tellement le 25 décembre, qu'il est impossible d'échapper au souvenir de Noël quand on pense à notre recensement. L'Empire romain se regardait lui-même; Rome comptait ses sujets et se contemplait dans sa grandeur. Cette époque est tellement historique, et les documents sont si nombreux autour d'elle, que nous pouvons, je crois, nous faire une idée de la façon dont les choses se passaient. Il y avait alors, comme aujourd'hui, des foules qui se pressaient, et quelques philosophes isolés qui contemplaient les foules et cherchaient le sens des évènements.

Rome était vieille et compliquée. Tout ce qui est jeune tend à se simplifier; tout ce qui vieillit tend à se compliquer. L'administration romaine fonctionnait avec une régularité admirable, et ses exigences étaient nombreuses. Elle appuyait partout à la fois cette main qui ne ressemble à aucune autre, et qui est la main du vainqueur. Comme cette main dut se faire sentir dans ce recensement dont voici l'anniversaire ! A force de victoires, Rome avait fait la paix dans le monde entier. Elle ne voyait plus sur la terre habitable que des vaincus. Elle pouvait tout, mais elle ne savait pas tout : elle ignorait profondément cet Enfant dont la naissance porte aujourd'hui le nom de Noël. L'anniversaire de cette naissance donne une singulière actualité à ce recensement, qui a bientôt dix-neuf siècles de date, mais qui est l'évènement le plus actuel de l'histoire du genre humain.

Transportons-nous près de ce magistrat, près de ce recenseur romain qui siégeait à Bethléem. Le calme habituel de la petite ville est troublé par la multitude qui vient se faire inscrire. Très probablement, alors comme aujourd'hui, le peuple cherchait dans toute convocation le prétexte d'une fête quelconque. Les hôtels sont remplis. Un homme et une femme arrivent de Nazareth. Ils cherchent une chambre, et n'en trouvent pas.

Je m'imagine la profonde indifférence avec laquelle le recenseur romain doit inscrire leur nom, sans se soucier de leur embarras. Voilà un couple sans asile. Cette femme va mettre au monde son enfant. Peut-elle inscrire l'enfant qui va naître dans quelques heures? Le recenseur a dû se poser la question, et la résoudre affirmativement. L'enfant qui va naître sera juif. Les juifs sont les vaincus, comme les autres. Il faut qu'il compte, lui, comme un autre.

Qu'aurait dit le recenseur s'il eût été prophète? Qu'aurait dit le recenseur si, à travers les siècles entr'ouverts, il eût vu la croix se dresser sur le Calvaire et devenir l'étendard des nations? Et maintenant, après plus de dix-huit siècles, les hommes comptent ces mêmes siècles à partir de la naissance de ce même enfant. Ceux qui veulent abolir ses temples et sa mémoire comptent cependant les années et les siècles par la date de sa naissance.

Prenez l'incroyant le plus incroyant. Ses lettres seront pourtant datées, comme les nôtres, 1880, 1881, 1882. La date de ses lettres proclamera, malgré lui, l'actualité de Noël. Toutes les dates de sa vie attesteront, malgré lui, l'évènement qui s'est passé pendant le recensement romain. Il subira, malgré lui, le calendrier moderne. Il ne pourra pas prendre une date païenne. S'il voulait dater des Olympiades grecques, ses confrères eux-mêmes, ses confrères en incroyance ne le comprendraient pas. Il leur serait impossible de se comprendre entre eux, au moyen d'une autre chronologie. Le Christianisme ne s'impose pas, et l'homme le repousse quand il veut. Mais la date de l'ère chrétienne s'impose, et Babel, qui veut dire *confusion*, interviendrait dans le langage humain, si quelqu'un essayait d'appeler cette année par un autre nom, par un autre chiffre que le nom et le chiffre qui sont imposés par Noël.

**

Et le recensement de 1881 rappelle par sa date même le recensement romain qui fut illustré par Noël. Il proclame, par le chiffre qu'il porte, l'immortelle actualité de l'autre recensement.

Je reviens au recenseur romain. Je pense qu'il dut interroger cet homme et cette femme sans asile. Voyons un peu. Que sont ces gens-là? Ils sont pauvres, à ce qu'il paraît. Mais l'ont-ils toujours été? Sont-ils de bonne famille? Mais oui, de très bonne famille. Il paraît qu'ils sont de la race de David. Comment donc font-ils si triste figure en ce moment?

Peut-être le recenseur, si c'était un homme zélé, inscrivit tous ces détails. Puis il continua son travail. Les affaires sont les affaires, et il faut s'occuper des choses importantes? Mais quelles sont les choses les plus importantes? Voilà ce que le recenseur romain ignorait absolument. Les hôtelleries de Bethléem ne l'ignoraient pas moins, et les voyageurs sans abri ne trouvaient de place nulle part. Cependant, l'hospitalité est la vertu orientale. Mais ceux-là, par exception, ne trouvaient de place nulle part.

Il y avait beaucoup de places cependant dans le monde romain! Dans le Panthéon romain, il y avait place pour tous les dieux, excepté pour le Dieu de Bethléem. Dans les hôtelleries orientales, il y avait place pour tous les hommes, — excepté pour l'enfant de Bethléem. Il fallait à cet enfant une place si énorme que les Panthéons des dieux et les hôtelleries des hommes se fermaient à son approche, instinctivement.

Dans ce monde romain, il y avait un monde grec, un monde de philosophes, d'ergoteurs, de discuteurs, qui trouvaient place comme les autres dans la grande hôtellerie romaine.

Dans ce monde romain, il y avait place pour un monde juif. Les Juifs étaient vaincus, mais ils n'étaient pas morts, et parmi les peuples vaincus, nul n'avait gardé, comme celui-là, l'indépendance intérieure et la résistance de la volonté. Il était dans la nature des Juifs de ne pas se confondre avec les autres peuples. Rome, Rome elle-même, n'avait jamais pu effacer leur caractère propre et leur essence nationale. La Grèce avait pu se consoler de sa défaite par des spéculations intellectuelles : la Judée, jamais. La Judée n'avait trouvé aucune distraction.

Elle gardait ses souvenirs avec un soin jaloux, et les obligations que le recrutement produisait n'étaient pas faites pour adoucir les anciennes amertumes. Ce recensement, ce n'était pas la nation elle-même qui l'exécutait. C'était le gouvernement romain, le gouvernement vainqueur qui l'imposait aux vaincus.

Je me figure facilement les conversations ardentes et éloquentes des vieux Juifs, fiers de leurs antiques gloires et contraints de figurer, en qualité de vaincus, sur un tableau de recensement qui n'était pas juif et qui était romain. Si, comme la chose est probable, ils espéraient un libérateur, ils ne le cherchaient pas du côté de Bethléem. Ils ne pensaient pas plus que le fonctionnaire romain à cet homme et à cette femme qui étaient là, errant de porte en porte, cherchant, ne trouvant rien, et se réfugiant enfin dans une grotte, après l'échec définitif de leurs investigations nocturnes. Rome dans sa placidité victorieuse, la Grèce dans la curiosité de son travail intellectuel, la Judée dans sa fierté intérieure et dans sa tristesse immortelle, toutes trois travaillaient du même travail, toutes trois oubliaient du même oubli cet Enfant qui allait naître.

Cet Enfant qui allait naître ne préoccupait personne. Les siècles se disposaient à dater de sa naissance, et les hôtelleries ne se disposaient pas à lui offrir un refuge.

Le recensement compte les hommes; il ne les mesure pas. Il serait absurde de lui reprocher cette habitude, qui n'est pas seulement son habitude, mais sa condition et sa nature. Je le remercierais plutôt, car il provoque des réflexions et des souvenirs qui ne sont pas dépourvus d'une certaine majesté.

DEUXIÈME PARTIE

Les Hommes et les livres.

―――

I

VICTOR HUGO.

I

Un peintre et un penseur voyageaient ensemble. Le peintre, serviteur fidèle et éclairé, jetait de temps en temps un manteau de pourpre sur les épaules du penseur.

Mais bientôt, dans son cœur, naquit et grandit le projet d'être seul, pour être le maître, et de dépouiller celui qu'il devait servir.

A certain détour du chemin, ce peintre, enivré de lui-même, ébloui de sa palette, se jette traîtreusement sur le penseur, lui serre autour du cou le manteau rouge dont il avait promis d'orner ses épaules, et l'étrangle au lieu de le faire resplendir.

Voilà l'histoire de Victor Hugo. En lui voyageaient le peintre et le penseur. Ils auraient dû dire comme dans *Ruy-Blas* :

> Et le soir, devant Dieu, notre Père et notre Hôte,
> Sous le ciel étoilé, nous dormions côte à côte.

Mais ils n'ont été ni l'un ni l'autre assez grands pour s'accorder, assez puissants pour s'aimer toujours.

Et pourtant que leur amitié eût été magnifique ! Quel chef-d'œuvre de splendeur !

Victor Hugo, c'est le vers qui s'est fait homme. Le vers est une création mystérieuse, dont l'habitude seule nous empêche de nous étonner. Qu'est-ce que la rime ? un hasard en apparence ! Si jamais personne n'eût fait un vers, et si quelqu'un vous disait : *Commencez !* sans doute, à ne consulter que le raisonnement, vous déclareriez la chose non pas difficile, mais impossible. Comment espérer que la phrase, sans violer la pensée, ramènera naturellement au bout de chaque ligne la consonnance voulue, que la ligne aura douze syllabes, que les rimes masculines et féminines alterneront toujours, et que ces exigences inouïes de la forme, qui devraient contrecarrer le sens commun, amener une série de propos interrompus, revêtiront l'idée d'un manteau royal, qu'elle regretterait toujours, s'il n'était venu s'offrir à elle ?

Si la rime est déjà extraordinaire en elle-même, que dire de la rime épousée par Victor Hugo ?

Elle a fait de lui un magicien. Jamais prestidigitateur n'a manié ce qu'il touche, ce qu'il lance, ce qu'il change, ce qu'il cache, comme Victor Hugo touche et manie la langue poétique. Il joue et jongle avec elle. Il lui donne des couleurs qu'elle ne connaissait pas. Il ne se sert pas d'une langue faite ; il en fait une, qui est sa création. Sa langue est sa fille, et quelle fille reconnaissante, et quelle fille dévouée !

Avec quelle souplesse inouïe elle se plie à ses volontés, à ses ordres, à ses goûts, à ses caprices, à ses fantaisies ! Les rimes se présentent en foule, comme des esclaves trop heureuses que le maître leur fasse l'honneur de les employer ! Elles accourent ; elles se donnent ; elles se livrent ; elles se prodiguent avec amour ! Non ! vous ne savez pas ce que c'est que l'amour, si vous n'avez pas étudié l'amour de la rime pour Victor Hugo ! La rime enivre cet homme qu'elle adore. Elle transforme sa vie. Elle en fait une fête perpétuelle.

Elle enchante pour lui tout ce qu'elle touche, et elle touche toute chose ! Elle prend l'objet le plus insignifiant. Eclairée ou égarée, comme vous voudrez, par son amour, elle en fait un conte des Mille et une Nuits. Elle change en or tout ce qu'elle voit. Elle remplit la nature d'émerveillements. Un enfant ne peut ouvrir la bouche pour dire la chose la plus vulgaire, sans que la rime se présente, ardente, ruisselante, éperdue, et ne jette sur ce petit enfant, sur ce petit mot, les feux de mille diamants, et ne les noie tous les deux dans les cataractes étincelantes qu'elle allume et qu'elle précipite !

Cette baguette magique du soleil levant et couchant, qui fait resplendir une goutte d'eau, qui empourpre un nuage, qui embellit une baraque, la rime l'a dérobée au pays des fées, pour la donner en cadeau de noce à Victor Hugo. L'imprévu de cette rime est merveilleux. Elle apporte la chose à laquelle on s'attend le moins. Elle apporte une lumière, une couleur, une électricité. Elle va chercher bien loin, à l'autre bout du monde, quelque chose d'inattendu pour rapporter, triomphante, cette proie invraisemblable aux pieds de Victor Hugo.

..

La rime et Victor Hugo sont inséparables. Il n'existe que par elle. La disproportion monstrueuse de ses vers et de sa prose indique qu'elle est, dans Victor Hugo, l'importance de cette personne auguste : la rime. Désarmé d'elle, Victor Hugo n'existe plus. Quand il parle en prose, il parle une langue étrangère. Sa prose, à lui, ressemble à une traduction qui aurait perdu, en changeant de langue, la sève du texte original. On dirait qu'il a d'abord pensé en vers, qu'il a ensuite traduit en prose. La prose a l'air d'être pour lui un tour de force qui ne réussit pas.

C'est qu'il est peintre par dessus tout. Et la

rime dans le vers, c'est la couleur dans la peinture. L'imagination de Victor Hugo est plus riche que la nature... il a des cadeaux à lui faire. Il rend des points aux soleils, aux fleurs et au printemps. Son regard, plus splendide que la mer dorée par le soleil, la fait flamboyer sous un manteau d'émeraude plus beau que celui qu'elle a reçu du Ciel.

J'insiste tant sur la rime que je crains une objection. Victor Hugo, me direz-vous, serait-il donc à vos yeux un rimeur ?

Pas le moins du monde ! C'est un poète. La rime, et voici le mystère que je tenais à constater, la rime lui apporte non pas seulement des consonnances, mais des pensées ! Le peintre, profondément peintre, qui contemple la nature, voit dans les couleurs tout autre chose que la couleur. La couleur est pour lui parole intime de la nature. Eh bien ! ce que la couleur dit à Rambrandt, la rime le dit à Victor Hugo.

.·.

Pourquoi donc cet homme extraordinaire, ayant une célébrité immense, n'a-t-il pas d'autorité ? D'où ce phénomène ? On l'admire comme un chant. On ne lui obéit pas comme à un grand homme.

C'est qu'il est le poète de l'extérieur. Il ne vise pas au cœur des choses, parce que son regard est vague et sans direction.

Plus le navigateur est hardi, plus la boussole

est nécessaire. Loin de borner sa course, la boussole l'étend. Elle lui donne la grandeur, en lui donnant la précision. La direction, au lieu de fermer l'espace, l'agrandit. C'est la précision qui ouvre l'immensité!

Or, la boussole de Victor Hugo est affolée.

Au lieu de dominer les éclats de la lumière, il est dominé par eux. Il devrait être le roi des couleurs, il est devenu leur esclave. Il est l'opprimé de l'Imagination. Elle fait de lui tout ce qu'elle veut. Elle le tyrannise. Elle lui met des fers aux pieds. Elle borne son regard, au lieu de le prolonger. Le navire sans boussole n'avance plus : il tourne sur lui-même.

La nature s'enfuit, emportant ses mystères. Elle lui laisse, dans sa fuite, son manteau entre les mains, son manteau constellé d'or, avec toutes les splendeurs qu'il a, et même celles qu'il n'a pas

Victor Hugo n'a pas le don des larmes, parce que les larmes partent du fond du cœur. Le fond du cœur est le sanctuaire où il n'a pas pénétré.

∴

J'entends dire tous les jours : L'illustre Maître a beaucoup varié en politique, en philosophie et en religion.

Je réponds : Qui sait? Regardez-le profondément. Il n'a peut-être pas beaucoup varié. Chez lui, le fond, c'est l'image. La pensée n'est qu'un détail. L'image, c'est la substance; la pensée, c'est la nuance.

Or, il a toujours été fidèle à l'image. Jamais donc il n'a varié dans le fond de lui-même, c'est-à-dire dans l'éclat de la peinture. Jamais non plus il n'a varié dans le procédé, qui est l'antithèse.

Victor Hugo n'a jamais varié. Il est absolument fidèle à son véritable amour. Il n'est infidèle que quand il écrit en prose : alors il trahit la rime. Voilà son adultère.

II

Parlons de ses romans.

Les uns sont faits avec des tableaux ; les autres avec des épisodes romanesques et vulgaires ; ceux-là avec des sanglots. Ce serait une chose terrible d'être un personnage de ces romans-là ; les personnages y sont faits pour y être broyés ; ils sont les jouets de cet esprit qui aime à déchirer les cœurs et qui règne dans ces contrées.

Pointes de désespoir, aiguisées par tous les feux de la vie et de la mort ; voilà l'esprit de ces livres, voilà leur âme. Leur corps, c'est le tableau saisissant, souvent grandiose, presque toujours horrible, toujours extérieur et superficiel, en dépit des prétentions contraires. C'est la matière employée, montrée, exploitée, torturée, arrangée pour le désespoir. C'est la sensation au lieu du sentiment, c'est le toucher, c'est l'odorat, au lieu du mystère de l'art.

Dans ces œuvres, tout est extérieur. Les détails innombrables, infiniment circonstanciés, nous initient à tous les accidents de figures et de costumes, et nous permettent d'ignorer les âmes. La figure de l'homme, son geste, son masque, ses habitudes, les péripéties de sa vie extérieure, tout cela est non pas seulement raconté, mais montré ; le dessin et la couleur abondent et surabondent. Les caractères sont à peu près inconnus, les âmes tout à fait.

L'âme humaine est un océan ; on ne voit ici que les écumes, surexcitées par les tempêtes ; mais la profondeur n'est ni montrée, ni indiquée : elle n'est même pas soupçonnée. Quand le peintre a montré tout ce qu'il voit, son œuvre est finie. Ce qui est plus intime échappe même à son pressentiment.

Victor Hugo consacrerait un volume au récit d'une minute. Il entasse les circonstances ; il ne sous-entend rien ; il ne raconte pas, il peint, et quand on peint on montre tout. Le poète peut beaucoup omettre, mais le peintre n'omet rien. Il faut que chacun des personnages ait cinq doigts à chaque main. Or, par dessus tout, Victor Hugo est peintre.

Ce peintre n'a vu que des monstres ; la rétine de son œil semble frappée depuis son enfance par des objets inconnus, aux proportions épouvantables.

Cette tempête de neige, ciel noir, mer blanche, ces taches blafardes qui hésitent dans l'espace effrayé, les amoncellements de terreur, d'abandons, de dangers, de crimes, de courages et de misères, toutes ces choses entassées, dont la moindre est énorme, tout cela semblait être le milieu naturel où il se meut, le théâtre de sa pensée et la patrie de son âme. On dirait qu'un ouragan furieux déchaîne continuellement dans cet esprit tourmenté toutes les forces de la nature, multipliées par leur propre rage et par l'imagination du poète, pour faire, à la face du ciel, de la terre et de la mer, des prodiges d'incohérence.

Vous chercheriez en vain une chose ordinaire. Il n'y en a pas. Une chose ordinaire, ce serait le repos; ces livres sont sans repos. Une chose ordinaire, ce serait une grâce que le poète ferait à vous et à lui; ses livres ne font pas grâce. Il n'y a ni pitié ni pardon. Les choses gigantesques dont le conflit monstrueux éclate sans relâche, ne se détendent jamais; sans apaisement, sans miséricorde, elles tombent comme une avalanche. Elles étourdissent, elles fatiguent, elles grossissent, elles grandissent, elles déchirent, elles étonnent; mais ne leur demandez pas de repos. Le repos est au-dessus d'elles. Elles le croient au-dessous. C'est un ahurissement qui se prend pour un abîme!

Dans les mondes connus, il y a des exceptions qu'on appelle des monstres. Dans les créations de Victor Hugo il n'y a que des monstres. Un individu d'une taille naturelle ne se rencontre jamais, même à l'état de bizarrerie. C'est le monstre qui fait tout, qui opprime et qui est opprimé.

C'est un monde à part, où le monde constitue l'être. C'est le monstrueux fait loi, et, contrairement aux autres lois, celle-ci n'a pas d'exception.

Mais, si vous alliez chercher à reposer vos yeux sur une prairie verte, la prairie vous trahirait; elle deviendrait monstrueuse.

Le monstre tient Victor Hugo et ne lâche pas sa proie. On dirait que l'auteur n'est pas maître de lui, qu'il écrit sous une pression étrangère et qu'il a perdu la mesure des choses.

Horreur, nuit, neige, tempête, orage, ombre, ouragan, fureur, cruauté des hommes et des choses, obscurité, naufrage, verglas, mutilation, terreur sur terreur, férocité sur férocité, toutes les choses de l'ouragan, toutes celles de l'abomination, la nature déchue, l'humanité déchue, les raffinements du malheur jouant avec la femme et l'enfant, tout cela se combine avec une industrie savante et grandiose pour écrire trois mots qui résument en une horreur toutes les horreurs vivantes ou mortes:

Hasard! fatalité! crime!

Cette fatalité n'est pas, comme autrefois, la fatalité philosophique; c'est la fatalité sociale et la fatalité pittoresque.

Dans l'Océan du monstrueux, il y a un écueil, c'est le ridicule. Cet écueil est partout, M. Hugo approche toujours, échappe souvent, touche quelquefois. Il touche, quand l'intention de produire de l'effet devient par trop évidente. Cette intention-là, c'est sa ruine.

Il y a dans tous ses livres une déplorable et éternelle affectation de lancer autant de coups de foudre qu'on prononce de paroles. Chaque mot est une détonation. Chaque mot veut apporter au lecteur une surprise épouvantable, et chaque surprise veut renchérir sur la surprise précédente. C'est un progrès de l'énorme sur l'énorme qui veut grandir incessamment. Chaque mot cherche un nouveau tour de force pour se mettre en saillie, et veut inventer un moyen prodigieux d'être en relief infiniment.

Comme il n'y a pas un personnage ordinaire, il n'y a pas une parole ordinaire dans ces livres.

La petite fille de onze mois que le petit garçon emporte sur son dos, à cent coudées. Ce n'est pas une petite fille comme une autre. Il semble que l'auteur regarderait l'introduction d'une personne ou d'une chose ordinaire comme un sacrilège commis contre sa propre immensité. C'est pourquoi il est impossible qu'un saltimbanque dise une parole quelconque ou à un passant ou à un bandit ou à un enfant ou à un animal, sans que cette parole essaye de renchérir sur toutes les paroles passées, présentes ou futures, par son énormité.

Mais, tout à l'heure, elle sera vaincue par la parole suivante, et ainsi à jamais.

La simplicité est si inhérente aux choses et spécialement à la parole humaine, que son absence *totale* est un phénomène assez rare. Elle manque souvent un peu, quelquefois beaucoup. Il est difficile qu'elle manque absolument, parce que cette lacune, quand elle est parfaite, produit une fatigue à laquelle succomberait l'écrivain.

Mais M. Hugo ne succombe pas facilement; il emploie sa force, qui est énorme, à extirper absolument la simplicité jusqu'à sa dernière racine; il semble en vouloir perdre jusqu'à la notion, en vouloir effacer le type et rayer le nom. Et il supporte son attentat avec une effrayante facilité, sans lassitude et sans remords.

Il y a dans ses ouvrages un déploiement de colère; mais rassurez-vous, cette colère est extérieure. C'est violent, pathétique, atroce, imprévu.

Le fantastique fait invasion dans la vie de ces gens-là, par la porte de l'étonnement. Mais cette fureur est une fureur de théâtre. La colère profonde, terrible, sérieusement épouvantable, celle-là est, comme l'amour, pleine de silence et de tâtonnements. Celle-là possède, comme toutes les profondeurs, des timidités que Victor Hugo ne connaît pas.

Il ne connaît pas la souffrance qui se passe dans les profondeurs, ni la trace qu'elle laisse dans l'âme. Mais pour être extérieure, cette fureur n'en est que plus dangereuse. Le lecteur sent, dès le premier mot, que tous ces gens-là vont dans l'abîme et cherchent à y entraîner.

L'abîme est le rendez-vous commun que se donnent les unes aux autres toutes ces difformités physiques et morales, toutes ces horreurs, tous ces héroïsmes.

En haut, en bas, hommes, femmes et enfants, tout cela se précipite, tout cela se hâte vers l'abîme. L'abîme est la gueule ouverte qui attend pour les dévorer tous ceux que le drame fait naître. — Et en effet :

Il y a quelqu'un qui est absent de cette œuvre tout entière, absent de l'âme, absent de l'esprit, absent de l'idée, absent de la parole ; c'est celui-là même sans qui tout est perdu ; car il s'appelle en français : *Sauveur*, et en hébreu : *Jésus*.

II

VICTOR HUGO
PAGES DE LA QUATRE-VINGTIÈME ANNÉE.

Devant l'illustre vieillard qui remplit le monde de son nom, il faut certainement s'incliner avec respect; mais il faut surtout, je crois, s'incliner avec liberté, avec franchise.

Derrière le char du triomphateur, à Rome, marchait un Romain chargé de lui répéter à chaque instant cette parole si contraire au paganisme :

Souviens-toi que tu es homme.

Si nous ne voulons pas reculer de plus de trois mille ans, il faut bien nous mettre au moins au niveau de ce vieux monde.

Si Victor Hugo était un grand inconnu, un grand méconnu, il faudrait faire éclater au grand soleil son génie ignoré.

Il faudrait oublier pour un moment ses défauts et jeter la lumière à flots sur ses qualités. Mais le contraire arrive. L'adoration étant bannie de nos âmes, l'idolâtrie envahit nos habitudes. Il faut bien se prosterner ; c'est une loi de nature. On a deux genoux qui aspirent de temps en temps à toucher terre, et comme on ne veut plus du pavé des temples, il faut bien le remplacer par quelque chose. On a pris Victor Hugo.

Quand l'idolâtrie s'attaque à un homme, la critique a un grand devoir, c'est de venir au secours de cet homme et de prendre sa défense, car l'idolâtrie diminue, entame, amoindrit tout ce qu'elle touche.

L'idolâtrie est une agression, elle est un manque de respect.

Devant cette ennemie, la critique doit se lever respectueuse, et présenter la défense du génie outragé.

C'est pourquoi je dois dire aujourd'hui, avec l'assurance qui vient de la liberté : « Victor Hugo est un grand poète ». Et je dois ajouter : « Victor Hugo est le contraire d'un homme politique ».

Victor Hugo est le contraire d'un homme politique. C'est pourquoi il vise à l'être. Et c'est pourquoi on le fête surtout, en tant qu'homme politique. Car une rage particulière aux hommes supérieurs les pousse à mépriser la gloire qu'ils possèdent, pour viser à celle qu'ils ne possèdent pas.

L'homme politique possède, par-dessus tout, la mesure, l'équilibre et la loi de son mouvement. L'homme politique détermine la qualité des hommes et des choses. Il les voit tels qu'ils sont, et telles qu'elles sont, avec leurs proportions véritables. Il a le compas dans l'œil. Il jauge et il juge. Il compare les hommes, les distingue, les sépare et les réunit, suivant leurs aptitudes et leurs dispositions.

Victor Hugo a pour caractère la disproportion.

Victor Hugo ne voit aucun homme, tel qu'il est, aucune chose, telle qu'elle est. Il voit gros, il voit énorme, il voit monstrueux.

Tout objet qui tombe sous son regard perd ses proportions : il devient sublime ou abject. Pour l'œil de Victor Hugo, les degrés de l'échelle n'existent pas. C'est toujours tout ou rien.

Ou vous êtes le plus grand des hommes, un héros, un martyr, un sauveur, ou bien vous êtes un monstre hérissé de vices et de crimes. Les animaux antédiluviens, perdus dans la nature, se retrouvent dans les œuvres de Victor Hugo. Que dis-je ? Ils se retrouvent aperçus dans une glace grossissante. Jamais Victor Hugo n'a vu ni rats, ni souris. Il n'a vu que des mastodontes.

S'il promène son regard sur les choses, il ne rencontre que des colosses. S'il le promène sur les hommes, il rencontre toujours des géants ou des nains. Jamais il n'a vu de ses yeux un citoyen d'une taille ordinaire. Les innombrables lettres qu'il a écrites durant sa longue vie à d'innombrables écrivains qui lui adressaient leur prose ou leurs innombrables vers, saluent en chacun d'eux un poète, un penseur, etc., etc.

S'il célèbre Shakespeare; il perd tellement le sens critique, qu'il admire *tout* dans le poète anglais, ce n'est pas moi qui l'affirme, c'est lui-même. J'admire tout, dit-il, *comme une brute*. Jamais de la vie je n'oserais être pour l'illustre vieillard aussi irrespectueux que lui-même. C'est tout au plus si j'ose citer.

Victor Hugo traite Shakespeare comme ses amis, à lui Victor Hugo, le traitent lui-même. Ils admirent tout, non pas comme des brutes, car il y a parmi eux beaucoup de gens d'esprit, mais comme des idolâtres. Victor Hugo abjure, vis-à-vis de Shakespeare, le droit de critique. Les amis de Victor Hugo abjurent, vis-à-vis de Victor Hugo, le droit de critique.

L'idolâtrie, qui a germé dans Victor Hugo, au profit de Shakespeare, fleurit dans les autres, au profit de Victor Hugo.

Victor Hugo a semé l'idolâtrie : maintenant il la récolte.

Et cependant quel poète ! Et comme il aurait le droit de préférer à l'idolâtrie, l'admiration !

Victor Hugo est poète comme jamais peut-être personne ne l'a été avant lui.

Il est le contraire d'un homme politique parce qu'il a perdu la critique et la proportion.

Il est prodigieusement poète parce que toute pensée est pour lui une image.

Toute pensée est pour lui un moule qui contient un monde d'images.

Et Victor Hugo devient le créateur de ce moude ! Jamais peut-être l'imagination humaine n'avait pris pareil développement.

Victor Hugo grossit, grandit, embrasse et embrase tout ce qu'il touche. Il est comme le roi Midas : Ses mains changent en or toute substance par elle rencontrée.

La richesse et la puissance de son style vont dans la direction de la féerie. Les Mille et une nuits sont pauvres et plates près de ces magnificences. Les couleurs de l'arc-en-ciel éclatent sur sa palette jusqu'à la fureur. Elles s'enivrent d'elles-mêmes ; elles nous enivrent d'elles-même. Elles nous font tournoyer ; elles valsent avec nous une valse effrénée qui nous précipite avec elles dans l'étourdissement.

Les qualités gigantesques de ce style plus qu'oriental, entraînent des défauts monstrueux, et comme exemple des défauts je citerais surtout les *Contemplations*.

Dans les *Contemplations*, les défauts de la fantaisie apparaissent à peu près seuls. Les vertus de la poésie sont absentes. Le livre où les vertus de la poésie apparaissent avec l'éclat le plus énorme et le moins mélangé, c'est le livre de la *Légende des siècles*.

Dans la *Légende des siècles*, Victor Hugo a toutes les qualités, et quelques-uns de ses défauts manquent à l'appel. Quelques-uns ! non pas tous ! Je ne parle pas ici de l'esprit du livre, qui est quelquefois détestable. Je parle de la forme qui est ordinairement magnifique.

Dans la *Conscience*, dans *l'Aigle du Cirque*, dans *Petit Paul*, dans le *Cimetière d'Eylau*, Victor Hugo, poète, se surpasse beaucoup lui-même ; l'image devient tableau ; l'image fait des prodiges.

Victor Hugo est un grand poète : est-ce pour cette raison qu'il est le contraire d'un homme politique ? Non, certes ! Non ; mille fois non ! Ne blasphémons pas la poésie !

David et Salomon étaient de grands poètes : ils étaient des hommes politiques. C'est qu'ils étaient de grands poètes intérieurs. Victor Hugo est un grand poète extérieur.

Le grand poète intérieur vit de réalités ; le grand poète extérieur vit d'images. Le grand poète intérieur est l'homme des profondeurs, et dans la lumière où il vit, il trouve la vérité politique, comme les autres vérités. Le grand poète intérieur connaît à fond la nature humaine. Il sait et il juge.

Le grand poète extérieur est l'homme des images et des surfaces. Dans le grand poète intérieur et surtout dans le grand poète biblique, l'image est le vêtement de la pensée, vêtement à la fois léger et magnifique.

Dans Victor Hugo, c'est l'image qui joue le grand rôle ! la pensée a la place accessoire, et quelquefois elle succombe, écrasée sous le manteau de pourpre et d'or, riche mais lourd, que le poète jette sur elle.

Voilà pourquoi les pages de la quatre-vingtième année, qui devraient être blanches, comme l'aurore d'un jour éternel, ne m'enivrent pas de leur blancheur.

Voilà pourquoi je salue Victor Hugo en pleurant Victor Hugo.

III

VICTOR HUGO.

LE LENDEMAIN DES QUATRE-VINGTS ANS.

Le jour même d'une fête, on n'apporte que des fleurs.

Le lendemain, il est permis d'apporter des réflexions.

La fête est chose gaie, mais elle est chose grave.

Le premier jour la gaieté domine ; le lendemain, la gravité.

Le premier jour, c'est la fête du jour présent.

Le lendemain, c'est la fête du jour éternel.

Le premier jour appartient aux petits enfants. La voix de Jeanne et de Georges est la musique de ce jour-là.

Le lendemain appartient à l'âme humaine. Si elle a des regrets et des désirs, elle est admise à les exprimer.

Le premier jour, c'est la fête de l'homme, tel qu'il est.

Le lendemain, c'est la fête de l'homme, tel qu'il devrait être.

Le premier jour, on le regarde.
Le lendemain, on le contemple.

. . .

J'ai déjà regardé Victor Hugo. L'actualité m'obligeait aujourd'hui à n'arriver que le lendemain, à l'heure de la contemplation.

Quelquefois on rappelle Victor Hugo au souvenir chrétien de ses premières années. Je me garderai de parler ainsi. Le christianisme de sa jeunesse, s'il était quelque chose, était presque aussi indigne de lui que l'anti-christianisme de sa vieillesse.

C'était un Christianisme vague, superficiel, et qui n'était poétique que dans le sens extérieur et inférieur de ce grand mot.

Le Christianisme auquel il faudrait convier Victor Hugo serait le Christianisme profond radical, universel, c'est-à-dire catholique.

Victor Hugo est dans une situation où l'on ne se trouve jamais.

Cet homme assiste vivant à son immortalité.

Il est à peu près sans exemple qu'un homme soit entouré, comme lui, pendant sa vie, des triomphes et des pompes de l'immortalité. Ses fêtes particulières sont des fêtes publiques. Ses deuils particuliers sont des deuils publics. Il ne peut dire un mot, sans que ce mot retentisse d'un bout du monde à l'autre. Il ne peut voir arriver l'anniversaire de sa naissance, sans que le genre humain vienne lui souhaiter de nouvelles années, longues et heureuses.

Les hommes supérieurs, chacun le sait et le dit, sont généralement méconnus pendant leur vie. La postérité se charge de leur gloire.

Le contraire arrive à Victor Hugo.

Non-seulement, il n'est pas méconnu, mais il a conquis, pendant sa vie, le prestige des personnages historiques, le prestige des héros lointains. L'envie, qui s'attaque à tout, ne s'attaque pas à lui. La critique désarme. Les peuples s'inclinent. On ne juge plus, on chante.

Devant cette illustre vieillesse, je ne voudrais rien dire qui fût contraire au respect : mais je ne voudrais rien dire non plus qui fût conforme à la flatterie.

.·.

Si je voulais flatter, j'aimerais mieux flatter le malheur. Un homme grand et malheureux a un tel besoin d'encouragement, qu'une certaine flatterie peut, vis-à-vis de lui, ressembler à la justice. Une certaine flatterie peut vouloir compenser l'injustice universelle.

Mais, vis-à-vis de Victor Hugo, vis-à-vis d'un homme heureux jusqu'au prodige, la flatterie ressemblerait à une insulte. La sincérité est plus nécessaire ici que jamais, dût-elle être sévère.

Or, pour allier la sévérité au respect, la meilleure manière de montrer ce que Victor Hugo est, serait de montrer ce que Victor Hugo devrait être.

C'est ce que je vais essayer. Que devrait-il

être, au milieu des hommes, l'homme de génie, dans sa vieillesse?

.·.

Les ruines ont un devoir, c'est d'être majestueuses. Quand elles remplissent ce devoir, on leur pardonne tout, et ce pardon ressemble plus à l'admiration qu'à l'indulgence. Le désordre des ruines fait partie de leur beauté. On dirait qu'il est l'ébauche d'un ordre supérieur et encore inconnu.

Ce désordre ressemble au tâtonnement d'une main nouvelle qui, se posant sur un monde détruit, préparerait les débris d'une création passée à devenir les matériaux d'une création future. C'est pourquoi les ruines qui racontent la longueur du temps conduisent l'esprit vers l'éternité. Elles ont l'air d'une transition. Les pierres d'une ruine sont le tombeau du passé. Elles sont aussi le berceau d'un avenir.

Ce qui est vrai des ruines devrait être vrai de la vieillesse, si les hommes étaient aussi fidèles que les choses à leur destinée. L'enseignement de la vieillesse devrait être une des joies de la terre.

Vous figurez-vous un vieillard n'ayant plus d'attache, délivré des affaires personnelles, délivré de l'accident, dominant les choses parce qu'il ne subit plus les passions, portant dans les détails de la vie la gravité que donne le voisinage des choses qui ne finissent pas? Vous figurez-vous cet homme soustrait aux embarras compliqués du temps, se prêtant d'avance au grand inconnu et au souffle de l'éternité qui passe à travers ses cheveux blancs? Quiconque verrait ce vieillard, penserait à l'avenir encore plus qu'au passé. Au lieu d'être des limites, ses souvenirs seraient des élans. Sa mémoire, au lieu de le borner aux jours qui ne sont plus, le précipiterait vers des aurores nouvelles.

S'il avait autrefois connu le désordre, s'il s'était mépris sur le sens de la famille, si, cherchant la joie, il s'était trompé de route, il porterait le regret de ses égarements comme un flambeau pour éclairer sa route et celle des autres.

Il marcherait dans la vie avec une solennité faite de profondeur et de mansuétude. Il garderait tous ses souvenirs, bons et mauvais, comme un avare garderait un souterrain, au fond duquel il aurait découvert une mine d'or. Il scruterait d'un œil avide tout le passé, pour lui arracher les secrets de l'avenir. Il éclairerait tous les abîmes avec les lueurs d'éternité, qui trembleraient déjà, de temps à autre, devant ses yeux, à l'horizon.

..

Le vieillard dont je parle écrirait en prose et en vers. Sa prose serait aussi poétique que ses vers, ses vers aussi pratiques que sa prose. Les latins l'appelleraient : *Vates*. Les grecs l'appelleraient : créateur.

On ouvrirait ses livres avec un respect profond.

Si un de ses livres tombait entre les mains d'un jeune homme, ce jeune homme se sentirait plus jeune, et plus près de l'Éternité. S'il tombait entre les mains d'un enfant, cet enfant, sans le comprendre tout entier, éprouverait quelque chose d'extraordinaire. Il sentirait le souffle de la sagesse, croirait que son Ange gardien se rapproche de lui, donnerait l'aumône aux pauvres, plus respectueusement qu'à l'ordinaire, et se mettrait à genoux, autrement que la veille, pour faire sa prière du soir.

Si ce livre tombait entre les mains d'une jeune fille, elle sentirait le frémissement et l'ardeur de la pureté; car la pureté est chose brûlante.

Si ce livre tombait entre les mains d'un homme mûr, il sentirait redoubler en lui le goût de la vie et la saveur de l'activité.

Si ce livre tombait entre les mains d'un homme d'Etat, il verrait reculer autour de lui les quatre horizons. Il sentirait ses projets mûrir, sa destinée grandir; il embrasserait d'un coup d'œil plus sûr, plus vaste, l'histoire universelle, et ses aptitudes pratiques grandiraient avec la portée de ses regards.

∴

Le vieillard dont j'essaie de tracer le caractère et l'œuvre saurait et dirait aux hommes que le bien est l'unique vérité, que le mal est une négation. Ce grand poëte ferait comprendre aux générations que le beau porte en lui toutes les formes, que le laid n'est rien, rien qu'une négation, que le Beau est varié, étant la Splendeur du Vrai, que le laid est monotone, étant le manteau du néant.

Ce vieillard simple et profond serait penché sur l'humanité, comme une mère sur son enfant. Il écouterait le bégayement de la race humaine, il lui enseignerait les merveilles de la parole.

Ce vieillard, c'est Victor Hugo dans son type, Victor Hugo tel qu'il devrait être.

Permettez-moi de contempler ce vieillard, dans son auguste majesté.

S'il a gardé dans la réalité humaine la splendeur du vers français, permettez-moi de m'en souvenir.

Mais si sa pensée et sa parole ne sont pas restées, telles que je viens de les dépeindre, permettez-moi de l'oublier,

S'il a écrit quelque part : *Le beau n'a qu'un type, le laid en a mille*,

Permettez-moi de croire que ce n'est pas lui qui a tracé cette phrase.

Permettez-moi de croire que cette imagination, aussi éclairée que puissante, a choisi la montagne pour sa demeure et n'en est jamais descendue.

Permettez-moi de contempler le grand vieillard, supérieur à la popularité et fidèle à la gloire. Permettez-moi de fermer les yeux et de contempler Victor Hugo, tel que je veux qu'il soit à jamais.

IV

ALFRED DE MUSSET.

Pauvre Alfred de Musset ! Quel homme il a été !
Et quel homme il eût pu être !

Vous qui êtes tentés de croire que la poésie est une fantaisie qui se passe de tout et qui vit de rien, venez au tombeau d'Alfred de Musset !

Evidemment, Alfred de Musset est mort avant l'heure.

La langue humaine dit qu'un homme est défunt. *Defunctus*. Le défunt, c'est celui qui s'est acquitté de sa fonction.

Alfred de Musset est mort ; mais il n'est pas défunt. Il n'a pas fait son œuvre.

Nul ne fut doué comme lui au point de vue du chant. Quel oiseau ! Quel rossignol !

Ce n'était pas l'aigle ! La cime du Mont-Blanc n'eût jamais été sa demeure.

Mais il eût été l'enchanteur de la nuit.

Il n'était pas l'homme du grand jour. Sa voix, comme celle du rossignol, eût été l'enivrement des soirées et des nuits.

Admirable nature, qui ne pouvait concevoir ni supporter la vie sans la joie.

Cet homme si richement doué est mort étouffé par l'air du doute qu'il respirait depuis son enfance. Son air respirable eût été la croyance ! Il est mort étouffé ! Il y a des esprits froids qui se plaisent dans le doute ! M. Renan, par exemple. Il y a des âmes de feu pour qui le doute est une machine pneumatique et qui étouffent sous le récipient, Alfred de Musset, par exemple.

Toute sa vie il a chanté la foi absente, plutôt avec l'accent du regret qu'avec l'accent du désir ! Le désir l'eût conduit ; le regret l'a égaré. Il ne cherchait pas la foi comme une beauté vivante qu'on peut trouver, mais comme une beauté morte qu'il n'est plus temps de connaître ! Il regrettait la foi comme une fête à laquelle il eût été heureux d'assister si, par hasard, il était venu au monde à temps pour la voir ! Mais il se croyait venu trop tard, et, au lieu de regarder en avant, il regardait en arrière ! De là la stérilité de ses douleurs, qui devaient être des aspirations et qui n'ont été que des plaintes ! Il n'espérait rien, pas même l'espérance ! Ses plus belles pages commencent ainsi :

Regrettez-vous le temps...

Il connaissait le mal de son siècle, et il proclamait l'absence du remède avec un désespoir sûr de lui !

Il ne se bornait pas à la proclamer. Il la chantait, le malheureux ! Il a tourné la poésie contre elle-même. Lui, l'enfant chéri de la poésie, il a contraint sa mère à se percer le cœur ! Il l'a réduite à chanter le doute !

Et la poésie a obéi. La poésie a chanté le doute ! Elle n'a pas abandonné l'ingrat ! c'est l'ingrat qui l'a chassée.

Je ne crois pas, ô Christ, à ta parole sainte !

s'écrie Alfred de Musset.

Il la proclame sainte, et il déclare qu'il n'y croit pas.

Mais si elle est fausse, pauvre Alfred, si elle est fausse, elle n'est pas sainte !

Tel est le désordre dans cette tête égarée qu'Alfred de Musset semble, ne croyant rien, croire les choses les plus contradictoires.

Il semble croire que la foi est une source éternelle, et cependant tarie.

Diderot disait dans la conversation : Dieu n'est pas, mais il sera.

Alfred de Musset, lui, a l'air de dire : Dieu a été; mais il n'est plus. Ayant, par malheur, manqué l'époque où Dieu existait, il accepte le doute et le désespoir comme les nécessités du xixe siècle.

Il a célébré la résurrection de Lazare comme un fait qui a été vrai autrefois, mais qui a cessé de l'être.

Il a semblé croire que la vie avait un but autrefois, mais qu'à présent elle n'en a plus; que l'amour de Madeleine a autrefois rencontré le cœur d'un Dieu, mais qu'à présent, le cœur de Dieu ne battant plus, l'amour de Madeleine n'a plus qu'à mourir.

Et cependant il appelle saint Paul, et ses cris sont magnifiques :

> Où donc le vieux saint Paul, haranguant les Romains,
> Suspendant tout un peuple à ses haillons divins ?

Il appelle saint Paul ; il attend l'annonce du Dieu Inconnu. Le discours de l'Aréopage serait aussi nécessaire pour lui qu'il le fut pour Denys, le jour où parla saint Paul et où Denys écouta.

Mais il y a une différence. Les Athéniens croyaient que le Dieu Inconnu allait venir, qu'il n'était pas encore né peut-être : ils attendaient.

Alfred de Musset croit que le Dieu Inconnu est mort, et se borne à le regretter.

Malgré la proclamation de dix-huit siècles, Alfred de Musset est en retard sur l'Aréopage.

..

Ce chantre merveilleux, ce poète admirable, voici comment il a dépensé les trésors qu'il avait reçus en naissant. Il a prononcé toute sa vie un discours en vers que j'intitulerai ainsi : L'ORAISON FUNÈBRE DE LA DIVINITÉ.

Pauvre Alfred de Musset ! le stérile plaisir de le discuter ne me tente pas. J'aime mieux le contempler dans la lumière des nuits transparentes, parées, illuminées, enchantées par sa voix !

Comme il était brillant ! Comme il eût été puissant ! La création ne lui apparaît jamais en plein midi, dans l'éclat du soleil. Elle lui apparaît sous la lueur douce et tremblante des étoiles ; lueur embaumée des brises du soir. Dans ses heures les plus sereines, les plus recueillies, les plus fidèles, il respire le parfum de la nuit, il en respecte, il en célèbre la pureté. J'aurais voulu voir ses regrets changés en désirs, rencontrer enfin, à travers les voiles glorieux du mystère, le Dieu caché dont les étoiles et les rossignols célèbrent la gloire et la douceur.

J'aurais voulu l'entendre chanter la nuit du 25 décembre !

∴

Si la poésie était un rêve, si elle pouvait se passer de réalité et de substance, Alfred de Musset serait, dans ce domaine, un type merveilleux. Mais le beau est la splendeur du vrai ; et Alfred de Musset est mort parce que la base lui a manqué pour vivre. Il est mort avant l'heure, parce qu'il ne pouvait plus chanter. Il est mort, parce qu'il avait besoin de joie. Ne croyant à rien, il a senti échapper la joie ; et quand il a senti échapper la joie, il a laissé échapper la vie ! Si jamais quelqu'un aima le chant pour le chant, l'harmonie pour l'harmonie, ce fut lui certainement. Mais pour que l'homme chante, il faut qu'il chante quelque chose. Pour que le parfum soit respirable, il faut que la fleur soit vivante.

La poésie est la fleur de l'invisible : mais pour que la fleur soit, il faut la tige, il faut la racine. Quand la racine meurt, l'arbre meurt tout entier.

Alfred de Musset a vécu dans un nuage. Il eût pu traverser les nuages; il n'a pas pu y vivre. Il était créé pour l'azur.

Jamais gosier ne fut plus riche! Jamais chant ne fut plus facile!

Quel charmant timbre de voix! Ce n'était pas la voix de l'homme. C'était la voix de l'oiseau. C'était le rossignol armé de tous ses trésors, de toutes ses incandescences.

Si quelqu'un pouvait se passer de substance, c'était Alfred de Musset, tant il était riche en modulations!

Mais il est mort avant l'heure, parce que nul ne peut se passer de réalité.

Il eût été, s'il avait voulu, la fleur de l'adoration.

Il n'eût pas été l'adoration elle-même, dans sa profondeur et dans sa majesté. Il eût été la fleur de l'arbre.

Il n'eût pas été la profondeur sacrée des ténèbres; il eût été la grâce, le charme, la mélodie du soir et de l'ombre.

Mais il avait besoin d'adoration pour vivre, comme d'air pour respirer.

Ayant asphyxié l'adoration dans son âme, il a senti mourir la poésie, et alors, à quoi bon vivre?

A quoi bon vivre sans hozannah, et où prendre l'hozannah sinon là où il est, dans sa patrie, en Orient?

Pauvre Alfred de Musset!

Les siècles nouveau-nés ont entonné leur *hozannah* sous les étoiles qu'il aimait tant, vers minuit, à l'heure qui était la sienne!

Auteur dramatique, il ne l'eût jamais été! L'auteur dramatique est l'expression des autres hommes. Alfred de Musset n'eût jamais été, dans aucun cas, que l'expression de lui-même. Il n'eût chanté que son âme, et son âme la nuit!

Sa faiblesse, qui est désolante, et qui a fini par être mortelle, eût été touchante et féconde, si elle eût été tempérée et vivifiée par le voisinage de la croyance.

On parle quelquefois de son génie. Non!

L'homme de génie est plus grand, plus solennel. Il y a dans l'homme de génie un pathétique grandiose et une majesté mystérieuse qu'Alfred de Musset ne connut pas. Il est trop fantaisiste pour porter ce nom terrible.

Mais quel charmant oiseau! quel admirable rossignol! quel besoin jeune, ardent, éloquent de louer, d'admirer, de glorifier quelque chose! Sa louange, qui devait monter, s'arrêta avant d'avoir trouvé le ciel, et retomba sur la terre en ironie! Se voyant destitué de sa gloire native, Alfred de

Musset se moqua. Sa moquerie est un cri de douleur. Il a bien l'ironie du xix° siècle, qui n'est pas celle du xviii°.

Le rire du xviii° siècle était le rire d'un aveugle-né qui ne soupçonne pas la lumière.

Le rire du xix° est le rire désespéré d'un aveugle qui blasphème la lumière parce qu'il ne la voit pas, mais qui la soupçonne, qui la rêve, qui l'adore peut-être, en songe, pendant la nuit. Qui peut deviner les rêves d'un aveugle ? Pauvre Alfred, les étoiles et les brises de la nuit devaient accompagner les hymnes de gloire qui sont morts dans ta poitrine, empoisonnés par l'air que tu respirais ! S'ils étaient montés au ciel, tu aurais vécu ! Mais ils sont morts dans ta poitrine, et ils t'ont étouffé en mourant.

V

M. OLIER.

I

Un des caractères particuliers de notre temps, c'est la prétention de chaque homme à gouverner le monde. Autrefois, l'ambition était un sentiment rare et exceptionnel, qui, par la nature même de son objet, restait inconnu à l'immense majorité des hommes. Aujourd'hui, le contraire arrive. L'Europe est dévorée par une épidémie qui peut s'appeler la *fièvre de paraître*. Les exemples valent mieux que les discours ; les contrastes font plus d'effet que les raisonnements, et il n'est peut-être pas inutile d'opposer à la marée montante des médiocrités ambitieuses un nom historique : M. Olier.

Peu d'hommes ont été aussi profonds, peu d'hommes ont été aussi loin dans la lumière, aussi loin dans le mystère. Peu d'hommes ont serré d'aussi près la vérité absolue. Mille fois plus fort que Bossuet, mille fois plus dégagé de ce qui passe, mille fois plus attaché à ce qui demeure, mille fois plus avant dans la chose éternelle, M. Olier aspira toute sa vie à la retraite, au silence et à l'obscurité. Elle fut longtemps inconnue, cette vie magnifique. M. l'abbé Faillon, qui se consacra tout entier à l'étude de M. Olier, en a été le révélateur. Sa grande vie de M. Olier, contient sur le cardinal de Bérulle, sur le Père de Condren, sur la mère Agnès, sur Marie Rousseau, sur Marie de Valence, les détails les plus ignorés et les plus intéressants.

Ce grand ouvrage, terminé après la mort de M. Faillon, est vraiment l'histoire du xviie siècle. Dans tout siècle historique, il y a deux siècles, le siècle apparent, bruyant, superficiel, puis le ciel caché, profond, substantiel. Le premier fait du bruit et passe ; le second fait du silence, et c'est lui qui demeure. Le xviie, dans sa forme superficielle, est peut-être le plus connu des siècles historiques : il est, dans sa forme profonde, l'un des plus inconnus.

Et cependant l'écume qui se forme à la surface des mers n'est pas Océan. L'Océan, c'est l'abîme. Le grand ouvrage auquel M. Faillon a consacré sa vie est l'histoire du xviie siècle secret.

II

Absolument étranger à tout ce qu'on appelle la politique, méprisant d'un mépris profond, sincère et divin, tout ce qui n'est pas la vérité, M. Olier passa sa vie dans une opposition étrange et silencieuse avec toutes les pensées humaines. Les hommes ont des pensées basses et visent aux fortunes hautes. L'ambition leur tient lieu de grandeur. M. Olier vécut dans la contemplation des choses les plus hautes et dans le désir surhumain des fortunes les plus basses. Il refusa l'épiscopat. Il demandait humblement aux pauvres l'honneur de baiser leurs plaies les plus dégoûtantes. Il raconte cela comme le reste de sa vie, sans même savoir si c'est étonnant. Les actes de la vie humaine les plus vulgaires, les plus quotidiens, les moins poétiques en apparence, sont pour lui des actes de la plus sublime adoration : le nom de la très sainte Trinité est écrit partout pour lui : dans la société, dans la nature et dans la vie humaine. Sa journée chrétienne contient, à propos des choses les plus humbles, les pensées les plus grandioses.

Le lever du soleil, son coucher, les repas, le sommeil, l'usage du feu, toutes les choses de la vie sont pour lui les degrés de cette échelle simple et universelle qui monte à Dieu. Ainsi considérés, tous les actes de la vie sont des actes religieux. A partir de sa seconde conversion, qui fut l'oblation absolue de lui-même, l'existence de M. Olier ressemble à une solennité. Les vulgarités de la vie disparaissent sous la hauteur des intentions, et la laideur des apparences s'évanouit derrière la grandeur des réalités. Sa vie est exprimée dans cette prière qu'il adressait à Dieu :

« *Que votre lumière soit la simple lumière qui me guide et qui me fasse voir toutes choses telles qu'elles sont en elles-mêmes!* »

Le dépouillement des illusions, cette réduction de la vie humaine à ce qu'elle a de vrai, d'essentiel et de lumineux, fut l'œuvre de M. Olier. Un des caractères de sa figure, c'est de ne rappeler aucun souvenir, excepté le souvenir de Dieu. Il n'appartient à aucune coterie; il ne se mêle d'aucune chose humaine; impossible de le ranger dans aucun parti. Scientifiquement, il n'appartient à aucun système. Il passe en faisant le bien. Il prie, il pleure, et voilà tout. Les choses sont pour lui les voiles, quelquefois transparents, de la volonté divine. Il trouve sur tous les points de la terre une place pour s'agenouiller.

Que désire-t-il, au milieu de cette grandeur? Il désire l'obscurité. Il a faim et soif du silence autour de lui. Le rôle qu'il ambitionne dans la société, c'est le rôle du cœur dans le corps humain, le rôle invisible. La tête paraît, les bras paraissent, on voit l'homme parler et agir, on ne voit pas le cœur battre et le sang circuler. Pourtant, c'est du cœur que la vie dépend. Ce centre invisible, qui fait tout ce qu'on ne voit pas, qui fait parler, qui fait agir, et qui reste dans le silence, protégé contre les regards par la chair qui dépend de lui, ce cœur humain qu'on pourrait appeler un recueillement substantiel, le recueillement de la vie, était le type sur lequel M. Olier voulait se modeler lui-même. Il aspirait à la ressemblance de ce battement qui ne paraît pas.

III

Cette faculté de ne voir que Dieu en toutes choses éclate dans les amitiés et dans les admirations de M. Olier.

Voici comment il parle du P. de Condren :

« Il n'était qu'une apparence et une écorce de ce qu'il paraissait être, étant au dedans tout un autre lui-même, étant vraiment l'intérieur de Jésus-Christ et sa vie sacrée ; en sorte que c'était plutôt Jésus-Christ vivant dans le P. de Condren que le P. de Condren vivant en lui-même. Il était comme une hostie de nos autels : au dehors, on voit les accidents et les apparences du pain, mais, au dedans, c'est Jésus-Christ. »

Poussé par le même sentiment, le cardinal de Bérulle s'agenouillait en passant devant la cellule du Père de Condren, et quand celui-ci mourut, saint Vincent de Paul dit en pleurant : — Malheureux que je suis ! je ne l'ai pas assez honoré, quand il était sur la terre.

Le magnifique respect que se portaient les uns aux autres ces hommes extraordinaires rappelle les premiers jours de l'Eglise.

Traqués comme des bêtes sauvages, persécutés comme des ennemis publics, poursuivis jusque dans les Catacombes, où ils abritaient contre la fureur humaine la majesté divine, les premiers chrétiens se saluaient du nom de Bienheureux. Leur joie faisait partie de la gloire de Dieu. Rien de plus fier, de plus libre, de plus transporté que les martyrs. Ils ne parlaient pas, ils chantaient. Toute la tristesse était du côté des bourreaux parce qu'ils étaient païens, et les martyrs chantaient parce qu'ils étaient chrétiens, parce que leur bonheur était une de leurs attributions.

Les relations qui unissaient ensemble M. Olier, le Père de Condren, le cardinal de Bérulle et leurs amis rappelaient beaucoup les relations des premiers chrétiens. Le christianisme se souvient toujours d'être né dans les Catacombes, et ses plus grands personnages ont vécu jusqu'ici, au moins une grande partie de leur vie, sous terre. Beaucoup d'entre eux y sont restés jusqu'après leur mort et sont encore relégués dans les catacombes de l'histoire.

IV

Tous ceux qui savent lire ont lu Boileau et Molière. Mais qui donc se donne la peine d'étudier profondément cette histoire souterraine qui est l'histoire des choses sacrées ? Et cependant, à tous les points de vue, quel immense intérêt ! C'est là que l'âme humaine, au lieu de jouer à la surface des choses, frémit dans leurs profondeurs. C'est là que le cœur humain apparaît comme un abîme, plein d'ombre et plein d'éclairs.

M. Olier n'avait jamais vu la mère Agnès de Langeac, et depuis trois ans, avertie par une voix intérieure, la mère Agnès priait pour lui.

« Un jour, dit M. Olier, étant en la retraite, où je me disposais à entreprendre le premier voyage de la mission d'Auvergne, j'étais dans ma chambre, en oraison, lorsque je vis cette sainte âme venir à moi avec une grande majesté. Elle tenait d'une main un crucifix et un chapelet de l'autre. Son ange gardien, parfaitement beau, portait l'extrémité de son manteau de chœur, et de l'autre main un mouchoir pour recevoir les larmes dont elle était baignée. Me montrant un visage pénitent et affligé, elle me dit ces paroles : « Je pleure pour toi »; ce qui me donna beaucoup au cœur et me remplit d'une douce tristesse. Durant ce temps, je me tenais en esprit à genoux devant elle, quoique je fusse, effectivement, assis. »

Un jour que M. Olier était en voyage, il passa à Langeac, vint au parloir du couvent et demanda la mère Agnès. La prieure vint le trouver. Elle entra, le voile baissé, suivant la coutume de son ordre, et lui parla d'abord comme à un prêtre inconnu.

Intérieurement averti que quelque chose déjà s'était passé entre eux : — Ma mère, lui dit M. Olier, ne voudriez-vous pas lever votre voile?

La mère Agnès leva son voile.

— Ma mère, reprit M. Olier, je vous ai vue ailleurs.

Agnès lui répondit : — Cela est vrai. Vous m'avez vue deux fois à Paris, où je vous ai apparu dans votre retraite à Saint-Lazare, parce que j'avais reçu de la sainte Vierge l'ordre de prier pour votre conversion, Dieu vous ayant destiné à jeter les fondements des séminaires du royaume de France.

Au milieu des procédures concernant la béatification de la mère Agnès, cette apparition est solidement et savamment discutée. Elle a été reconnue pour vraie. La Sacrée Congrégation des Rites l'a examinée avec la sage et nécessaire rigueur qu'elle apporte à ces sortes d'examen.

L'union de grâce qui se forma entre M. Olier et la mère Agnès est et reste parmi les secrets de Dieu.

Il s'échangeait entre eux des paroles intimes et merveilleuses, près desquelles les discours extérieurs ressemblent aux balbutiements de l'enfant ou du vieillard.

« J'ai remarqué en elle, écrit M. Olier, une humilité si profonde que je ne crois pas la pouvoir découvrir ailleurs à un pareil degré. Le désir qu'elle avait d'étouffer toute louange la portait à dire d'elle-même des choses incroyables et dans des termes qui effrayaient tous ceux qui l'entouraient... Je la voyais parfois pousser des sanglots qui semblaient lui devoir briser la poitrine, et ses larmes se répandaient de ses yeux, comme des torrents, des heures entières... Elle me témoignait souvent qu'elle craignait de communier pour moi avec ses sœurs, de peur de gâter le bien que j'eusse pu attendre de leur ferveur. »

Il faut abréger. Je ne veux pas finir cet article sans citer un fait contemporain.

Sœur Marie-Suzanne Dufresne, religieuse au Canada, fut attaquée le 27 octobre 1846 d'une violente pleuro-pneumonie du côté gauche. Le 9 décembre, un scapulaire fait d'une soutane de M. Olier fut appliqué sur la poitrine de la mourante, que les médecins avaient absolument condamnée. Il faut lire, dans l'ouvrage de M. Faillon, la guérison de la sœur Dufresne, racontée par elle-même. Les informations juridiques et canoniques ont été faites à ce sujet par l'autorité de l'Ordinaire.

M. Faillon raconte bien d'autres guérisons.

Claude Chambonnet, qui avait connu M. Olier, tomba malade, seul et sans secours, à trois lieues du Puy. Il s'adressa à celui qu'il avait connu et qui venait de mourir :

« Ayant eu l'honneur de vous parler, grand serviteur de Dieu, et de vous rendre quelque service lorsque vous viviez en ce monde, je vous prie à présent de me guérir : vous le pouvez faire si vous voulez. »

Cette parole sainte fut puissante comme la simplicité, Claude Chambonnet fut guéri.

M. Faillon, enfant très obéissant de la sainte

Église romaine, ne préjuge en rien ses jugements et soumet à son autorité tous les faits qu'il raconte, toutes les idées qu'il expose, tous les sentiments qu'il exprime.

M. Olier vécut parmi les choses étonnantes. Au nombre des personnages qui lui passèrent sous les yeux, entre les mains, M. Faillon cite M. de Quériolet. Les romans à éditions nombreuses sont froids et vides, même au point de vue des faits et des étrangetés, si on les compare à cette biographie. Entre autres passions, M. de Quériolet avait la haine de Jésus-Christ et la soif du sang humain. Il voulut se faire Turc. Il se fit protestant, puis catholique par intérêt. Il maudissait Dieu et cherchait à lui faire du mal. Un jour, après d'horribles blasphèmes, il s'endormit. La foudre tomba sur sa chambre; elle emporta la toiture et le plancher, tout, jusqu'au ciel du lit, M. de Quériolet se réveilla, couvert de pluie, au milieu d'un fracas épouvantable. Il insulta le tonnerre, il jeta un défi à Dieu, et se moqua de lui. Et le tonnerre ne se vengea pas. L'homme resta impuni; il profita de l'impunité pour dire : Dieu n'est pas. Je n'ai pas été foudroyé. Il n'y a ni Dieu, ni paradis, ni enfer, ni démon.

Un jour il passait par Loudun. Il alla voir exorciser les possédés, dans l'intention évidente et avouée de se moquer de l'Église et de ses cérémonies. Mais le démon par la bouche d'une possédée, lui rappela un vœu qu'il avait autrefois fait et violé. Dieu est injuste, continua le démon. Il nous a damnés pour une faute. En voici un qui boit le péché comme de l'eau, et qui n'est pas foudroyé!

Comment cette femme me connaît-elle? se dit M. de Quériolet. Il y a donc des démons! Alors il y a un Dieu. Celui qui avait résisté à tout fut converti par Satan, et surpassa la grandeur de ses crimes par l'énormité de sa pénitence.

Saint-Sulpice possédait quelques restes précieux des vêtements de M. Olier. La commune de 1871 les a dispersés. Ils sont perdus. Saint-Sulpice possède le cœur de M. Olier, sa langue, et au moins un des crucifix que lui a donnés la Mère Agnès.

Si vous voulez connaître le style de M. Olier, lisez son entrevue avec la Mère Agnès. Il reconnaît celle qu'il n'a jamais vue naturellement. Celle qui l'a visité, en dehors des lois de l'espace, dans le mystère de la Bilocation, il la voit maintenant, comme on se voit entre hommes, comme on se voit sur la terre; il la voit et la reconnaît! Que de pensées, que de paroles, que de sentiments doivent se presser et se croiser dans l'âme et sur les lèvres! M. Olier ne dit qu'un mot : Ma Mère, je vous ai vu ailleurs. — Cela est vrai, répond Agnès.

Ne dirait-on pas une chose toute simple? Et, en effet, la chose était très simple. Mais le difficile était de la trouver telle, surtout dans le premier moment. Cependant les deux interlocuteurs étaient placés assez haut pour l'apercevoir telle qu'elle était, simple et facile, puisque Dieu l'avait voulu. Ils vivaient assez haut dans la familiarité des choses divines pour être garantis contre l'étonnement par la profondeur habituelle de leurs pensées. Une vue extérieure et superficielle du christianisme permet encore, en face des choses divines, l'étonnement. Une vue intérieure et profonde ne s'étonne pas, car elle adore.

VI

M. DUPONT (1).

I

Il y a des hommes qui semblent nés pour braver leur siècle : M. Dupont fut de ces hommes-là.

Le dix-neuvième siècle a pour caractère l'incroyance, ou tout au moins le doute, et, même quand il croit, il a pour caractère encore la concession. Il ose nier avec un aplomb jadis inconnu, mais quand il incline à croire, il n'a pas dans sa croyance la même énergie que dans sa négation. Il n'a pas autant de courage qu'il a d'audace : car il faut du courage pour croire, et de l'audace pour douter.

M. Dupont, de Tours, eut la Foi complète, absolue, sans restriction, ni hésitation, ni concession d'aucune espèce.

Vous connaissez sans doute bien des catholi-

---

1. *Vie de M. Dupont*, mort à Tours en odeur de sainteté, par M. Janvier, doyen du chapitre métropolitain de Tours, prêtre de la Sainte-Face, avec approbation de Monseigneur l'archevêque de Tours (Tours, Oratoire de la Sainte-Face. — Paris, Larcher, libraire, rue Bonaparte, 37).

ques sincères et croyants. Mais M. Dupont était croyant, dans un tout autre sens que le sens ordinaire de ce mot.

J'ai eu l'honneur de le fréquenter beaucoup et de m'asseoir plusieurs fois à sa table. Je l'ai observé et j'ai observé son entourage. Il était difficile, peut-être impossible de le voir et de l'entendre, pendant une heure, sans éprouver une impression spéciale, un étonnement *sui generis*, un certain apaisement. Les fureurs de l'âme se taisaient en sa présence, comme les tempêtes de l'Océan devant certains levers de soleils. Les innombrables pèlerins qui subissaient son ascendant n'en connaissaient pas toujours la nature. Ceux qui descendaient au fond d'eux-mêmes pour s'interroger, auraient répondu simplement : « Cet homme a la foi. »

— Les miracles, disait M. Dupont, quoi de plus facile ?

Avant la guérison, il s'étonnait de l'hésitation. Après la guérison, il s'étonnait de l'étonnement.

Pendant de longues années, il passa sa vie en prière, devant la Sainte-Face et devant la Sainte-Écriture. Dans sa chambre à coucher brûlaient jour et nuit deux lampes, l'une devant la Sainte-Face, l'autre devant la Sainte-Écriture, et entre les deux lampes se tenait M. Dupont, prêtant sa prière et ses conseils aux innombrables pèlerins qui venaient les lui demander.

M. l'abbé Janvier, qui vient de publier sa vie,

raconte des faits extraordinaires. Il déclare les affirmer d'une foi humaine, sans rien préjuger des décisions apostoliques, ne pas devancer les jugements de l'Église et se soumettre pleinement aux décrets d'Urbain VIII. Nous faisons absolument la même déclaration. Cette précaution parfaitement prise, nous pouvons le suivre. M. l'abbé Janvier est un homme réservé, prudent, précis, exact dans ses souvenirs et dans la constatation des faits. Son livre se présente à nous, revêtu de l'approbation de Monseigneur de Tours.

II

Les employés de la poste devaient dans les premiers pèlerinages, s'étonner légèrement, quand ils recevaient des billets portant cette adresse :

M. Dupont, opérateur de miracles, à Tours Ou bien : *M. Dupont, médecin par la prière, à Tours.* Ou bien : *M. Dupont, à Tours, (France), celui qui guérit les hommes.* Ou bien encore : *Au thaumaturge de Tours.*

Le facteur de la poste était au courant de la situation. Il ne se trompait pas d'adresse. Et même, à l'arrivée des trains, des commissionnaires s'offraient à la gare, pour conduire les voyageurs chez M. Dupont.

Son nom n'était prononcé qu'avec un profond

respect, et contrairement à l'habitude des âmes exceptionnelles, il ne fut pas éprouvé par la calomnie.

Je lui demandais un jour s'il n'était tourmenté, inquiété par personne.

— Comment voulez-vous, me répondit-il, qu'on tourmente le *rien*?

Et il faisait avec ses doigts le geste d'un homme qui essayerait de saisir un fantôme et qui ne peut y parvenir, car le *rien* lui échappe.

Il se regardait absolument et sincèrement comme n'étant rien. Ce n'était pas de sa part une manière de parler. C'était l'expression naïve de sa pensée la plus intime.

C'était dans cette intime conviction qu'il puisait l'audace de sa prière. Il voulait obtenir. Il s'indignait des demandes timides et hésitantes. Il s'indignait contre les hésitations qui prennent la forme de l'humilité.

M. l'abbé Janvier, entre mille faits, raconte celui-ci que je vais indiquer en l'abrégeant.

Une jeune personne avait au pied une enflure énorme. Ne pouvant marcher, elle se fait porter chez M. Dupont. On se met en prière. La jeune fille disait à Dieu que si c'était son bon plaisir et sa volonté, elle le priait de lui accorder sa guérison.

— Ce n'est pas ainsi qu'il faut prier, lui dit doucement M. Dupont, vous n'avez pas la foi. Dites à Dieu d'une manière plus affirmative : « Seigneur, guérissez-moi. » Si vous voulez être guérie, il faut commander au bon Dieu.

— Oh? c'est trop fort, reprit la jeune personne. Je ne puis pas commander à Dieu.

— Eh! vous n'avez pas la foi, dit encore M. Dupont, il faut dire : « Je veux être guérie. Guérissez-moi. » Il faut, en priant, avoir une confiance illimitée et ne pas hésiter.

La jeune fille obéit, M. Dupont lui donnait quelque chose de son courage, et elle s'excitait à l'imiter. Elle fut d'abord soulagée. Enhardie par ce soulagement, elle se reprocha la timidité de sa prière, revint à la charge, et fut guérie radicalement. M. Dupont lui avait dit son secret : demander simplement et absolument.

Il faut lire dans l'ouvrage de M. l'abbé Janvier, la guérison d'une jeune fille bossue. Il s'agissait d'une maladie affreusement compliquée. La bosse énorme était changée en plaie monstrueuse par les emplâtres et les vésicatoires.

Une dame passe dans le cabinet voisin et fait les onctions d'huile; la bosse disparaît. La jeune fille rentre. Les assistants refusent d'en croire leurs yeux. On appelle la mère de M. Dupont, sans rien lui expliquer :

— Voyez cette pauvre petite, lui dit-on, comme elle est bossue et contrefaite !

— Bossue ! mais pas du tout, pas plus que vous et moi !

— Elle l'était; elle ne l'est plus. Nos yeux ne nous trompent donc pas.

Les assistants avaient eu besoin pour croire à la réalité du fait d'appeler une personne qui, n'ayant pas vu la bosse présente, n'avait pas la même difficulté qu'eux à constater la bosse absente.

Quant à la jeune fille, on fut obligé de lui rattacher avec des épingles et de resserrer autour de ses reins sa robe et ses vêtements devenus pendants et trop larges.

Le dossier des certificats remplit une partie considérable du très intéressant ouvrage de M. l'abbé Janvier. Nous y renvoyons le lecteur. Les récits qu'il contient offrent tous ce caractère de simplicité, de réalité, de naïveté, qui caractérise toute la vie de M. Dupont. Nulle part une trace quelconque ou de recherche ou d'emphase, toute tendance théâtrale est à mille lieues de là.

Le caractère de M. Dupont, c'est la bonhomie dans le merveilleux.

III

L'Église jugera. La réalité de faits nombreux et extraordinaires semble évidente, d'une évidence purement humaine jusqu'ici. Mais voici quelque chose de frappant : cet homme auquel on écrivait des cinq parties du monde, à qui l'on écrivait comme à Celui qui guérit les hommes, cet homme-là ne put jamais se guérir lui-même.

C'est en vain qu'il pratiqua sur lui-même les onctions d'huile qu'il pratiquait sur les autres.

Les rhumatismes et la goutte dont il souffrait tant, rebelles à ses remèdes divins, le condamnèrent aux remèdes humains, et celui qu'on appelait le thaumaturge, partit pour Bourbon-l'Archambault. Il ne s'en étonna nullement, parce que le pain des enfants n'était pas fait pour les chiens, disait-il, et se résigna au sort du malade en traitement.

Moins scrupuleux que nous sur l'observation rigoureuse du décret d'Urbain VIII, le peuple, à Bourbon comme à Tours, le peuple, lui amenant ses malades, demandait : le Saint est-il là ? Une bonne femme de la campagne, apprenant que le Saint était là, lui demanda de guérir sa petite fille, qui avait un pied-bot. M. Dupont lui expliqua de son mieux que ce n'était pas lui qui guérissait. Cependant il se mit en prières, et au bout de quelques minutes, la petite fille, folle de joie, descendait quatre à quatre les escaliers de la maison.

— Je crois que, en général, disait-il, nous ne faisons pas assez usage de la Foi.

Ce dernier mot contient M. Dupont tout entier. Il ne supportait pas les précautions dont la plupart des fidèles enveloppent leur prière. Il voulait qu'on parlât à Dieu comme à un homme que l'on met en demeure de tenir sa promesse et qu'on ne dispense pas de l'accomplir.

Dans ce siècle où la passion de la publicité

agite les âmes grandes ou petites, dans ce siècle où l'âme humaine semble avoir pris la publicité pour atmosphère, et ne plus trouver en dehors d'elle, d'air respirable, il aima l'obscurité.

Était-ce un don de la nature?

Était-ce un don de grâce?

Je ne sais. La nature et la grâce chez M. Dupont, finissaient par se confondre devant les regards, comme à l'horizon le ciel et les montagnes.

Chez lui, la vie surnaturelle avait tellement informé la vie naturelle qu'on cherchait celle-ci, sans la bien reconnaître, sans savoir au juste où était son domaine; c'est qu'elle n'avait pas de domaine propre. Elle était tributaire de l'autre vie.

Il y a des âmes grandes et même saintes qui, par l'attrait de la nature, ou par l'attrait de la grâce, ont besoin de s'épandre sur les multitudes, et pour qui le grand soleil est une condition de vie.

Le contraire arriva chez M. Dupont. Il eût pu passer sa vie dans la solitude profonde, et qui sait même si ce fait ne s'est pas spirituellement réalisé? Recherché et entouré par les hommes, il ne paraissait pas plus occupé d'eux que s'il eût vécu au fond d'une forêt. Je ne crois pas que la pensée de leur plaire se soit une fois offerte à lui? Je ne crois pas qu'il se soit dit une fois dans sa vie:

« Quel effet est-ce que je produis sur les pèlerins? Que pensent ceux qui sortent d'ici?

L'originalité est un mot que la langue française prend à la légère et applique aux choses légères. En lui-même il est sérieux, et contient l'idée d'origine qui est grave et profonde. Si je restitue au mot originalité la dignité qui lui appartient, par droit d'étymologie, je dirai que M. Dupont la posséda au plus haut point. Il ne ressemblait à personne ; il ne copiait personne ; il ne posait devant personne. Il ne songeait à produire aucun effet, et cet oubli de lui-même, constituait, dans notre siècle surtout, la plus étrange originalité, celle d'être simple. Cette simplicité, qui était son arme, le rapprochait de Dieu, et son originalité était vraiment le voisinage de l'origine.

— Dans la réalité, disait-il, plus nous nous rapprochons de notre néant, plus nous nous approchons de Dieu, c'est-à-dire de notre état primitif, état sublime, où la volonté divine ne rencontrait pas d'obstacle à vaincre.

L'ouvrage de M. Janvier est d'un intérêt dramatique. Il rend de plus un service signalé, celui de nous présenter le personnage extraordinaire, à l'état de voisin. En général l'imagination place le chrétien thaumaturge dans un lointain brumeux, et il disparaît dans la brume. L'éloignement efface les couleurs du tableau. M. l'abbé Janvier nous montre M. Dupont, son ami et le nôtre, notre contemporain, notre voisin. C'est le moderne chemin de fer qui transportait les malades chez lui.

La réalité d'un tel homme s'impose à l'imagination.

Deux ouvriers vinrent un jour demander leur guérison. M. Dupont s'aperçoit qu'ils croyaient avoir affaire à un *rebouteux*, et, touché de leur ignorance, leur donne quelques explications, et les exhorte au sacrement de Pénitence. A ces mots les ouvriers se cabrèrent.

— Ce n'est pourtant pas bien dur, leur dit M. Dupont, d'aller se jeter aux pieds d'un ministre du Seigneur et de lui dire : « Mon père, bénissez-moi, parce que j'ai péché ».

Alors un paysan, assis au bout de la chambre, s'écria :

— Oh ! ben sûr que non, que ce n'est pas ben dur ! Les hommes, ils nous auraient fait dire : « Mon Père, punissez-moi, parce que j'ai péché ! » Et le bon Dieu, il nous a fait dire : « Mon Père, bénissez-moi, parce que j'ai péché. »

M. Dupont se lève, s'approche du paysan, et lui prenant la tête :

— Laissez-moi, dit-il, laissez-moi baiser le front, dans lequel le Saint-Esprit vient de faire éclore une si belle pensée !

M. Dupont m'a laissé l'impression de l'homme le plus simple que j'aie vu de ma vie. Le caractère de sa prière n'était pas la violence, c'était la simplicité.

— Demandez sans raisonnement et sans condition, disait-il. Et si vous lui répondiez : « Mais je ne suis pas digne ! » — Qu'est ce que cela fait ? disait-il. Vous êtes digne de compassion : cela suffit. » Et si vous ajoutiez : « Mais ce n'est peut-être pas la volonté de Dieu ? — Avec cela, répondait M. Dupont, on n'obtient pas. Vous cherchez, par des raisonnements, à dispenser Dieu de vous exaucer. *Vous l'embarrasser.* Ce sont les paysans qui obtiennent le plus, parce qu'ils demandent simplement et sans condition ; j'ai besoin, donnez-moi. Je suis pauvre, vous êtes riche, donnez, donnez. »

Tel était M. Dupont. La foi qui hésite l'attristait. La foi qui discute l'irritait. Il ne voulait pas qu'on dispensât Dieu d'exaucer. Il ne comprenait qu'une parole : « J'ai faim, j'ai soif. » Donnez, donnez.

VII

LA MORT
DE LOUIS VEUILLOT

Je sors de la maison mortuaire.

Je n'en sors pas pour la première fois depuis trois jours. Je l'ai beaucoup fréquentée depuis l'événement qui a étonné Paris le 7 avril. Étonné Paris! Et cependant Paris s'y attendait. Paris y était préparé depuis longtemps. Mais on n'est jamais préparé à ces choses. Fussent-elles mille fois annoncées, le jour où elles arrivent, elles sont toujours surprenantes. Pendant les années de cette longue et cruelle agonie, quelques personnes se sont étonnées qu'elle durât si longtemps. Et maintenant ces mêmes personnes s'étonnent que Veuillot soit mort.

Comment? Il est mort? Est-ce vrai? Lui si merveilleusement et si prodigieusement vivant! Est-il vrai qu'il soit mort, ce lutteur terrible?

Cet homme redouté, en qui la vie semblait avoir élu domicile, est-il vrai qu'il soit mort?

Je suis obligé de vous répondre : Oui!

Je l'ai vu, je le croyais à peine avant de l'avoir vu.

Louis Veuillot est mort. Je l'ai vu.

Tout était fort en cet homme, le corps avait un air de puissance. Il était vigoureux, énergique, formidablement constitué. La débilité de notre race et de notre époque n'apparaissait pas en lui.

Eh bien! j'ai vu hier, j'ai vu hier ce corps, réduit, exténué par la mort. La mort a effilé ces mains puissantes, ces mains qui tenaient la plume terrible.

Louis Veuillot est mort! Quelle épée vient de se briser! Quelle épée vient de se briser, mais en même temps que de larmes coulent!

Car ce lutteur redoutable était surtout un homme aimé!

Demandez à son frère, demandez à sa pauvre sœur, demandez-leur pourquoi leurs cœurs sont déchirés.

C'est que derrière l'athlète qui a fait reculer tant de soldats, il y avait un homme doux et tendre!

Oh! que la mort ouvre d'horizons!

Louis Veuillot avait beaucoup d'ennemis. Peut-être en ce moment n'en a-t-il plus un.

Quand la nouvelle fatale s'est répandue samedi dans Paris, elle a trouvé Paris presque incrédule, comme si elle avait été inattendue, et qu'il se fût agi d'un homme en pleine santé; elle a trouvé Paris consterné, comme s'il se fût agi d'un homme entouré des faveurs de l'opinion.

C'est qu'il s'agissait d'un homme hors ligne!

La mort a révélé aux vivants ce qu'ils pensaient de lui, sans le savoir.

Les vivants savaient qu'il y avait là un homme extraordinaire. Ils ne le connaissaient pas ; mais les uns le craignaient, les autres l'aimaient.

Tous éprouvaient à propos de lui quelque chose d'extraordinaire.

L'homme supérieur est quelquefois inconnu, mais toujours il est méconnu.

Louis Veuillot n'était pas le moins du monde inconnu. Son nom était écrit partout. Mais, comme tous les hommes supérieurs, il était méconnu.

Louis Veuillot était connu de tous comme polémiste.

Mais le polémiste, en lui, occupait une place qui n'était pas la première ; et pour être juste envers lui, peut-être faudrait-il dire qu'elle était la moindre.

Il y avait en lui un homme doux.

Et il y avait en lui un grand apologiste.

On connaît le sarcasme de Louis Veuillot.

On ne connaît pas les hauteurs et les solennités que sa parole a quelquefois atteintes.

On le connaît comme homme de guerre ; on ne le connaît pas comme homme de paix.

Aujourd'hui, son cercueil était conduit en grande pompe à Saint-Thomas d'Aquin.

Hier, je contemplais sa figure encore découverte sur son lit de mort.

Hier, je récitais le *De profundis* devant cette

face si vivante autrefois et qui me rappelle tant de souvenirs.

Et, devant cette face, c'était l'impression de la paix qui dominait en moi.

La mort avait jeté sur elle son manteau de majesté !

Et la paix, la paix, entendez-vous ? s'échappait, ardente et grave, de cette figure immobile !

La polémique n'est que l'accident.

Derrière l'homme de guerre, il y a l'homme de paix, plus profond et plus intime.

La guerre est occasionnée par les circonstances. Cet énorme lutteur, qui a rempli le monde du bruit de ses batailles, avait au fond de lui, quelque part, une paix profonde.

Et c'est cette paix qui le faisait si terrible dans la guerre !

Si Louis Veuillot n'eût été qu'un lutteur, ce lutteur n'eût pas été si formidable.

Ce qui l'a rendu formidable, c'était la paix catholique qu'il portait en lui.

Vous n'attendez pas de moi, en ce moment où je quitte son cercueil, l'analyse détaillée et littéraire de son prodigieux talent.

Je n'en serais pas capable aujourd'hui. Chose étrange ! je l'annonçais ici, il y a quelques jours ; et, citant les belles pages qu'il a écrites sur le maréchal Bugeaud, j'annonçais ici l'intention d'étudier le grand écrivain.

Si j'en trouve le courage, je le montrerai plus tard ; je ne l'ai pas aujourd'hui.

Je revois aujourd'hui l'ancien ami qui m'accueillit le premier, quand je publiai mon premier livre.

Cette figure, que j'ai vue hier revêtue de la mort, est celle que j'avais vue, revêtue de la vie, quand je me lançai dans la carrière, où il m'encouragea le premier!

Pauvre Louis Veuillot! Quelle tendresse il m'a témoignée dans les premiers jours de la lutte, toujours si difficile, que j'ai soutenue et que je soutiens!

La vie a mille manières d'éloigner les hommes. Je ne l'ai pas vu pendant sa dernière maladie; je le regrette aujourd'hui.

Mais le temps qui me sépare de nos premières relations, s'évanouit tout à coup.

Je me rappelle comme si c'était hier ma première entrée dans son cabinet. J'avais l'émotion d'un enfant qui approche un homme célèbre.

Et c'est toujours une situation difficile que celle d'un enfant qui apporte un livre.

Mais ce fut un père que je trouvai, et voilà pourquoi je dis que Louis Veuillot est méconnu. On connaît de lui le frondeur sévère. On ne sait pas tout ce qu'il contenait de tendresse et d'admiration.

On le voyait lutter avec les ennemis qu'on trouve dans les rues.

On ne le voyait pas s'élever, comme il savait le faire, dans le recueillement de la solitude ou dans celui de l'intimité.

Il y a dans Louis Veuillot des pages qu'on dirait traduites des Pères de l'Église, en supposant toutefois une traduction faite par lui.

Il y a des hauteurs et des sérénités; il y a des ampleurs, des largeurs, des enthousiasmes; il y a aussi des grâces, des tendresses et des aurores.

Quand il s'élève aux hauteurs du christianisme, il a une sûreté remarquable dans le coup d'œil et dans le coup d'aile.

Il avait le secret, le tact, j'oserais presque dire, la *passion* de l'orthodoxie.

Le sens du mépris, qu'il avait si puissant, n'éteignait pas en lui le sens du respect.

Il respectait, comme il méprisait, de toutes les forces de son âme.

Le sens catholique était si développé en lui, qu'il avait pénétré sa nature. Il aimait tant l'Église, qu'il avait fini par incarner en lui cet amour.

Il n'avait aucun effort à faire pour mépriser certains hommes. C'était du mépris. Ne croyez pas que ce fût de la haine.

Louis Veuillot n'était pas du tout l'homme haineux qu'on se figure.

Il distinguait toujours le pécheur et le docteur du péché.

Pour le pécheur, il n'avait que de l'indulgence.

Pour le docteur du péché, j'avoue qu'il était terrible.

Il ne s'étonnait pas de la faiblesse humaine, qui quelquefois tombe dans le mal.

Il s'étonnait ou plutôt il s'indignait de la perversité humaine qui non-seulement fait le mal, mais encore le glorifie.

Il pardonnait à ceux qui font le mal, quand ils consentaient à donner au mal son nom : le mal. Il ne pardonnait pas à ceux qui se drapent fièrement dans leur malice, pour la glorifier des noms qui conviennent à la majesté du bien.

Il n'était pas l'ennemi des faibles. Il était l'ennemi des menteurs. La pratique du mal le trouvait indulgent.

La théorie du mal le trouvait sans pitié.

Et quelle langue il avait créée pour flétrir cette théorie ! car chaque grand écrivain crée sa langue.

La langue de Veuillot n'appartient qu'à lui.

Elle est fine, elle est puissante, elle est mordante.

Mais aussi quelquefois comme elle est douce ! Et voilà le Veuillot méconnu ! c'est celui que j'ai rencontré dans les effusions premières de notre ancienne amitié. C'est celui qui m'apparaît aujourd'hui à travers les légers voiles de la mort. Je le revois comme je l'ai vu.

Pauvre grand écrivain ! Sa main, immobilisée aujourd'hui par la mort, l'était déjà depuis longtemps par la maladie !

Pauvre grand écrivain, que de choses tu aurais dites depuis quelques années !

Pauvre grand écrivain, est-ce que ta plume de fer rouge ne remuera plus désormais ?

Pauvre grand écrivain, j'éprouve devant ton cercueil la difficulté de croire à la mort.

« Je suis pour vous, me disait-il un jour, plus qu'un ami ».

Et avec quelle tendresse il disait ces choses-là !

Devant son corps diminué, ses mains amaigries, devant sa physionomie calmée par la mort, tous mes souvenirs me revenaient hier.

Ils sont anciens et profonds.

Beaucoup croient que Louis Veuillot savait seulement attaquer.

A ceux-là j'aurais bien des choses à répondre, et ce ne serait pas moi qui ferais les réponses, ce serait lui.

Il faudrait des citations. Mais l'heure n'est pas venue.

J'emporte le parfum de paix qui s'exhale de la maison mortuaire.

L'heure de la discussion n'est pas venue.

L'heure qui a sonné, c'est l'heure des larmes.

On les voit couler sur la figure de son frère.

M. Eugène Veuillot est là, sa sœur est là.

M. Eugène Veuillot, le fidèle compagnon des longs combats, demeure à son poste.

Je vois, je sens, et je devine les douleurs.

Car les douleurs qu'on voit, ne sont rien auprès de celles qu'on devine.

La mort, en posant sur Louis Veuillot sa main terrible, a déchiré les voiles qui cachaient les recoins de son cœur. Elle a montré tout au fond les douceurs qu'on soupçonnait sans les voir. Ceux qui ont senti, ne fût-ce qu'un instant, la paix de ce soldat, sentent grandir en eux ce souvenir.

Il faudrait joindre à son œuvre publique l'histoire de son œuvre privée.

La mort a une étrange puissance. Elle repousse les apparences; elle dévoile les mensonges. Elle immobilise les réalités. Elle les fixe à jamais.

Tous les personnages si profondément divisés entre eux au sujet de Louis Veuillot vivant, viennent de se réunir autour de Louis Veuillot mort.

Autour de ce cercueil, tous semblaient ne faire qu'un.

L'homme que la mort touche, devient statue. La statue n'a rien à craindre. La mort absorbe et attire à elle, pour les dissiper, toutes les pensées, tous les sentiments qui n'étaient pas dignes de la vie. Elle souffle sur les poussières.

VIII

HENRI LASSERRE.
NOTRE-DAME DE LOURDES.

En plein xix° siècle !

Une apparition de la Vierge, une petite fille éclairée, une série de miracles discutés et constatés par l'autorité ecclésiastique, et tout cela raconté par M. Henri Lasserre ! Or M. Henri Lasserre ne plaide pas la circonstance atténuante ; il ne dissimule rien. Il ne s'excuse pas : au contraire. Son esprit toujours caustique et habituellement agressif appuie sur l'extraordinaire, il insiste sur le prodigieux. Pour comble d'audace, M. Lasserre intervient dans son récit et, après avoir raconté plusieurs guérisons, raconte la sienne.

Atteint d'une ophtalmie incurable, il se lave les yeux avec l'eau de Lourdes et la lumière revient. — C'est lui qui la raconte avec cette bonne foi parfaite ; et cette précision pleine de détails, qui fait revivre le passé. Car la multitude des petites circonstances produit un grand effet ; elle introduit le lecteur dans le fait raconté et donne au souvenir l'aspect d'une réalité présente.

Tout le monde connaît l'Apparition de Lourdes, mais presque tout le monde en ignore les détails et les preuves.

L'Apparition de la Salette est plus populaire. Celle de Lourdes est plus secrète. M. Henri Lasserre l'introduit dans le domaine public.

C'était le 11 février 1858. Il était onze heures du matin. La petite fille d'un meunier, au moment où elle se déchaussait pour passer un ruisseau, voit apparaître la sainte Vierge devant elle.

Un des caractères les plus frappants que présentent les choses divines, c'est l'absence complète de précautions. Elles ne craignent pas l'opinion publique; elles ne craignent pas la moquerie. Elles ne daignent prendre aucune mesure pour se rendre vraisemblables.

Quand un homme arrange une affaire, comme il pense aux autres hommes! Comme il choisit soigneusement les circonstances et les personnages les plus propre à inspirer aux gens sérieux, l'attention et le respect!

Les choses divines ont des habitudes contraires. Elles se présentent comme elles sont, hardiment, et avec une simplicité épouvantable. Elles choisissent aussi; mais leur choix est contraire aux choix humains. Elles choisissent aussi malque possible, au point de vue de notre petite sagesse. Elles choisissent le moment le plus imprévu, le lieu le plus ignoré, le témoin le moins titré.

M. Renan voudrait que la résurrection d'un mort se fît en présence d'une académie convoquée à cet effet. Cette pitoyable ignorance ferait bien rire un vrai savant.

Les choses divines ont toujours contre elles toutes les probabilités humaines ; et il suffit d'avoir eu dans sa vie une demi heure de profond silence pour concevoir qu'il en doit être ainsi !

Les choses divines déconcertent toutes les prévisions, et même si elles préviennent de leur arrivée, elles étonnent encore ; car leur manière d'arriver n'est jamais celle que devinerait l'homme, et quand une prophétie s'accomplit, le plus étonné des hommes, c'est encore le prophète. Car il n'avait pas deviné quelle figure aurait la chose, ni par quelle porte elle entrerait.

Ici pas de prophétie. Tout au contraire.

La Vierge apparaît. Si elle ne choisit pas un savant accrédité dans la science humaine, va-t-elle au moins choisir un évêque, un docteur ? Non. — Elle arrête brusquement une petite fille qui retire ses bas pour passer un ruisseau.

Direz-vous que cette enfant, très préoccupée des choses religieuses, crut voir la sainte Vierge parce qu'elle y pensait continuellement.

Elle n'y pensait pas plus qu'à voir devant elle Léonidas et les trois cents Spartiates, au défilé des Thermopyles !

— J'ai vu, disait-elle, quelque chose habillé de blanc.

— Et tu ne sais pas le nom de cette dame, lui demande sévèrement M. le curé de Lourdes, qui avait ou simulait l'incrédulité.

— Non, répondit Bernadette. Elle ne m'a point dit qui elle était.

— Ceux qui te croient, répondit le prêtre, s'imaginent que c'est la sainte Vierge.

— Je ne sais point si c'est la sainte Vierge, monsieur le curé, mais je vois la vision comme je vous vois, et elle me parle comme vous me parlez. Et je viens vous dire de sa part qu'elle veut qu'on lui élève une chapelle aux roches de Massabielle où elle m'apparaît.

Quelle profondeur d'audace et quelle profondeur de naïveté ?

Comment feront ceux qui croient que les apparitions extérieures sont seulement des manifestations de la pensée intérieure qui prend corps par la vertu de l'imagination ?

La petite fille demande plusieurs fois son nom à la dame habillée de blanc, dont elle affirmait la présence et dont elle ignorait la qualité, et la dame répondit :

« Je suis l'Immaculée Conception ».

Or, la petite fille, ignorant à la fois la chose et le mot, faisait tous ses efforts en retournant à Lourdes, pour ne pas oublier le nom bizarre de cette dame habillée de blanc. Elle alla droit au presbytère, et pour répéter fidèlement le nom de la dame à M. le curé, elle récitait à chaque pas : « Immaculée Conception, Immaculée Conception ».

Cette parole était si parfaitement ignorée de l'enfant qu'elle menaçait d'échapper, de seconde en seconde, à sa mémoire ; et la pauvre petite répétait continuellement cette leçon si courte, et pourtant difficile, pour paraître devant le prêtre avant de l'avoir oubliée.

On voit quelle théologienne avait choisie l'Apparition et comme Bernadette était versée dans les pensées mystiques !!!... Et c'est à cette petite fille spécialement ignorante de la chose et de la personne que l'Apparition demande de bâtir une Église et de faire croire les populations.

Le dédain de la vraisemblance, de la probabilité, des chances et des pensées humaines est si profond quand Dieu approche, qu'on oserait dire qu'il ignore ces choses. Il les ignore dans le sens où il dit aux damnés : Je ne vous connais pas. Cette différence de science et de puissance, qui sépare une toute petite paysanne du premier des savants ou du plus grand personnage de la terre, est peut-être si petite aux yeux de l'Infini, qu'il a l'air de pas la voir. Entre lui et les créatures, la distance est tellement incommensurable que les différences des créatures entr'elles paraissent nulles à côté. La lumière du plus éclairé des hommes est un tel aveuglement comparée à la gloire absolue, que celle-ci semble préférer l'aveuglement pur et simple de l'ignorance totale, quand il s'agit de dire un secret ou de choisir un témoin. Dieu semble voir de plus près les choses évidemment basses et de plus loin les choses relativement élevées.

Nous ne raconterons pas ici l'histoire extérieure de Bernadette. Nous renvoyons au livre de

M. Henri Lasserre qui a donné à tout ce drame, très intime quoique public, l'intérêt vif d'un roman vrai. La naïveté de Bernadette, jetée au milieu des complications qu'elle ne comprend pas, déroute tous les malins.

L'innocence possède une sagesse qui déconcerte les habiles et n'est pas déconcertée. La simplicité est imperturbable ; mais elle possède le don de troubler.

Le récit pouvait être écrit par deux hommes très-différents : l'écrivain pouvait être naïf comme l'héroïne, ou fin et railleur. Dans le premier, il y aurait eu plus de larmes ; c'est la seconde hypothèse qui s'est réalisée, et il y a plus de sourires. M. Lasserre a su mettre l'ironie dans ses intérêts. C'était une habileté nécessaire et difficile : il fallait moquer les moqueurs, et restituer à l'incrédulité cette physionomie grotesque qui est sa physionomie propre, et qu'elle essaye de donner aux autres. Mais M. Lasserre, en honnête homme, lui restitue ce qui lui appartient.

L'Eglise est la prudence même, et quand la voix publique signale à son attention des faits miraculeux en réalité ou en apparence, cette prudence semble encore redoubler. L'autorité ecclésiastique, convaincue de la grande responsabilité qui pèse sur elle et du danger immense d'une affirmation légère, ne se prononce que quand elle est, jusqu'à un certain point, contrainte de le faire par l'évidence des faits. Elle ne se presse jamais. Elle ordonne une lente et sérieuse enquête. Elle ne se décide à parler que quand le devoir l'y oblige. Monseigneur l'évêque de Tarbes, en face des évènements de Lourdes, fut tout à fait fidèle à cette grande prudence traditionnelle, qui est le caractère permanent et séculaire du clergé et de l'épiscopat. Il nomma une commission, il ordonna une enquête et il entoura tous ses actes des formalités solennelles que les circonstances requéraient.

Mais il était impossible de tout vérifier. La Commission soumit trente cures à cet examen approfondi, scrupuleux, redoutable qui appartient aux habitudes de l'Eglise. Les catholiques le savent, et les autres l'ignorent. Les autres croient la conscience catholique prompte et facile à admettre le merveilleux : c'est une de leurs innombrables illusions. L'Eglise connaît ses ennemis, mais ses ennemis ne la connaissent pas. Ils ne savent rien d'elle ; mais ce qu'ils ignorent surtout, c'est sa sévérité.

Dans le rapport qu'elle fit à Sa Grandeur Mgr Laurence, évêque de Tarbes, la Commission, d'accord avec les médecins, divisa en trois catégories les faits sur lesquels avait porté son examen. La première catégorie comprenait les cures qui permettaient d'admettre, comme probable, une explication naturelle. Elles étaient au nombre de six.

La seconde catégorie comprenait les guérisons vis-à-vis desquelles l'explication surnaturelle semblait probable, sans être certaine.

« On trouvera peut-être, disait l'enquête médicale, qu'en les excluant, nous agissons avec une trop grande réserve, et que nous montrons une conscience trop sévère. Mais loin de nous plaindre de ce reproche nous nous en félicitons, parce que nous sommes convaincus qu'en pareille matière, la sévérité est commandée par la prudence. »

La troisième classe comprenait les guérisons qui présentaient avec une évidence authentique le caractère surnaturel. Il y en avait quinze.

Toutes choses étant prêtes, monseigneur l'évêque de Tarbes rendit sa décision solennelle. — Voici l'article premier.

« Nous jugeons que l'immaculée Marie, mère
« de Dieu, a réellement apparu à Bernadette
« Soubirous le 11 février 1858 et jours suivants,
« au nombre de dix-huit fois, dans la grotte de
« Massabielle, près de la ville de Lourdes ; que
« cette apparition revêt tous les caractères de la
« vérité et que les fidèles sont fondés à la croire
« certaine.

« Nous soumettons humblement notre juge-
« ment au jugement du Souverain-Pontife qui est
« chargé de gouverner l'Église universelle. »

Entre le rapport de la Commission et le jugement du Prélat, trois années s'étaient écoulées.

Il faudrait tout citer, et spécialement le récit des guérisons dont le caractère miraculeux fut reconnu. Mais comme un article est plus court qu'un livre, nous nous bornerons à indiquer la guérison de l'auteur lui-même. Sans nous prononcer en aucune façon sur cette guérison qui ne figure pas dans le rapport de la Commission et qui même lui est postérieure, nous pouvons et nous devons constater le grand intérêt qu'offre la guérison de M. Lasserre, racontée par lui-même.

Les noms propres sont continuellement cités dans son œuvre. Quelques lecteurs trouveront peut-être qu'ils le sont trop continuellement. A cette objection nous ferons une réponse tirée des circonstances au milieu desquelles apparaît le livre. Sans méconnaître ce qu'elle présente de spécieux et peut-être même de vrai, nous dirons que la particularité à laquelle elle s'attaque offre à la critique un moyen nouveau et précieux de vérification et de contrôle. Chacun, comme M. Lasserre le remarque dans sa préface, peut refaire le travail qu'il a fait et vérifier tout ce qu'il avance. Il demande à être confondu et déshonoré s'il a menti. Son immense bonne foi prend plaisir à s'étaler devant le public. Quelques autres auraient pu reculer devant le récit de leur propre histoire, et craindre de la profaner en la racontant. Mais la grâce, comme la nature, a des instincts divers. M. Lasserre a cru devoir révéler son propre secret. Nous ne portons de jugement ni sur la guérison en elle-même, ni sur l'audace avec laquelle il la publie. Mais sa grande sincérité et son grand talent rentrent dans la compétence de notre critique et nous avons le droit de les admirer.

Le livre de M. Lasserre est plein de choses, plein de faits, plein de substance. Dirons-nous qu'il est plein d'esprit? Ce serait inutile, le nom de l'auteur contient à ce sujet-là les renseignements les plus complets. Il y aurait pléonasme à déclarer que M. Lasserre a fait un livre spirituel. Mais il n'est pas superflu de constater les soins qu'il a pris pour que ce livre fût concluant. L'auteur a réuni tous les documents que le sujet comporte, et ces documents sont nombreux. Il ne s'est pas borné à tout entendre dire; il a voulu tout vérifier. Il a traversé la France d'un bout à l'autre pour voir de près une personne guérie. Il a amoncelé les témoignages ; puis il les a examinés, critiqués, comparés, corroborés les uns par les autres ; tout est en relief, tout est en saillie, tout est en plein jour. Le soleil éclaire également tout les coins du paysage. Pas un détail n'est laissé dans l'ombre. Tous les personnages vivent d'une vie si vraie que le lecteur croit les connaître depuis longtemps ; chacun d'eux est dessiné de main de maître, et toutes les figures du tableau sont en mouvement. Le narrateur est entré dans tous les détails ; sans cesser d'être artiste, il s'est fait juge d'instruction pour examiner, rechercher, constater, discuter les circonstances de temps, de lieu, de lumière, de territoire, d'atmosphère, de température qui ont accompagné les apparitions ou les évènements auxquels elles ont donné lieu. Quelques-uns disent qu'il a exagéré la nécessité de l'exactitude, qu'il a trop donné à la critique et trop peu à l'émotion, qu'il a fait trop d'expertise et poussé trop loin la perfection de son procès-verbal. Si cette critique peut avoir quelque apparence de fondement, hâtons-nous de constater que le défaut qu'elle attaque présente ici non-seulement une excuse, mais un avantage. Si le récit du miracle eût offert une sobriété, une simplicité plus parfaite, plusieurs, dans le siècle où nous vivons, auraient fermé le livre, et auraient prononcé sur lui cette condamnation sans appel, pleine de dédains et de malice : *C'est un livre de piété*. Mais cette multitude de recherches tout à fait humaines et un peu curieuses, faites dans le cercle naturel autour de l'événement merveilleux, enlève aux hommes de mauvaise volonté la ressource délicieuse de mépriser un enthousiaste.

Tout ce qui concerne le pays et les habitants trouve place dans l'ouvrage de M. Lasserre, jusqu'à l'analyse chimique de l'eau miraculeuse. Analyse parfaitement détaillée, et faite en termes scientifiques. L'auteur a interrogé lentement, patiemment, successivement, scientifiquement toutes les choses naturelles pour les amener toutes à convenir qu'elles sont étrangères à l'événement. Il a adressé son livre aux incrédules. Il a pris dans la nature et dans l'humanité toutes les armes de son combat. Il a suivi sur leurs terrains les médecins et les chimistes. Il les a mis en demeure d'expliquer l'inexplicable. Il a arraché aux personnes et aux choses humaines l'aveu de leur impuissance. Elles n'ont pu ni produire le fait ni expliquer le fait produit et M. Lasserre les oblige à le constater dans leur langage et à le démontrer en termes techniques. C'est ce qui fera l'intérêt de son livre et son succès devant le monde incroyant.

L'auteur jette un défi. Si la science incroyante ne relève pas le gant, elle s'avoue vaincue, et si elle le relève, comment fera-t-elle pour écarter ou pour infirmer les preuves qui sont fournies par elle-même.

Il fallait une époque comme la nôtre pour que cet ouvrage fût fait, époque ou d'incrédulité suprême et de mysticisme profond! L'ouvrage de M. Lasserre ressemble un peu à un mémoire que le XIXe siècle publierait : cet ouvrage servira à l'histoire de notre temps. C'est une étude de mœurs, très-curieuse et très-piquante, qui encadre un tableau où les choses divines apparaissent. C'est le choc bizarre des choses profanes heurtant les choses sacrées, sans soupçonner leur présence ; c'est la rencontre et le conflit des éléments les plus hétérogènes racontés par un des hommes les plus spirituels qui existent ; or, cet homme éminemment homme du monde et catholique très sincère est lui-même placé convenablement pour voir ce qui se passe dans les deux camps. Son livre est un livre charmant et historique, très-sérieux et très amusant qui pourra plaire aux esprits les plus opposés et rencontrer des lecteurs, même des amis, dans plusieurs armées belligérantes.

Tous les siècles ont vu des batailles; mais notre siècle voit la bataille universelle, et Notre-Dame de Lourdes est un des épisodes de l'immense combat.

Les nations ont perdu la foi. Cependant, tout à coup, un paysan, une bergère, un enfant qui ne sait pas même le nom des personnes et des choses qu'il manifeste, se trouve jeté sur la scène du monde, et chargé de parler aux hommes, sans savoir de quoi il parle. Les autres sont armés de pied en cape, forts, habiles, retors. L'enfant n'a rien qu'une parole désarmée. Autour de cette parole il ne sait pas même grouper les faits ou les arguments. Il n'a aucune arme, pas même celle du discours. Cependant la chose fait son chemin, lente, inconnue, persévérante, moquée, résistante, tenace, douce et invincible. Elle résiste aux tempêtes qui abattent les gros arbres. Elle plie et ne rompt pas. Elle voit ses amis et ses ennemis se battre autour d'elle, mais elle garde le calme de l'enfance, à laquelle elle s'est confiée.

Les femmes et les enfants jouent toujours, dans les affaires divines, un rôle énorme. Celui qui les mène a l'habitude extraordinaire d'armer les soldats ennemis et de désarmer les siens.

Que de choses et que de personnes se sont agitées autour de Bernadette! Mais elle, elle ne s'est pas embarrassée un moment.

M. Lasserre a supérieurement peint, car son livre est un tableau, ce désarroi des hommes devant la paix obstinée d'une petite fille qui ne comprend ni les étonnements ni les colères qu'elle cause. Elle ne discute pas, elle ne prouve pas; elle n'enseigne pas; elle ne sait rien; elle n'affirme qu'une chose, c'est qu'elle a vu.

IX

HENRI LASSERRE
ÉPISODES MIRACULEUX DE LOURDES.

I

Voici le second volume de *Notre-Dame de Lourdes.*

Je me demande si je ne ferais pas mieux de m'arrêter là.

Constater l'apparition du second volume, c'est évoquer le souvenir du premier. Je l'ai annoncé ; je l'ai analysé.

J'ai donné le premier salut à ce premier volume.

Ce salut a été entendu bien loin. Il a éveillé bien des échos.

Le succès de *Notre-Dame de Lourdes* a dépassé les proportions d'un succès littéraire.

Il est devenu un évènement. Cet évènement a grandi comme la semence confiée à la terre.

Le grain de sénevé a obéi à sa loi ; mais la loi

est devenue plus sensible, plus éclatante qu'à l'ordinaire.

Le succès, après avoir atteint les proportions vraisemblables, les a dépassées.

Ce succès a ressemblé à une autre chose qu'à un succès. Il a marché, comme quelqu'un qui aurait des intentions, ou, si vous voulez, des instructions, des ordres. Il a marché à pas de géant. Il a bravé toutes les circonstances de temps et de lieu.

Il s'est élevé en face du xix° siècle, comme David en face de Goliath.

Il a jeté le gant à l'esprit public.

Il s'est levé dans un monde de sourires, dans un monde d'incrédulité; et il a insulté tous les sourires, toutes les incrédulités.

Dans un monde incroyant, plein d'une science incroyante, Henri Lasserre est venu affirmer le merveilleux, et le merveilleux contemporain.

Contemporain ! quelle circonstance aggravante ! Le prodige est déjà par lui-même bien odieux, bien cruel, bien insupportable. Son intrusion déplaît à la science moderne. Elle qui est si sûre de son affaire; et qui guérit toujours si bien si fidèlement, si rapidement, si sûrement, si radicalement tous les malades, elle trouve mauvais que le prodige, cet étranger, s'ingère dans une besogne qui est la sienne et qui ne lui offre jamais aucune difficulté.

Cependant, quand le prodige est lointain, elle le supporte un peu à l'état de légende. La légende est une circonstance atténuante. Pourvu qu'il contente à être relégué bien loin, bien loin dans le passé, le merveilleux serait à la rigueur supportable, et pourrait, dans une certaine mesure, être toléré.

— Si vous avez la manie d'aimer le merveilleux, au moins ayez en même temps le goût des vieux livres. Remuez la poussière des bibliothèques. Interrogez les traditions. Remontez jusqu'aux siècles barbares ; et là, quand vous aurez découvert quelque fait étrange, inexpliqué, caché dans la nuit des siècles, nous ne vous défendrons pas, Henri Lasserre, de développer là-dessus vos facultés. Les siècles d'ignorance sont remplis de récits merveilleux. Vous aimez le merveilleux : à tout péché, miséricorde. Je vous pardonne, Henri Lasserre, dirait la science moderne.

Peut-être même ajouterait-elle tout bas : « — Je ne suis pas, moi non plus, ennemie de la poésie. Chantez, Henri Lasserre, les Épopées religieuses des premières Églises ; chantez, chantez, chantez ! Je ne défendrai pas même aux peuples que je gouverne d'accompagner vos chants. Il faut bien se distraire un peu des travaux sérieux, et des études fatigantes que j'impose à mes élèves. Pendant six jours, ils sont à moi, occupés d'affaires graves. Je vous les confie le dimanche : amusez-les ; racontez-leur les chroniques d'autrefois ! »

Oui : mais voici où les cartes s'embrouillent.

Henri Lasserre n'a pas de modération dans les goûts. Il ne se contente pas des vieux prodiges, que le temps a couverts de son manteau.

Il prend le merveilleux et le plante brutalement en plein dix-neuvième siècle, dans notre société savante et fleurie. Il manque de respect au temps présent, et lui raconte des prodiges *contemporains.*

Vous imaginez-vous l'audace d'un homme qui imprime en France qu'il a vu des prodiges ; qu'il les a vus de ses yeux, de ses yeux restitués eux-mêmes à la lumière du jour par un prodige ; qu'il les a vus, vraiment vus, ce qui s'appelle vu.

Il n'invoque pas la circonstance atténuante de l'éloignement des temps. Il n'invoque pas non plus celle de l'éloignement des lieux.

Non seulement c'est au dix-neuvième siècle qu'il a senti et vu des faits extraordinaires ; mais c'est en France, dans le pays où brille l'Institut. Il a vu le foyer s'allumer à Lourdes et rayonner de tous côtés. Lui-même a été guéri, non pas à Lourdes, mais par l'eau de Lourdes, et bien plus près de l'Institut.

Il dit, il ose le dire, et les éclats de rire s'apprêtent à couvrir sa voix. Cependant ils ne la couvrent pas ; et c'est le contraire qui arrive. Sa voix couvre les éclats de rire. Elle s'étend ; cette voix singulière et audacieuse ; elle s'étend, elle s'étend ; elle se fait écouter ; elle s'impose ; elle se multiplie. Paris l'écoute : la France l'écoute ; l'Europe l'écoute ; le monde l'écoute.

Le récit des merveilles, au lieu de succomber sous les moqueries du premier venu, le récit des merveilles obtient l'audience du monde.

Ce livre, ce premier volume avait l'air du plus hardi paradoxe. Mgr Peyramale, qui ne s'appelait pas encore Monseigneur, me comblait de ses remerciements, parce que j'avais osé annoncer le livre, et que le style hardi de mon annonce lui avait été agréable.

C'était encore une audace, une étrangeté, une bizarrerie, que d'oser constater la naissance du livre, que d'oser donner un état civil à ce procès-verbal des merveilles.

Eh bien! le livre est parti, il a marché d'abord, il a volé ensuite, et les échos endormis se sont réveillés de proche en proche, ici d'abord, puis un peu plus loin, puis beaucoup plus loin, puis la France s'est émue, puis l'Europe s'est émue, puis le monde s'est ému. Des masses profondes se sont ébranlées, et, confiante dans la parole d'Henri Lasserre, elles sont venues du pied de la montagne choisie, au pied des Pyrénées; elles ont voulu voir le lieu dont elles avaient lu la description; et elles ne se sont pas bornées à voir, elles ont voulu s'agenouiller, et la Grotte a été trop petite pour recevoir tous les agenouillements qui se sont pressés entre ses pierres, et il a fallu empêcher les hommes de s'écraser à l'entrée de la roche Massabielle.

Et maintenant, après plusieurs années, ce qui

semblait un paradoxe bizarre, est devenu un fait historique.

Le livre audacieux qui avait jeté un défi au respect humain, a été traduit dans toutes les langues. Cette propagation étonnante de la parole par l'imprimerie n'a jamais été si rapide, si merveilleuse; le livre a été vainqueur du temps et de l'espace. Il a été partout, il a fait des prodiges de vélocité; le mouvement l'a emporté dans un tourbillon prodigieux, puis il a emporté les hommes dans le mouvement; après avoir subi ce mouvement, il l'a fait subir partout où il passait. Le livre, né à Lourdes, a ramené les populations au lieu d'où il était parti. Lasserre a parlé. Les pèlerinages ont répondu.

En dépit d'un mot célèbre, les pèlerinages sont maintenant dans nos mœurs. Et, remarquez-le, quand M. Thiers a dit le contraire, M. Thiers avait raison. Les pèlerinages n'étaient plus dans nos mœurs. Mais ils y sont rentrés, et ils y sont rentrés à la voix d'Henri Lasserre.

Du domaine privé, les émotions du pèlerinage sont passées dans le domaine public.

Le XIXe siècle se dit le siècle de l'incrédulité. Eh bien! voici quelque chose de particulier, et qui vaut la peine d'une remarque : c'est que nul ne pourrait désormais écrire l'histoire de ce siècle incrédule, sans raconter l'histoire de Notre-Dame de Lourdes.

Cette histoire est intervenue assez sensiblement dans le XIXe siècle, pour s'imposer à l'historien.

Croyant ou incroyant, il ne lui est pas permis de la passer sous silence. Elle s'impose à lui, même comme fait humain.

Car, remarquez-le bien, c'est au point de vue du fait humain que je me place.

Je n'entends nullement préjuger les décisions de l'Église, et prononcer en mon nom le mot « miracle. »

L'Église seule est compétente pour le faire entendre, ce mot terrible et sacré.

Je me borne à regarder les évènements de Lourdes, extérieurement et historiquement, par le côté humain et évident.

Or ce côté humain et évident constitue, à lui seul, un fait historique des plus étranges. Ce pèlerinage énorme, que personne ne peut révoquer en doute, est un des aspects les plus saisissants et les plus évidents que nous ait offerts jusqu'ici le XIX° siècle.

Je ne préjuge donc rien, absolument rien, quant au caractère divin et miraculeux des faits observés. Je ne le discute pas, je regarde le spectacle humain de Lourdes, et je suis singulièrement frappé de ce fait étrange.

II

Ce second volume fait suite au premier volume, non pas seulement à la manière ordinaire des seconds volumes; mais il suit le premier, comme l'effet suit la cause.

C'est le premier volume qui a produit le second.

C'est l'émotion produite par le premier volume qui a déterminé les évènements racontés dans le second volume.

C'est le premier volume qui a poussé les personnages vers les actes, vers les prières, vers les aventures racontées dans le second volume.

Le premier volume a enfanté le second, non pas seulement dans l'ordre des idées, mais dans l'ordre des faits.

Exemple. En juillet 1871, un menuisier de Lavaur, nommé Macary, souffrait horriblement d'un mal de jambes : les varices, les nodosités, les ulcères, avaient réduit cet homme à l'impossibilité absolue de travailler et même de bouger. Ne sachant plus que devenir et comment tuer le le temps, il demanda un livre quelconque. Mais au lieu de lui donner un livre quelconque, qui aurait pu être un roman d'Eugène Sue, ou une édition populaire des œuvres de Renan, on lui donna à lire *Notre-Dame de Lourdes*, par Henri Lasserre. Il se trouve qu'on lui donne à lire ce livre-là, plutôt qu'un autre. Le livre l'intéresse d'abord, l'émeut ensuite, mais l'émeut au degré où les larmes arrivent. Et, avec les larmes, voici la prière. Macary veut être guéri comme ont été guéris ceux dont il lit l'histoire. Il le veut, il le veut obstinément.

C'est le premier volume de *Notre-Dame de Lourdes* qui lui inspire le désir, le projet, la volonté d'être un des héros du second volume.

Les héros du premier volume ont été les initiateurs de Macary, et l'ont conduit à figurer dans le second volume.

Lui-même, maintenant, héros du second volume, deviendra peut-être l'initiateur de quelque autre personnage, qui, lisant son histoire, figurera quelque jour dans un troisième volume.

Il y a, comme cela, des coups et des contre-coups, des chocs et des chocs en retour.

Il y des voyages de l'électricité qui se joue à travers le monde.

« Macary, dit Lasserre, nous raconta son histoire avec un merveilleux entrain de récit, une verve extraordinaire et une émotion communicative. Le curé Peyramale ; M. l'abbé Pomian, catéchiste de Bernadette ; M. l'abbé Peyret, vicaire de Lourdes et aujourd'hui curé d'Aubarède ; M. et Mme Ernest Hello étaient avec nous. Nous étions tous sous le charme de cette parole chrétienne, pittoresque et vibrante. »

Oui, certes, je m'en souviens, nous étions là et nous écoutions. Ce Macary eût été un orateur populaire. L'accent du Midi donnait à cette narration familière un cachet spécial, une audace aimable et ardente, une vibration physique et morale. Je me souviens de l'intonation avec laquelle Macary prononça cette phrase :

« Non, non, non, me disais-je à moi-même, Macary, tu ne peux plus vivre ainsi. Tu ne peux plus travailler : tu souffres jour et nuit. Il faut que la sainte Vierge te guérisse ou qu'elle t'étouffe ».

Macary n'atténuait rien, il ne connaissait pas le respect humain et les servitudes qu'il impose à ses esclaves. Il parlait comme un homme du peuple qui parle très bien, et comme un homme du Midi.

Autre exemple. Jeanne de Fontenay était malade; après la guerre, son état s'était aggravé. Incapable de marcher et de travailler, elle passait de longues heures seule, inoccupée, souffrante, hésitante.

Un livre, parmi tous les livres qui passaient entre ses mains, un livre attira ses regards. C'était, vous l'avez deviné, c'était *Notre-Dame de Lourdes*. Il était question là de guérisons inespérées. Mais quoi ! ces bonheurs rares étaient-ils faits pour elle ? Peut-être étaient-ils réservés à des âmes très saintes ?

Pouvait-on les espérer pour soi-même, réellement, actuellement ?

Macary, qui jurait du matin au soir; Macary, que Lasserre appelle « le bon blasphémateur », avait espéré rapidement, parce qu'il était simple. Les âmes simples ont l'espérance facile. C'est un privilège de la simplicité que de ne jamais se déclarer indigne. Jeanne de Fontenay, qui n'était pas blasphématrice, était probablement moins simple que Macary. Elle fut frappée, mais elle hésita. Cependant le livre avait déposé en elle un germe qui devait, plus tard, porter fleurs et fruits. C'était ce livre, ce même livre, le premier volume de *Notre-Dame de Lourdes* qui allait par le monde, chercher, à travers sa promenade, la matière du second volume. Ce premier volume ne se suffisait pas à lui-même. Il avait faim et soif de sa continuation. Il ne voulait pas être seul, et il courait partout, à droite et à gauche, quêtant des secours pour se multiplier. Il demandait, mais il donnait ; il demandait la matière et la forme d'un second volume, mais il apportait l'espérance, en attendant la guérison.

Jeanne de Fontenay, un peu plus difficile que Macary, allait cependant, comme lui, être conquise au second volume.

Il y a mille manières de raconter. On peut raconter les faits, on peut les raconter mal, on peut les raconter bien. Puis on peut pénétrer dans l'esprit qui les produit et les anime. C'est cette façon de les présenter qui caractérise Henri Lasserre. Il ne se borne pas au fait, et cependant il ne le néglige jamais. Il l'étudie en lui-même, minutieusement, scrupuleusement, exactement. Mais là ne s'arrête pas son analyse. Il entre dans la vie de la personne qu'il nous montre, et il nous y introduit. Il nous fait assister, non pas seulement au fait, mais à l'acte : car le fait, c'est l'effet matériel ; l'acte c'est l'opération qui produit et détermine le fait.

Lasserre nous introduit dans le sanctuaire où se passe le drame caché, avant de nous montrer le résultat visible des luttes intérieures dont on lui a confié le secret. Ainsi son procès-verbal n'est que le dénouement. Mais nous sommes initiés aux préparations intimes subies par l'âme qui va apparaître devant nous, délivrée des entraves d'une maladie physique. La guérison qu'il nous raconte, n'est que la conclusion d'une histoire secrète, profonde et profondément instructive, qui se déroule peu à peu devant nous.

Nous assistons aux préparations, nous voyons les éléments du drame se combiner, nous voyons les effets de la foi comme aussi les effets du doute.

Nous voyons ceux qui croient marcher sur les flots, et nous voyons les flots chanceler, s'affaisser, s'entr'ouvrir et menacer ceux qui doutent, les menacer de l'engloutissement.

Nous voyons les actes de l'âme jeter leurs reflets sur les choses de la vie, nous voyons l'influence des pensées et des sentiments sur la destinée des individus.

A ce point de vue, la guérison de Mlle de Fontenay est particulièrement intéressante à lire et à étudier. On voit se dessiner sur les faits les linéaments de ses pensées. Elle est mal, elle est mieux; elle est plus mal, elle est guérie, et l'on dirait que les vicissitudes de son état physique suivent sensiblement et directement les vicissitudes de son état moral. L'histoire de Mlle Jeanne de Fontenay est particulièrement intéressante, parce que la faiblesse humaine apparaît en elle et autour d'elle.

Dans l'histoire de M. de Masy, on s'étonne presque de trouver tous les personnages à peu près parfaits. Un homme d'une grande valeur, les trouvait trop parfaits. Il lui semblait que l'histoire, si elle avait été moins continuellement admirative, fût devenue plus vraisemblable.

Mais l'épisode de Mlle de Fontenay offre à l'attention des sujets plus variés, plus humains.

Elle a des moments de doute, d'hésitation, d'anxiété. Elle n'est pas toute d'une pièce, Jeanne de Fontenay avait été presque écrasée par une voiture. Elle-même était tombée de cheval. Les deux accidents, et d'autres causes encore peut-être, avaient déterminé en elle une série de douleurs et de désordres graves. La jeune fille passa plusieurs années entre les mains des médecins; ir ins terribles!

La voici enfin à Lourdes : les forces reviennent. Elle peut hasarder quelques pas; et même, après la neuvaine, le 3 juin, la voilà qui se rend à pied à la Grotte, elle suit une procession. Elle revient en ville.

Mais, au lieu d'un point d'exclamation, qui semblerait nécessité par les circonstances, je dis : Elle se rend à la Grotte, et elle revient en ville, et je termine ma phrase par un point simple. Je me refuse ce point, que certaines grammaires appellent le point d'admiration.

C'est que Jeanne de Fontenay ne se croit pas guérie.

Non seulement elle subit les médecins, mais

même les chirurgiens. Elle subit les eaux minérales. Dans le récit de Lasserre, non seulement on apprend, mais on voit la désolation de sa famille. On assiste à cette maladie que Mme de Fontenay aurait voulu dérober, au moins dans une certaine mesure, aux regards indifférents. Une maladie cause tant de douleurs! Il y en a d'évidentes, il en a eu de secrètes; il y en a qu'on avoue, il y en a qu'on n'avoue pas; il y en a qui se laissent voir, il y en a qui se laissent deviner. De traitements en traitements, Jeanne de Fontenay traîna sa pauvre personne et sa maladie. Mais le premier volume de *Notre-Dame de Lourdes* était toujours là! C'est lui qui devait changer l'état des choses; c'était lui qui allait chercher Jeanne de Fontenay sur sa couche; c'était lui qui allait partout, cherchant du bois sec pour allumer les feux du second volume.

Le Curé Peyramale la vit marcher, et le point d'exclamation fut dans sa voix à lui.

— Vous voilà donc délivrée de vos sept ans de douleurs et d'infirmités!

— Mais, Monsieur le Curé, je n'ai pas du tout en moi la preuve que je suis guérie.

Le Curé lui raconte à elle-même ce qui vient de lui arriver à elle-même!

— Auriez-vous eu quelque difficulté à marcher?

— Aucune.

— Souffrez-vous quelque part?

— Non.

C'est là une scène des plus extraordinaires. Le

Curé s'efforce de prouver à la malade d'hier qu'elle est guérie. La malade convient des faits qui constituent sa guérison, et ne convient pas de la guérison elle-même ! Elle a senti la disparition du mal ; mais elle n'a pas senti l'apparition du bien. Elle n'est pas transportée ; la joie fait défaut, elle ne croit pas à la guérison.

L'union de l'âme et du corps, telle qu'elle est affirmée par la doctrine de saint Thomas, reçoit ici une singulière et mystérieuse confirmation. Jeanne de Fontenay doute : elle ne doute pas seulement de sa guérison à venir, elle doute même de sa guérison passée. Non-seulement elle ne croit pas avant de voir, mais elle ne croit pas après avoir vu.

Elle dépasse saint Thomas.

Elle trouve que quelque chose lui manque.

— Mais c'est votre maladie qui vous manque ! répond le Curé de Lourdes.

Enfin l'incrédule Jeanne chancelle moralement, quand elle ne chancelle plus physiquement.

— Ce qui est malade, c'est votre foi, lui dit le Curé Peyramale.

Je me figure bien le Curé de Lourdes, avec sa brusquerie, grondant de sa timidité la vacillante jeune fille :

— Allez donc, lui dit-il, allez rendre grâce à Paray-le-Monial.

Mais Mlle de Fontenay doutait, Mme de Fontenay doutait. Tout le monde doutait. On ne pouvait pas se croire guéri.

La prudence — je ne veux pas écrire ici ce mot par une majuscule : non, non, ce n'était pas la Prudence, c'était vraisemblablement la prudence qui luttait contre la joie et qui finit par l'emporter. Il faut en tout de la mesure. N'allons pas à Paray-le-Monial, allons à Aix-les-Bains. L'action naturelle des eaux fortifiera la guérison. On se décide pour Aix-les-Bains.

Oui, mais le lendemain matin Jeanne de Fontenay était retombée. Impuissance totale des jambes. La guérie d'hier ne pouvait plus se tenir debout.

Non, non, il ne m'appartient pas de déterminer le caractère miraculeux des faits; mais il appartient à tout le monde de constater quelque chose de bien extraordinaire dans ce récit.

Henri Lasserre le fait précéder par une page de l'Évangile.

Il nous montre saint Pierre marchant sur les eaux. Saint Pierre croit, les eaux le portent; saint Pierre doute, les flots fléchissent sous lui. La prévision exacte, la correspondance rigoureuse de l'âme et du corps soumis ou révoltés l'un et l'autre chez Jeanne de Fontenay, rappellent forcément le souvenir de saint Pierre croyant ou doutant. Cette obéissance des flots qui soutiennent! cette révolte naturelle des flots qui ne soutiennent plus!

Il y a probablement entre l'esprit et la matière des rapports plus intimes que nous ne le soupçonnons.

Catherine Emmerich fut une personne fort extraordinaire, et je n'ai pas qualité pour me prononcer sur le caractère plus ou moins merveilleux de son état. L'Église n'a pas dit sur elle de parole décisive. Mais, quoi qu'il en soit, son livre est un des plus curieux qui existent.

Elle parle de saint Goar, ermite des bords du Rhin. Saint Goard, injustement accusé, va se défendre chez son évêque. Il paraît qu'il avait un manteau. Tous les ermites n'en ont pas ; celui-ci en avait un. Entrant chez l'évêque, il cherche où suspendre ce manteau dont il veut se débarrasser. Mais, si saint Jean avait un manteau, l'évêque n'avait pas de porte-manteau. Ne trouvant aucun clou pour suspendre quoi que ce soit, saint Jean, par distraction, suspend négligemment ce manteau... à quoi ?

A un rayon de soleil, qui se trouvait là par hasard.

D'après Catherine Emmerich, ce rayon de soleil reçut une vertu de soutenir, vertu qui n'était pas dans sa nature propre, et reçut cette vertu à cause de la foi de saint Goar.

La foi et la simplicité, dit Catherine Emmerich, donnent l'être et la substance aux choses sur lesquelles elle porte.

Si vous me dites que vous avez eu souvent la foi, sans obtenir cet effet, je n'ai rien à répondre, sinon que je me borne à constater ce qu'ont dit les autres. Je ne suis ni avocat ni juge, je suis historien. Je ne plaide ni n'affirme, j'expose l'état de la question.

Je constate le rapport qui existe entre la parole de Catherine Emmerich et celle de saint Paul.

D'après l'une, la foi et la simplicité donnent l'être et la substance aux choses.

D'après l'autre, la foi est la substance des choses *espérables*.

Je demande pardon pour ce mot inusité, mais je le crois nécessaire, car la phrase régulière : la « foi est la substance des choses qu'il faut espérer », est désolante de platitude.

Quoiqu'il en soit du néologisme que je hasarde, la foi nous est affirmée par saint Paul comme étant la substance même, et non pas seulement la formule des vérités.

Étant une substance, il n'est pas étonnant qu'elle agisse sur les substances ; et Catherine Emmerich, en ce cas, aurait tiré, sans s'en douter, une conséquence. Mais elle ne dit pas seulement : *la foi*; elle dit : la foi et *la simplicité*. La simplicité serait donc comme la chose qui excite la vertu latente contenue dans la foi.

La foi contenant la substance comme la pierre contient le feu, peut-être la simplicité est-elle la force qui fait jaillir l'étincelle du caillou.

Mais la simplicité, comment l'atteindre ? Lasserre, à la première page de son livre, se recommande aux prières de ses lecteurs. Il fait bien ; j'aurais voulu qu'en cette occasion il me fît une place à côté de lui !

Ah ! si la simplicité donne la force, l'efficacité ; si elle communique aux justes désirs la vertu de se réaliser, j'adjure tous les lecteurs connus et inconnus de demander pour moi la simplicité!

Au lieu de raisonner sur elle, je veux expérimenter ses résultats.

J'aime mieux la posséder que de la définir.

Après mille douleurs nouvelles, Jeanne de Fontenay parvient à une nouvelle guérison.

Les jambes sont guéries, la plaie intérieure également.

Mais elle est encore sujette à des douleurs de tête, à des migraines, à des névralgies. Pourquoi cette infirmité n'a-t-elle pas été guérie comme les autres?

Pourquoi cette défaillance? pourquoi cette exception?

Jeanne de Fontenay croit pouvoir répondre à cette question.

Quand on la plongea dans la piscine de Lourdes, on ne voulut pas immerger la tête, à cause des cheveux épais. Il est quelquefois fâcheux, quelquefois dangereux de se mouiller les cheveux, surtout quand la chevelure est abondante. De très longs cheveux sont difficiles à sécher; et qui sait si une telle immersion, produisant une longue humidité, ne produirait pas aussi le rhume et la fièvre?

Enfin, on immergea le corps, on n'immergea pas la tête.

Le corps fut guéri. La tête ne le fut pas... J'entends votre réponse:

— Comment! me dites-vous, une application

matérielle et naturelle, si elle guérit le point touché, peut ne pas guérir un autre point! Mais, s'il s'agit de Lourdes, est-ce que toute la personne ne doit pas être enveloppée? si l'eau de Lourdes possède un vertu, est-ce que cette vertu, captive et dépendante, s'arrête à l'endroit qu'elle touche matériellement? est-ce qu'elle ne peut pas agir à distance, opérer même sur les points qu'elle n'inonde pas physiquement?

Sans doute! et si l'omission de la tête avait été faite par hasard, Jeanne de Fontenay n'expliquerait probablement pas ses névralgies par un oubli involontaire.

Mais l'oubli était volontaire! ce fut par prudence et non par hasard qu'on PRÉSERVA la tête de l'immersion. De sorte que, d'après elle, on a *préservé* la tête de la guérison.

L'omission de la tête ne fut pas seulement matérielle, elle fut intentionnelle, elle fut voulue spirituellement.

Après la première guérison, la rechute générale fut attribuée à un défaut général de foi.

Après la seconde guérison, la rechute partielle est attribuée par Jeanne de Fontenay à un défaut partiel de foi.

Voilà les oscillations qui signalent la guérison de Jeanne de Fontenay.

Voici les oscillations qui signalent la guérison d'Henri Lasserre lui-même. Les deux évènements et les incertitudes qui les accompagnent, démandent, ce me semble, à être rapprochés. Le volume, qui les détaille, ne peut les rapprocher suffisamment. Mais l'article, qui se borne à les signaler, peut mettre ces faits en regard les uns des autres.

Henri Lasserre, bien des années avant Jeanne de Fontenay, venait de retrouver l'usage de ses yeux. Il venait de lire cent quatre pages, lui qui, dit-il, vingt minutes auparavant, n'aurait pu lire trois lignes.

Or, cinq jours après la guérison, voici notre ami qui se dirige, avec sa vue restituée, vers une maison où il va faire une visite. Cette visite devient pour lui l'occasion de la confession publique qu'il fait ici. Une fumée mauvaise lui monte, dit-il, du fond du cœur, et il subit la tentation de prononcer quelques paroles gravement mauvaises auxquelles il reçoit intérieurement l'ordre de renoncer. Mais il n'y renonce pas ! il les prononce.

Il cède à la tentation.

Le lendemain, après un sommeil de quelques heures, il se sent envahi sous l'arcade sourcilière et à l'arc des paupières par une pesanteur qui, sans être la maladie elle-même, était cependant l'un des symptômes de la redoutable maladie dont il venait d'être délivré. — Mon bon ami, se dit-il à lui-même, tu ne l'as pas volé.

Nous avons vu, chez Jeanne de Fontenay, une rechute totale suivre la défaillance de la foi, puis une imperfection dans la délivrance retrouvée suivre une imperfection dans la foi retrouvée.

Nous voyons dans Henri Lasserre une menace suivre, après la guérison, la défaillance de la volonté : car ce n'est pas la foi qui branla, chez Lasserre ; ce fut la volonté. Je ne m'en étonne pas. La foi, chez lui, a quelque chose d'inébranlable.

Quelques jours plus tard, voici Lasserre à Tours. Il se rend chez M. Dupont. Il lui rend compte de la situation. Vous savez le reste. Non pas à l'instant même, à Tours, mais le lendemain, à Paris, toute lourdeur disparut. La guérison était achevée.

Le rapport entre les variations et les accidents qui caractérisent ces deux guérisons, n'a-t-il pas quelque chose de très extraordinaire ?

On dirait que les choses physiques nous montrent, dans les deux cas, le reflet matériel des choses morales, et que le monde visible nous découvre, par le choc de ses accidents, le monde invisible, qui est le théâtre secret du drame auquel nous assistons.

III

M. Dupont était véritablement un des hommes les plus singuliers qu'il fût possible de voir au XIXe siècle. La guérison de Lasserre semble réunir tous les défis possibles jetés à l'esprit actuel ! Lourdes d'abord, M. Dupont ensuite. M. Dupont frappait à première vue. Je ne vais pas refaire son portrait, si admirablement fait dans le livre même qui nous occupe. Mais je ne puis passer près de lui sans le saluer, car le respect accompagne son souvenir ; je ne puis passer près de lui sans signaler en lui un caractère étrange, bizarre, absolument exceptionnel, *l'absence* TOTALE *du respect humain*.

Je dis totale. Une certaine absence de respect humain se voit quelquefois. Une absence totale se voit très rarement, si rarement, qu'on est saisi devant elle par un sentiment singulier et nouveau. Les choses complètes sont très rares en ce monde. La foi *complète* est un spectacle qui ne nous est pas souvent donné. Encore la foi pourrait être complète, et n'être pas exempte de ce trouble extérieur qui s'appelle le respect humain.

La foi intérieure pourrait être complète, et ne pas vouloir ou ne pas oser se traduire au dehors par un langage digne d'elle.

Nous respirons tous l'air environnant.

Nous nageons dans une atmosphère dont les propriétés sont dissolvantes.

Un homme, au XIXe siècle, respire le doute depuis qu'il respire.

Il n'est pas impossible de se proclamer catholique et croyant, dans le sens général du mot.

Il lui est singulièrement difficile de ne faire aucune concession, même extérieure et apparente, aucune concession de détail à l'esprit général de doute qui énerve toutes les âmes et toutes les intelligences.

Autre chose est de dire, en thèse générale : « Je crois. »

Autre chose d'affirmer cette croyance dans tous les détails de la vie où elle demande à s'incarner, et de l'affirmer ainsi, devant témoins, devant n'importe quels témoins, en n'importe quelle occasion.

Or cette absence totale, radicale, de respect humain caractérisait M. Dupont. L'atmosphère du XIX° siècle s'éteignait à la porte de sa maison. Une autre atmosphère s'allumait. On changeait d'air, on changeait de siècle, on changeait de monde.

Dans la chambre de M. Dupont on parlait le langage de la foi sans restriction.

Presque tout homme a deux vies contradictoires : l'une pour lui seul, l'autre pour les autres hommes.

M. Dupont n'avait qu'une vie.

Il vivait de la foi.

Il pensait comme il vivait.

Il parlait comme il pensait.

La sincérité absolue, qui ose dire absolument tout, était l'attrait de son langage.

Cette absence totale de respect humain est la noble fille de l'humilité.

L'amour-propre nous invite à mille précautions. Il les décore de mille noms : c'est la convenance, c'est la prudence, dit-il, qui les conseille.

En réalité, c'est lui, l'amour-propre, qui les impose.

Ces précautions, M. Dupont ne les connaissait pas. La hardiesse de sa foi ne lui permettait pas ce retour sur lui-même qui paralyse généralement l'homme qui va dire une chose audacieuse. M. Dupont ne savait pas qu'il était audacieux. Il était étonnant sans le savoir. Il se regardait de la meilleure foi du monde comme un néant coupable. Alors à quoi bon penser à soi?

Je lui demandais un jour si jamais quelque ennemi n'était venu le tourmenter dans cette chambre où sa lampe brûlait jour et nuit?

— Comment voulez-vous qu'on me tourmente? me répondit M. Dupont: on tourmente un homme; mais on ne tourmente pas un rien du tout. Comment voulez-vous qu'on tracasse le rien?

Et M. Dupont faisait, avec ses doigts, en parlant, le geste d'un homme qui cherche à saisir et à serrer quelque chose là où il n'y a rien : ses mains se serraient, s'ouvraient, se fermaient dans le vide, et il semblait faire des efforts singuliers pour s'emparer du vide, pour l'embrasser, pour l'étouffer. Et comme il avait affaire au vide, sa main, en se retrouvant, marquait d'une façon frappante son impuissance d'appréhender, de tenir et de retenir.

Ce fut, je crois, le même jour, que pendant le dîner, réunis autour de sa table, les convives de M. Dupont se livraient à une conversation qui, sans avoir rien d'inconvenant, à quelque degré que ce fût, était simplement une conversation ordinaire.

M. Dupont, lui, ne parlait jamais d'autre chose que de l'unique objet de sa pensée. Tout à coup, il s'écria, parlant à nous tous :

— Je vois que vous mangez comme les chiens et les chats, sans penser à Celui qui vous a créés et mis au monde. La vie est trop courte pour qu'on parle d'autre chose que de Lui. La vie, mes amis, c'est la chose la plus courte que je connaisse.

De la part de tout autre homme, l'exclamation eût surpris tout le monde, n'est-ce pas? Essayez de vous représenter un homme ordinaire qui, réunissant ses amis autour de sa table, leur adresse tout à coup ce compliment : « Je m'aperçois que vous mangez comme les chiens et les chats! »

L'étonnement serait au comble.

Mais chez M. Dupont, personne ne s'étonnait jamais de rien. Il y a des hommes qui ont le droit de tout dire : ce sont ceux qui ne pensent pas à eux-mêmes. L'orgueil des autres, a-t-on dit, nous déplaît, surtout parce qu'il choque le nôtre.

Rien de plus vrai. Aussi l'homme qui nous parle hardiment et sans orgueil, peut tout nous dire sans nous choquer. L'orgueil, chez M. Dupont, n'était pas en jeu. Il chassait l'orgueil de sa maison.

Avouez que Lasserre avait eu la main heureuse.

Il était tombé juste, précisément juste, sur l'homme qu'il lui fallait.

M. Dupont arrive, dans son récit, tellement à propos, qu'on dirait son intervention amenée là par l'habileté du narrateur. Et cependant le fait est simplement exact. L'homme qui a eu tant d'incroyables fortunes, accumulées les unes sur les autres, n'a fait que les raconter.

Son arrivée à Tours n'avait même pas M. Dupont pour objectif.

Une autre circonstance l'avait appelé à Tours, et il se souvient tout à coup de M. Dupont, et le célèbre numéro 10 de la rue Saint-Etienne reçoit tout à coup sa visite inattendue et *fortuite*.

Une combinaison particulière de bonheurs nombreux enveloppe Lasserre. C'est le contraire de ce qui arrive dans les romans et dans les drames, c'est le contraire de la fatalité : la bienveillance des choses le conduit par la main.

IV

En face de tous ces accidents moraux et matériels qui se correspondent avec tant d'exactitude et de précision, je ne prends nullement sur moi, je l'ai déjà dit, d'affirmer le caractère précisément miraculeux des évènements.

Mais quand je considère notre époque, je suis incroyablement frappé par l'opportunité, par l'utilité, par l'harmonie du miracle en général avec le siècle où nous vivons.

Quelque sentiment que pourra un jour exprimer l'Église sur ces faits et sur d'autres faits analogues, nous l'adoptons d'avance, nous ne le préjugeons pas.

Mais ce qui est évident, c'est l'harmonie du miracle avec nos besoins actuels, avec les besoins universels des siècles où nous vivons.

L'adoration de la matière est le caractère propre du XIXe siècle.

Le XIXe siècle est le siècle de l'orgueil.

Or, voici une loi générale.

Toute créature qui veut s'élever par l'orgueil, s'abaisse rapidement et s'incline devant la matière.

La matière et toute sa lignée éblouissent les yeux qui ne se tournent pas vers la lumière éternelle.

Les genoux qui ne plient pas devant elle, touchent terre devant les faits matériels, devant les faits accomplis. Je ne dirai pas que le XIXe siècle ressemble à l'apôtre saint Thomas : car il ne ressemble à aucun saint, le pauvre siècle ! Mais cependant il a un rapport avec saint Thomas.

Il lui faut le visible, il lui faut le tangible, il lui faut le fait accompli.

Or, toujours le remède affecte une certaine ressemblance avec la maladie. Toujours il va la chercher, pour l'attaquer, dans la région qu'elle occupe. Toujours il la combat avec des armes à la fois contraires et analogues aux siennes.

Les trois Mages, parce qu'ils étaient astronomes, ont reçu, par une étoile, la nouvelle qu'ils attendaient : ce sont les astres qui leur ont prêché l'Evangile.

Saint Paul, l'homme de la foudre ; saint Paul, le voyageur, a été foudroyé sur un grand chemin.

Saint Augustin, l'homme du livre, a été changé parce qu'une voix lui a dit : « Prends et lis. » *Tolle, lege.*

Un instant avant la chute, un instant avant la Rédemption, un ange parle à une femme. Ève dit : Oui. Marie dit : Oui.

Le premier Adam se sert d'un arbre pour perdre le genre humain.

Le second Adam se sert d'un arbre pour sauver le genre humain.

La Rédemption emploie tous les instruments de la chute.

La Vie a l'habitude d'emprunter à la mort ses engins pour les convertir, et de changer à son profit la destination des choses qu'elle touche.

Donc maintenant, dans l'immense infidélité des hommes tournés vers la matière, adorant la matière, uniquement plongés dans les tourbillons qui portent, qui emportent, qui transportent leur idole, une seule parole peut parvenir à leurs oreilles : c'est la parole du miracle.

Car le miracle est la conversion de la matière.

L'esprit humain est devenu sourd et aveugle aux choses purement spirituelles. Étranger chez lui, il a tourné toute son activité, tout son désir, toute son ardeur, du côté de la matière.

Les lumières purement spirituelles passeraient devant les regards des hommes comme les rayons d'un soleil devant les yeux fermés d'un aveugle.

Elles passeraient et tomberaient à terre, délaissées, méprisées, inutiles.

Inutiles ! Seraient-elles seulement inutiles, et ne seraient-elles pas nuisibles ?

Livrées aux blasphèmes des hommes, qui sait si elles n'augmenteraient pas, en tombant sur eux, le poids de leurs crimes ?

Il faut donc que la Toute-Puissance, si elle veut nous sauver, nous prenne là où nous sommes dans la matière. Il faut que nous soyons réduits à voir.

Car la matière a pour mission de rendre témoignage.

Et cette vérité est particulièrement vraie à propos de nous : car nous ne pouvons ou nous ne voulons plus recevoir d'autre témoignage que le sien.

La matière a été tournée par Satan dans le sens de la mort.

La matière n'est pas mauvaise en elle-même, comme quelques-uns l'ont cru.

Mais elle a été mise au service du mal.

Si le bien consent à nous sauver, il faut qu'il se serve de la matière.

Il faut que l'homme qui a fermé l'oreille aux

enseignements spirituels, aille trouver la matière et lui dise : J'écoute ton témoignage, moi qui n'ai pas écouté l'autre.

L'enfant prodigue, après s'être livré aux débauches de son orgueil, a désiré la nourriture des animaux. Il désirait remplir le creux de son estomac.

Il faut que l'homme remplisse le vide que son orgueil a fait. Il faut qu'il le remplisse avec le témoignage sensible rendu par la matière réconciliée.

Bossuet a parlé de ces choses : mais nous, dévorés par le doute, nous sommes mieux placés que le XVIIe siècle pour comprendre le besoin des choses tangibles et palpables. Les échos de notre terre incroyante peuvent redire la parole de Bossuet.

Écoutez, terre et cendre, et réjouissez-vous en Notre-Seigneur !

Il faut que la terre et la cendre se réjouissent pour que l'homme, désolé dans son esprit malade, puisse se réjouir désormais.

Il faut que l'esprit humain, aveuglé par lui-même, soit éclairé maintenant par le moyen de la matière. Il faut qu'il voie ce qu'il n'a pas cru. Il faut qu'il sente et qu'il touche. Il faut qu'il dise, en face de la terre et du témoignage matériel : Vraiment ce lieu est terrible, et je ne le savais pas !

Croyants ou incroyants, les lecteurs du nouveau volume que nous offre Henri Lasserre, quand ils auront ouvert le livre, ne le fermeront probablement pas avant de l'avoir achevé.

Les différents drames qui le composent, semblables dans leur dénouement, sont très variés dans leurs scènes et dans leurs actes.

Les innombrables détails par lesquels Lasserre nous fait passer, donnent une vie intime à tous les personnages qu'il fait circuler devant nos yeux. Nous les connaissons tous quand nous fermons le livre. Chacun d'eux nous apparaît avec les incidents physiques et moraux qui ont caractérisé sa guérison et déterminé l'enseignement qu'elle contient. Car chaque récit est un enseignement, et les enseignements sont variés, comme les faits, comme les individus, comme les épisodes qui les versent sur nous.

Tel est ce livre, ce nouveau livre de Lasserre. Entraîné par les faits qu'il raconte, par leur importance, par l'intérêt des récits, j'ai oublié de faire l'éloge du livre. L'auteur a trouvé le moyen de nous intéresser tellement à ses récits, qu'on oublie d'admirer son talent. Nous assistons à toutes les scènes si visiblement, si précisément ; nous suivons si bien pas à pas ses personnages ; nous sommes si haletants, si fondus en eux, que nous n'avons pas le temps et le sang-froid d'admirer le narrateur.

Lasserre a su faire oublier son travail, pour nous en faire sentir les résultats seulement.

Je me tais, j'ai fini, je m'arrête... Si j'allais détailler les mérites de l'œuvre et les habiletés du style, j'aurais l'air de faire une indiscrétion.

X

JEAN-BAPTISTE VIANNAY, CURÉ D'ARS.

Jean-Baptiste Viannay, curé d'Ars, est mort le 4 août 1859.

Sa vie est écrite déjà par les continuateurs du P. Giry.

La gloire est quelquefois rapide.

Je ne vais pas raconter sa vie : beaucoup d'autres l'ont déjà fait. Ses biographes nombreux ont dit tout haut depuis sa mort ce qui se disait plus bas pendant sa vie. Ils ont pris les précautions recommandées vis-à-vis de ceux que l'Eglise universelle n'a pas encore inscrits au catalogue des saints. Ils n'ont pas invoqué l'autorité divine, puisque le Saint-Siège n'a pas encore parlé; mais ils ont constaté, au nom de l'histoire, les faits connus.

Je ne les répéterai pas ici : nos lecteurs connaissent le livre de M. l'abbé Monnin.

J'essayerai seulement de chercher, dans l'histoire du curé d'Ars, un symptôme de l'histoire contemporaine.

M. l'abbé Monnin a déjà remarqué la ressemblance matérielle de deux crânes, dont l'un fut le crâne de Voltaire, et l'autre fut le crâne du curé d'Ars.

M. l'abbé Monnin a déjà remarqué que le xviii° siècle se rendait à Ferney, et que le xix° siècle se rendait à Ars.

Il ne serait pas impossible qu'entre la nature de Voltaire et la nature du curé d'Ars, Dieu eût permis certaines ressemblances, afin que l'immensité du contraste fît resplendir l'abîme creusé par la liberté et par la grâce.

La différence la plus frappante qui puisse exister entre deux êtres, est peut-être celle qui brise deux moules un peu ressemblants entre eux, pour faire éclater deux physionomies radicalement contradictoires. L'ancienne ressemblance brisée apparaît dans sa misère : l'admirable dissemblance étincelle dans sa gloire.

M. le curé d'Ars, en effet, n'avait pas reçu de dons naturels extraordinaires, et les qualités naturelles de son intelligence étaient bien plutôt dans la direction de l'esprit que dans la direction du génie. Si son âme n'eût pas reçu de dilatation exceptionnelle, il eût été un homme fin, caustique, léger, moqueur probablement.

En général, dans ces études, je me demande quel est le caractère réalisé du personnage que j'étudie, et quel eût été, s'il eût été fidèle, son caractère *possible*, afin de contempler dans la vie celui qui, très souvent, m'apparaît dans la mort.

Le curé d'Ars m'oblige à un travail contraire.

Ayant dépassé les limites dans lesquelles sa nature propre semblait l'avoir enfermé, il m'oblige pour trouver un contraste, à regarder, non pas en haut, mais en bas.

Sa gloire fut la lumière.

Si, au lieu de monter, il eût descendu, s'il eût marché dans les voies du néant, il eût été sans doute particulièrement et spécialement ténébreux : il eût ressemblé peut-être à Voltaire.

Quand le Saint-Esprit a fondu sur saint Paul, sur saint Denys, sur saint Augustin, il a rencontré des proies sublimes.

Quand il a fondu sur le curé d'Ars, il a trouvé un homme ordinaire.

Or, voici le symptôme que je tiens à constater. Cet homme, qui était, par sa nature, un homme ordinaire, a eu, au XIX° siècle, ce privilège qu'on ne définit jamais, et qui s'appelle le *prestige*.

Voltaire avait, aux yeux du XVIII° siècle, le prestige.

Le curé d'Ars avait aux yeux du XIX° siècle encore incomplet, le prestige.

Pour étudier la signification de ce fait, il faut se demander le sens précis et mystérieux de ce mot : prestige.

Quel est l'homme qui a du prestige ?

Le prestige peut avoir ses racines dans la vérité ou dans l'illusion. Il est un ascendant involontaire et irréfléchi, en vertu duquel les hommes s'écrient à l'aspect d'un homme :

Voilà celui que nous cherchions.

Le prestige révèle la pensée fixe de celui qui l'exerce, le désir habituel de celui qui le subit.

Car l'homme qui exerce le prestige a toujours une pensée fixe, et l'homme qui le subit avait un désir connu ou ignoré de lui-même.

Donc, le prestige, qui est l'indication d'un rapport, varie comme les termes du rapport. Tel homme aura du prestige pour vous, qui n'en aura pas pour moi, et réciproquement. Montrez-moi un grand capitaine : il aura du prestige pour ses soldats, parce qu'il répondra à leur parole intérieure ; il n'en aura aucun pour moi, parce que ce n'est pas lui que j'apelle intérieurement.

Le prestige qu'un homme exerce sur nous, c'est la réponse qu'il fait à notre parole intérieure.

La pensée de Voltaire, si le mot de pensée peut s'appliquer ici, était de supprimer les hauteurs : le but qu'il poursuivait était la destruction de toute grandeur naturelle ou surnaturelle. Il haïssait le ciel, la mer et les montagnes. Par là il fut l'expression la plus complète, la plus fidèle, de son siècle ! Le xviiie siècle eut un genre spécial de goût : il eût le goût du singe. Voltaire se fit singe, dans la mesure où cet effort est possible à l'homme, et il exerça du prestige sur ses contemporains, qui venaient à Ferney, se contempler en lui, comme dans un miroir, parce qu'il répondait à leur désir caché, à leur désir de décapiter l'homme.

Mais qu'allaient donc chercher dans le désert

les pèlerins qui venaient à Ars ! Etait-ce un homme qui répondit aux désirs infâmes que les hommes portent en eux ? Etait-ce un homme qui répondit, par la sublimité naturelle de son génie aux désirs élevés que les hommes portent en eux ? Non, ce n'était ni le flatteur de nos misères, ni la splendeur humaine rêvée par les rêves humains qui brûlent les cœurs de vingt ans. Ce n'était ni l'homme qu'on désire, quand on veut faire le mal et se délivrer des souvenirs de la lumière, ni l'homme qu'on désire, quand on évoque au fond de soi l'image de l'homme, paré de la plénitude des grandeurs naturelles. Si l'homme qu'on allait chercher dans le désert n'était pas l'objet naturel des désirs naturels de l'homme, est-ce qu'au moins il était paré, décoré, transfiguré par les magnificences de la nature, et par les pompes de la civilisation ? Est-ce qu'il rendait des oracles dans un lieu historique ? Est-ce que notre imagination était occupée et frappée depuis l'enfance par l'écho des voix parlant de siècles en siècles dans le même sanctuaire ? Non, aucun attrait humain n'appelait personne dans ce petit village sans beauté, sans célébrité pour lequel n'avaient travaillé ni la nature, ni l'histoire, et qui a conquis ses titres de noblesse devant Dieu et devant les hommes, et qui a pris la forme d'un sanctuaire ! L'Esprit souffle où il veut. Un jour, les regards de la Colombe infinie se sont arrêtés sur le clocher d'Ars ! Pauvre petite chapelle ! O Dieu, qu'est-ce que la gloire ?

Qui donc attire ce trait de feu ? Esprit de paix, esprit de joie, vous qui lancez la sagesse où vous voulez, et qui faites pâlir devant le moindre de vos rayons toutes les lumières aperçues ou rêvées, quelle est la puissance qui obtient vos regards ?...

Mais je crois que la réponse est faite depuis longtemps. Il y a dix-huit siècles que sainte Marie, mère de Dieu, a nommé, en chantant, cette puissance qui attire les yeux de la Colombe, cette puissance dont le nom est resté un secret, quoique le secret soit publié : *Respexit humilitatem.*

Et voilà pourquoi les cinq parties du monde savent le nom de ce petit village maintenant historique. C'est que Dieu n'a pas changé. Aujourd'hui comme autrefois, *Respexit humilitatem.* L'humilité a attiré ses regards.

Les hommes à leur tour ont regardé l'homme humble. Si cet homme se fût appelé Isaïe, Daniel David, Salomon, saint Jean, saint Bernard, saint Thomas, vous pourriez, éblouis par la lumière, vous tromper sur la nature de l'attrait.

Mais Dieu avait dépouillé le curé d'Ars de toutes les ressemblances qui auraient pu vous faire illusion, et vous faire penser à un attrait humain. Ecoutez ce fait :

« Il y a quelques années, disent les continuateurs du P. Giry, la curiosité mena auprès de lui un homme lettré qui n'avait d'autre culte que celui des sens et de la raison. Quand ce philosophe, habitué à juger de tout d'après les apparences, aperçut M. Viannay grossièrement vêtu, baissant modestement les yeux, parlant très simplement, et montrant une physionomie qui n'avait d'autre distinction que celle qui provient de l'empreinte mystérieuse des vertus sacerdotales, il fut grandement déçu. Aussi ne put-il s'empêcher de s'écrier avec un ironique mécompte :

« Ce n'est que ça !... Je m'attendais à voir... Si j'avais su !...

« M. Viannay sortait de l'Église. Comme il vit le pauvre philosophe tout fâché d'avoir donné trop de crédit à la renommée, il crut devoir lui adresser une parole de consolation : « Hélas, monsieur, lui dit-il, d'un ton peiné et affectueux, je suis très contrarié que l'on vous ait trompé et que vous ayez fait inutilement un long voyage. Il ne fallait certainement pas venir de si loin pour voir le plus misérable et le plus ignorant des hommes.

« Ce peu de paroles opérèrent toute une révolution dans l'âme de l'incrédule, qui s'écria, déjà converti et ravi d'admiration : « Voilà bien l'homme que je cherchais ! »

Ce pélerin aurait dû dire : Voilà bien le Dieu que je cherchais ! Car la réponse faite par le curé d'Ars, à son désappointement intérieur, ne lui présentait pas les qualités naturelles qu'il avait désiré voir, mais la présence d'un don supérieur à ceux qu'il attendait. Cet homme avait apporté à Ars un besoin plus profond que son désir.

Son désir cherchait l'homme, son besoin cherchait Dieu.

Et Dieu lui apparut dans la simplicité extrême. Le prestige de l'illusion qu'il avait souhaité était remplacé par le prestige de la vérité dont il avait faim, sans le savoir.

Le prestige du curé d'Ars exercé cependant sur un incroyant, subi par un incroyant, tenait donc au don surnaturel, au don surnaturel seul et pur, sans mélange même apparent.

Le littérateur qui fut ainsi surpris deux fois, dont l'attente, trompée d'abord, fut surpassée ensuite, ne rentrait pas dans l'exception, mais dans la règle. Croyez-vous que l'ascendant du curé d'Ars, parce qu'il était uniquement surnaturel, ait été rare et restreint dans ses effets? Ecoutez encore les continuateurs du P. Giry :

« Dès 1834, on avait organisé, à l'usage des pieux visiteurs, un service de voitures publiques, qui se rendaient de Lyon à Ars, dont la distance est de sept à huit lieues. Huit ou dix grandes voitures ne suffisaient pas par jour à l'affluence des pèlerins; l'administration avait dû s'occuper de ce concours, et des chemins impraticables dans l'origine avaient été transformés en grandes routes. Dans les dernières années, la compagnie du chemin de fer de Lyon crut devoir aussi s'occuper d'Ars, et offrit des conditions particulières aux pèlerins. Au bout de leur voyage, ceux-ci trouvaient une pauvre église et un pauvre hameau, dont toutes les maisons à peu près étaient transformées en auberges ou en magasins d'objets de piété ».

Il est assez intéressant de voir les voitures et les chemins de fer s'ébranler pour conduire dans un village, dont personne ne savait la route, des hommes qui cherchent Dieu. Les administrations elles-mêmes se sont mises en branle, tant le fait matériel de la foule était évident et notoire. Et, au bout de cette route, jadis impraticable et vide, maintenant facile et remplie, la foule ne songeait même pas à chercher un paysage, ou un musée, ou une pierre druidique, ou une antiquité, ou une curiosité quelconque. La foule cherchait Dieu, cette foule allait se confesser : le fait est trop extraordinaire pour être constaté légèrement. Cette foule si compacte, si continue, qu'il avait fallu relever pour elle la route ignorée d'un petit village, cette foule allait se confesser. Tous ces hommes du xixe siècle allaient attendre leur tour, pour s'agenouiller aux pieds d'un vieux prêtre, destitué de tous les attraits naturels, et quelquefois ils attendaient plusieurs jours et plusieurs nuits !

Voilà le fait, il est patent, il est incontestable, les témoins sont là : les pèlerins racontent ; les registres des voitures publiques parleraient, à défaut des hommes. Voilà le fait, qui est un fait historique. Quel symptôme des temps ! Quel signe ! quel caractère ! Aveugle qui ne le voit pas !

Parmi les formes de l'habitude qui rendent les

hommes ennuyeux, ternes, indifférents, sans couleur les uns pour les autres, sans action les uns sur les autres, il en est une qui s'appelle le respect humain. Le respect humain est une concession faite au néant, en vertu de laquelle l'homme qui veut ressembler un peu aux autres hommes, craint d'affirmer la vérité tout entière, par tous les langages dont il dispose. Même chez les meilleurs, le respect humain porte une atteinte, souvent inaperçue, mais presque toujours très profonde, à l'intégrité de l'homme. Quelquefois les blessures qu'il fait sont grossières et évidentes ; quelquefois elles sont si délicates et si imperceptibles que personnes ne les sent, excepté la lumière qui diminue dans l'âme. Par la plus légère complaisance de cette nature, l'homme trahit Dieu et lui-même. Il trahit la gloire par amour-propre.

Une des puissances qui déroutent et subjuguent les hommes, c'est l'absence *radicale* de respect humain. Ce fut là, je crois, une des causes de l'ascendant causé par le curé d'Ars ; les hommes sont étonnés et renversés quand un homme ne fait à leurs erreurs aucune concession. Ils ont peur de celui qui n'a pas peur d'eux.

Le curé d'Ars ne faisait acception d'aucune personne. Il confessa la vérité de toutes les manières, et devant tout le monde, par la pensée, par la parole, par la vie, par toutes les formes du langage. Il disait continuellement à Dieu, à lui-même et à toutes les créatures, le nom de

Dieu et le nom de l'homme, en toute simplicité. Toute sa vie intérieure et extérieure disait à tous les passants : *Deus meus es tu : in manibus tuis sortes meæ*.

Tous les procédés du curé d'Ars indiquaient un homme qui sait le nom des êtres. Il y avait, dans sa façon d'aborder les personnes et les choses, une certaine unité lumineuse. La relation continuelle de l'homme et de Dieu, qui est oubliée chez les uns et inaperçue chez les autres, était visible chez lui. Tous les récits nous montrent cet auguste personnage vivant sous l'œil de Dieu, et uniquement sous l'œil de Dieu, comme si aucun autre œil n'avait été ouvert sur lui. Il était juge : devant lui comparaissaient les personnes et les choses, dépouillées de leurs prétentions, et réduites à leur réalité. La prière de M. Olier semblait exaucée en sa faveur : parlant de la lumière de Dieu, M. Olier demande :

« Qu'elle soit la simple lumière qui me conduise et qui me montre toutes les choses telles qu'elles sont en elles-mêmes ».

Le sentiment continuel de Dieu omni-présent et omni-potent éclatait dans les plus grandes et dans les plus petites choses. Je puise à la même source que tout à l'heure une anecdote très insignifiante en apparence, très caractéristique en réalité :

« Les femmes qui environnaient son confessionnal se disputaient et se querellaient, de manière à l'empêcher d'entendre sa pénitente et d'en être entendu. Dans cette fâcheuse extrémité, que fait-il ? Il se lève tranquillement de son tribunal de miséricorde, il traverse silencieusement la bruyante assemblée, et va se prosterner aux pieds de l'autel de sainte Philomène, pour la prier d'apaiser le tumulte. Il avait à peine commencé son oraison, que les indiscrètes causeuses commencèrent à rougir d'elles-mêmes et se turent soudainement.

Voilà le curé d'Ars : pour obtenir le silence, il ne dit pas un mot à ceux qui font le bruit, et aborde directement sainte Philomène. Le culte spécial du curé d'Ars pour cette sainte, presque inconnue il y a trente ans, tient à des causes profondes. Le culte des saints se développe historiquement, suivant certaines harmonies. Dieu veut que le XIXe siècle connaisse et célèbre le nom de sainte Philomène (*Filia luminis*, Fille de la lumière). J'espère revenir un jour sur cette figure historique et divine, pour la montrer à nos lecteurs.

Le curé d'Ars ne mentait pas, même dans le sens où les honnêtes gens mentent continuellement. Il appelait les choses par leur nom. Il montrait à nu les misères de l'homme et ses grandeurs, sans prétention et sans précaution. Il écrasait l'amour-propre. Nul ne se sentait le courage de jouer en sa présence la comédie ordinaire. Il jugea le monde et ne fut jugé par personne. Une des gloires du XIXe siècle, c'est d'être allé en foule aux genoux de ce juge, qui aimait et ne flattait pas. Le langage du curé d'Ars est essentiellement cru : l'amour-propre ment toujours, même quand il ne ment pas. Car, s'il dit la vérité, il ne la dit pas comme elle est. Le curé d'Ars disait les choses comme elles étaient. Il eut la franchise, parce qu'il eut l'humilité, et la lumière l'éclaira. Il ne séduisait jamais. Il affirma et commanda.

Peut-être quelques-uns de ceux qui liront cette page se diront-ils : *Mais cela n'est pas rare.* Réfléchissez, et demandez-vous par combien de nuances vous avez trahi, depuis ce matin, vos plus intimes convictions et vos plus chères espérances. Habituellement, les hommes ferment complètement la porte aux prophètes. Mais, même quand ils les reçoivent, ils ne les reçoivent pas *en qualité de prophètes*. Donner un nom à une chose, c'est, en un sens, prendre possession d'elle. Celui qui oserait appeler tous les êtres par leur nom serait le maître du monde, dans un sens plus réel que je ne puis l'exprimer. Ainsi s'explique l'empire du curé d'Ars. Cet empire, je le subis en ce moment. Mon Père, j'écris par votre ordre : vous m'avez dit mon nom.

Fin.

TABLE DES MATIÈRES

PREMIÈRE PARTIE

LES IDÉES ET LES CHOSES

	Pages
Lettre-Préface de M. Henri Lasserre.....................	1
I. — L'Actualité.................................	5
II. — La Ville où l'on n'a pas le temps...........	15
III. — La Seule chose nécessaire..................	21
IV. — Le Libéralisme.............................	29
V. — Les Trois sociétés.........................	41
VI. — Les Ironies de Dieu. Napoléon..............	48
VII. — La Presse.................................	56
VIII. — Apparences et réalités....................	63
IX. — Contemplateurs et aliénés..................	69
X. — Les Grands Hommes........................	75
XI. — Les Ouvriers de Babel.....................	81
XII. — La Pentecôte..............................	90
XIII. — La Folie..................................	97
XIV. — Les Heures de crises et les choses actuelles.	103
XV. — Les Héros de l'Église......................	110
XVI. — Saint Pierre et saint Paul.................	116
XVII. — Anniversaires.............................	123
XVIII. — Le Carême................................	130
XIX. — Les Saints Anges..........................	139
XX. — Saint Christophe..........................	146
XXI. — Un Saint! Benoit-Joseph Labre............	153
XXII. — La Réalité................................	161
XXIII. — Le Mystère...............................	168

		Pages
XXIV.	— Laissez les morts ensevelir leurs morts......	174
XXV.	— La Foi..	181
XXVI.	— La Justice..	188
XXVII.	— Le Sens du mot « Liberté »...................	197
XXVIII.	— La Barque de Pierre...........................	202
XXIX.	— Caducité et jeunesse...........................	207
XXX.	— Les Principes.....................................	213
XXXI.	— De la Caricature.................................	219
XXXII.	— Hamlet en opéra.................................	224
XXXIII.	— L'Histoire, la légende, le conte, le roman....	229
XXXIV.	— Les Hommes ou la haine......................	236
XXXV.	— Le Talent et le génie...........................	243
XXXVI.	— Les Devoirs de la critique.....................	251
XXXVII.	— Le Mouvement de l'art.........................	258
XXXVIII.	— Les Journaux.....................................	265
XXXIX.	— Le Défaut de la cuirasse.......................	274
XL.	— Dynastie et dynamite...........................	279
XLI.	— Le Sens du mot « laïque ».....................	281
XLII.	— Les Aveux actuels de la science..............	290
XLIII.	— Un Regard à l'Orient............................	298
XLIV.	— Examen de conscience..........................	308
XLV.	— La Paix..	315
XLVI.	— Donnez-nous aujourd'hui notre pain quotidien.	321
XLVII.	— Les Suicides......................................	332
XLVIII.	— L'Horizon...	339
XLIX.	— Les Hommes pratiques.........................	347
L.	— L'Anniversaire....................................	356

DEUXIÈME PARTIE

LES HOMMES ET LES LIVRES

I.	— Victor Hugo......................................	363
II.	— Victor Hugo. Pages de la quatre-vingtième année...	376
III.	— Victor Hugo. Le Lendemain des quatre-vingts ans...	383
IV.	— Alfred de Musset.................................	390

TABLE DES MATIÈRES

	Pages
V. — M. Olier	398
VI. — M. Dupont	410
VII. — La Mort de Louis Veuillot	421
VIII. — Henri Lasserre, *Notre-Dame de Lourdes*	430
IX. — Henri Lasserre, *Les Épisodes miraculeux de Lourdes*	444
X. — Le Curé d'Ars	476

MAYENNE

IMPRIMERIE DE L'OUEST

E. SOUDÉE

www.ingramcontent.com/pod-product-compliance
Lightning Source LLC
Chambersburg PA
CBHW071620230426
43669CB00012B/2008